D1697968

YAYIN HAYATINA MERHABA...

SINIR ÖTESİ
Yayın hayatına başlıyor...

Sevgili okurlar;

Bu kitapla birlikte, yayın dünyasına yeni bir yayınevi daha katılmış oluyor. Bu uzun yılların, çaba ve sıkıntıların ardından gelen yeni bir adım...

Herkese merhaba...

19 yıldır sürdürülen geniş bir araştırmanın ürünlerini siz değerli okurlarımızla paylaşmaya başlıyoruz...

Çalışmalarımızı radyo ve televizyonlardan takip edenlerin bir an önce çıkmasını beklediği kitaplarımızı, sizlere sunmak için, sonunda "SINIR ÖTESİ YAYINLARINI"nı kurmuş bulunuyoruz...

SINIR ÖTESİ YAYINLARI'nda özgün, sınır tanımayan, çok sesli, küresel bir anlayışla hazırlanan kitaplar bulacaksınız... Araştırmaya, düşünmeye, incelemeye ihtiyaç duyan ve basmakalıp bilgileri yeterli görmeyen okurlarımıza yeni bir boyut, yeni bir pencere açılıyor...

Işık ve Sevgiyle...

Yasemin Candan & Ergun Candan

GİZLİ SIRLAR ÖĞRETİSİ

ERGUN CANDAN

SINIR ÖTESİ YAYINLARI

SINIR ÖTESİ YAYINLARI®

GİZLİ SIRLAR ÖĞRETİSİ

ERGUN CANDAN

SINIR ÖTESİ YAYINLARI
REKLAM VE PRODÜKSİYON HİZ.
SAN. TİC. LTD. ŞTİ.

Alemdar Mah. Çatalçeşme Sk. No: 23/1 D: 4 Cağaloğlu/İSTANBUL
Tel: 0 (212) 513 68 13 - 511 81 80 Fax 0 (212) 513 68 13

http: www.sinirotesi.com
e-mail: info@sinirotesi.com

ISBN: 975-8312-02-2

- Dizgi, Kapak Tasarımı   : SINIR ÖTESİ YAYINLARI
- Yayın Yönetmeni   : Ergun CANDAN
- Editör   : Ece ÖZBAŞ
- Mizanpaj, Düzenleme   : Nurhan TEKİN
- Dağıtım Sorumlusu   : Zeynel YILDIRIM
- Çeviri Sorumlusu   : İ.Uğur ÖZTÜRK
- Baskı, Cild   : Ebat Ofset Güzeltepe Mah. Maraşal Fevzi Çakmak Cad. No:117 Alibeyköy/ İST (212) 626 25 70

I.Baskı: Nisan 1998, 14. Baskı: Ekim 2009

İÇİNDEKİLER

SUNUŞ

"Bilinenle iş bitince gözler gökyüzüne çevrilir...
...Ve gerçekler gökyüzü gibidir.
Bulutlar onu saklayamaz..."

Her şey 1979 yılında başladı. Dört arkadaş bir odada oturuyorduk... Birden kendi kendine kapılar açılıp kapanmaya, camlar kendi kendine patlamaya başladı. Korku filmlerinde izlediklerimiz, gözlerimizin önünde meydana gelmeye başlamıştı...

İşte ne olduysa ondan sonra oldu diyebilirim...

Bir anda kendimi Parapsikoloji araştırmalarının içinde buldum. Açıklanamayan gizemli olaylar, uzaylılar ve uçandaireler derken, önümde uzanan araştırma sahası her geçen gün biraz daha genişliyordu. Dünya üzerinde gelmiş geçmiş ne kadar din varsa hepsini yıllar süren bir çalışmayla teker teker, daha sonra da, uzun bir süre karşılaştırmalı olarak inceledim. Sonra tüm felsefeleri... Yurtdışındaki üniversitelerde incelenmekte olan Parapsikoloji ve diğer konular hakkında daha geniş bilgi edinebilmek için, çeşitli ülkelerde çalışmalarını sürdüren bilimadamlarıyla görüşmeye başladım.

Hiç ummadığım bir yerde, hiç ummadığım bir zamanda tanıdığım, çok özel birinden bazı bilgiler aldım. Bu bilgilerin doğruluklarını tüm araştırmalarım boyunca teyid ettim.

11

"GİZLİ SIRLAR ÖĞRETİSİ"

1960'da Dr. Bedri Ruhselman tarafından kurulan, Türkiye Metapsişik Tetkikler ve İlmi Araştırmalar Derneği'nin Yönetim Kurulu'nda 1987-1993 yılları arasında, Öğretim ve Eğitim Sorumlusu olarak çalıştım. Üniversiteler'de ve Anadolu'nun çeşitli illerinde konferanslar verdim. Bu süre içinde Yurtdışında yayınlanan bazı önemli kitapları Derneğin yayın organı olan Ruh ve Madde'den yayınladık. Daha sonra Derneğin çalışmalarında baş gösteren yanlış uygulamalardan dolayı, büyük bir grup olarak dernekten ayrıldık. Bu ayrılıştan sonra da Dernek faaliyetlerine son vererek, kalan kısıtlı üyeleriyle Bil-Yay Vakfı adına dönüştü. Ruh ve Madde Yayınları da bu vakfın bünyesine alındı.

1979 yılında başladığım araştırmalarımı dernekten ayrıldıktan sonra 1993'te 2 yıl süreyle Milliyet Gazetesi'nin Radyosu Radyo Kulüp'te, SINIR ÖTESİ adı altında hazırladığım programla dinleyicilerimle paylaştım. Daha sonra KANAL D'de aynı isimle bir program hazırladım.

Posta Gazetesi'nde Türkiye'de ilk kez bilinmeyenlerle ilgili GİZEMLER DÜNYASI adında bir gazete çıkarttım. Çeşitli gazete ve dergilerde yazılar yazdım.

Bu kitapla birlikte 19 yıllık araştırmalarımın sonuçlarını ilk kez bir kitap vasıtasıyla sizlerle paylaşmaya başlıyorum. Az sonra okumaya başlayacağınız bu kitabın içinde karşılaşacaklarınızı kesin doğrudur, ya da kesin yanlıştır ön yargısıyla ele almamanızı özellikle rica ediyorum.

Kararınız ne olursa olsun mutlaka araştırmaya dayanan bir düşüncenin sonucu olsun...

Konuşan bir Türkiye... Evet bunu çoğumuz istiyoruz. Ama konuşan bir Türkiye'nin oluşabilmesi için gerekli olan şartları çoğumuz yerine getirmiyoruz.

Okumuyoruz...

Araştırmıyoruz...

Bildiklerimizle yetiniyoruz...

"SUNUŞ"

Tabulardan sıyrılarak, özgürce kendimizi araştırmacı ruhuna teslim etmiyoruz... Böyle olunca da, konuşan Türkiye'nin oluşmasına hiç bir katkıda bulunamıyoruz... Müslüman olduğumuzu iddia ediyoruz. Ama bir kerecik bile inanmış olduğumuz Kur'an-ı Kerim'in Türkçe tercümesini okumuyoruz... Okumuyoruz... Kulaktan dolma bilgilerle yetiniyoruz... Ve bütün bu olup bitenlerin de, birilerinin işine geldiğini anlamıyoruz...

İnsanoğlu böyle koşa koşa nereye gitmektedir?

İnsanın kaderi, eserleriyle birlikte, hiçlikte ve unutulmuşlukta eriyip gitmek midir?

Dünyada yaşamın gayesi nedir?

Ben kimim?

Yaşam talihin bir cilvesi ve rastlantıların bir sonucu mudur?

Varoluşun sırrı nedir?

Bu soruları çoğaltmak mümkün. Fakat bu ilk sorularda bile, insanoğlunun büyük bir bilmeceyle karşı karşıya olduğu ortaya çıkmaktadır.

İtiraf etmek gerekir ki, aslında bu sorular günümüzde pek fazla düşünülmemektedir. Çünkü hakim olan güç bizden böyle bir şey yapmanızı istemiyor. Hayat gayilesi adını verdiğimiz, bu yaşam çarkına kendimizi öyle bir kaptırmış gidiyoruz ki, bu hengamede, bu tür sorular çoğunlukla aklımızın ucundan bile geçmiyor.

Ara sıra bu soruları kendimize sorduğumuzda ise, haklı olarak hiç bir cevap bulamıyoruz. Klasik anlayışlarımız ve klasik inançlarımız bize yeterli olmuyor. Öyle bir dejenerasyonun içine gömülmüşüz ki, kardeşlik kavramı diye dillerden düşürmediğimiz o sözcük, kalplerimizden ziyade, sahte nutuklarımızda yer almaktan öteye geçememiştir. İhtiraslar sadece günlük yaşamın içinde değil, mabetlerde bile kendini gösterir

13

"GİZLİ SIRLAR ÖĞRETİSİ"

olmuştur. Çünkü otomatik yaşamın kolaylığı bizlere aşılanmış durumdadır.

Şöyle bir benzetme yapacak olursak, ışık selinin ortasında, ışıktan habersiz kalan körler gibi; bizlerin de harikalar okyanusunun ortasında, bu harikalardan habersiz yaşayıp gitmekte olduğumuzu söyleyebilirim. Neden mi? Nedenini başta söylemiştim. Okumuyoruz, araştırmıyoruz ve hep aynı şekilde düşünme alışkanlığımızı terkedemiyoruz. Böyle olunca da gerçeklerle temas edemiyoruz.

Doğrusunu söylemek gerekirse, bu çelişkileri cevaplayabilmek için biraz cesaret gerektiği ortadadır...

Her şeyden önce kendi geçmişinden korkmayan bir uygarlık düzeyinin ya da bir bilimsel zihniyetin egemen olacağı günlerin gelmesini sadece oturduğumuz yerde beklemek yerine; sizleri araştırmaya, okumaya, düşünmeye, düşüncelerimizi özgürce dile getirmeye ve çelişkilerin üzerine cesaretle gitmeye davet ediyorum...

Bu gün bilinmeyen yarın bilinecektir... Ancak bugün bildiklerimizle yetindiğimiz sürece, gelecekteki; geleceği yakalayabilme şansımızın da, hiç bir zaman mümkün olmayacağını unutmayalım!..

...Ve yine unutmayalım ki; günümüzdeki tüm yenilikler; geçmişin sağladığı olanakları yeterli görmeyen ve sürekli gözlerini geleceğin sonsuz imkanlarına çevirmiş olan atılımcı, araştırıcı ve ilerici aydınlar tarafından gerçekleştirilebilmiştir...

"İnsanların büyük bir çoğunluğu nehrin kıyısında bir aşağı, bir yukarı koşuşur durur. Oysa ki nehrin karşısına geçen için ıstırap yoktur." Evet... Böyle demişti, yüzlerce yıl önce Buda... Peki ama nehrin öte yakasına nasıl geçeceğiz. Bunun tek bir cevabı var. ARAŞTIRARAK... Evet... Sadece araştırarak. Aradığımız gerçeklere ulaşabilmek için tek bir altın anahtarımız var:

Araştırmacı bir ruha kendimizi teslim etmek...
Peki ama nereden başlayacağız?

Öncelikle şunu söyleyebilirim: Ne kadar ileriye gidebilmek istiyorsak, o kadar geçmişe geri dönme mecburiyeti vardır. O zaman aradığımız sırların büyük bir bölümünün, geçmişte gizli olduğunu görmemiz mümkün olacaktır. Aradığımız gerçekler, aradığımız sırlar tarihin çok eski dönemlerine kadar uzanır. Bu sırlar tarihin karanlık kalmış noktalarında gizlidir. Örneğin mitolojilerde, eski uygarlıkların geleneksel kültürlerinde, felsefi çalışmalarında, mabetlerinde, gizli öğretilerinde...

Mitolojiler, insanlığın yüzyıllarca süren gerçeği aramasının ve bu gerçeklerle karşılaşanların, sembollerle bunu diğer insanlara anlatmasından doğan hikayelerdir. Ama o bildiğimiz hayali hikayelerden değil... İçindeki bilgelik izlerini takip edenlere, ifade ettikleri gerçekleri anlatabilmek için sessizce durup beklemektedirler. Hem de binlerce yıldır...

Bazı gerçekleri öğrenmeye karar vermiş birinin başvuracağı en önemli kaynaklardan biri mitolojilerdir.

Hadi!... Şimdi binlerce yıl geriye doğru gitmeye başlayalım ve insanlığın bitip tükenmeyen bilgelik arayışının izlerini birlikte takip etmeye çalışalım...

Bu öyle bir yoldur ki, kimine karanlık, kimine alaca aydınlık, kimine ise apaydınlıktır...

Bu insanlığın bitip tükenmeyen bilgelik aşkının öyküsüdür...

Işık ve sevgiyle...

I.BÖLÜM

SIRLAR ÖĞRETİSİNE GİRİŞ

Tarih: M.Ö.1300'ler.
Yer: Eski Mısır
Musa ve Orfe devirleri...

Teb veya Menfis mabetlerinin kapısını çalan yabancıyı, mabedin hizmetkarları karşılarlar ve onu alıp, iç avlunun dev sütunlu giriş bölümüne götürürlerdi... Bu sütunlar, kudretleriyle ve saflıklarıyla, Osiris mabedini ayakta tutan dev lotüsleri andırmaktaydı.

Bir müddet sonra, yanına yaklaşan başrahibin yüz hatlarındaki haşmet ve sükunet, esrarengiz bir görünüm arz eden ama içsel bir ışıkla parlayan o gözler, hevesli yabancıyı kaygılandırmaya yetip de artardı bile...

Osiris rahibi ona, doğum yeri, ailesi ve daha önce eğitim gördüğü mabetler hakkında çeşitli sorular yöneltip, kısa bir sınavdan geçirirdi. Başrahip yabancının sırlar öğretisine katılmaya layık olmadığı sonucuna varırsa, kendisine sessiz fakat kararlı bir tavırla kapıyı gösterirdi. Ama mabede girmeye hevesli bu yabancıda, samimi bir gerçeği arama arzusunun bulunduğunu saptamışsa, o zaman kendisini izlemesini söylerdi. İç avludan geçip, her iki yanı kayalık olan, dikili taşlar ve

17

"GİZLİ SIRLAR ÖĞRETİSİ"

sfenkslerle donatılmış bulunan üstü açık bir yolu izleyerek mabedin içlerine doğru ilerlerlerdi. Yollarını büyük bir kapı keser ve bu kapının önünde yabancıya dönen başrahip: -"*İşte*" derdi... "*Gizli Öğreti'nin kapısı buradadır.*"

Gizli yeraltı galerilerine açılan bu kapının hemen yanında, elinde kapalı bir kitap bulunan ve yüzü peçeli meditasyon yapmakta olan bir İsis heykeli vardı. Heykelin altında şunlar yazılıydı:

"*Benim peçemi hiç bir ölümlü kaldıramamıştır...*"

Bu sözler yabancının cesaretini kıracak mıydı. Başrahip dikkatle yabancıyı inceler ve sözlerine devam ederdi:

-"*Yabancı. Şu iki sütuna iyi bak. Kırmızı olan, insanın Osiris'in ışığına doğru tırmanışını, Siyah olanı ise, insanın madde içine hapsoluşunu sembolize etmektedir. Bizim bilimimize ulaşmayı hedefleyen kişi hayatını ortaya koyar. Zayıfların elde edeceği şey çıldırma ve ölümdür. Güçlüleri bekleyen nimet ise hayat ve ölümsüzlüktür.*

Bu kapıdan nice ihtiyatsız kişi içeri girmiş, fakat hiç biri dışarıya canlı çıkamamıştır. Burası gözüpekleri ortaya çıkartan bir uçurumdur. Bu yüzden iyice düşün taşın ve karşılaşacağın tehlikeleri göz önüne getir. Cesaret edemiyorsan denemekten vazgeç. Eğer bu kapının gerisinde seni bekleyen zorlu deneylere karşı gereken iç gücüne sahip değilsen, yol yakınken geri dön. Bu kapı üzerine bir kez kapandı mı, bir daha açılmaz, geri dönüş yoktur..."

Aday, isteğinde ısrar ederse, başrahip onu yardımcılarına teslim ederdi. Bir hafta süreyle, yeni aday en yorucu pis işlerde çalıştırılırdı. Bu sürenin sonunda, yardımcı rahipler adayı alıp, deneylerin başlayacağı kapıdan içeri alırlardı.

İlk olarak, loş bir hole getirilirdi. Holün her iki yanında, insan vücutlu aslan başlı heykeller, boğa ve yılan görüntülerinin bulunduğu kabartma resimler vardı. Adaya hiç bir şey açıklanmadan, holden geçirilip götürülürdü. Dehlizin sonunda adayı bir mumya ile bir iskelet beklerdi. Rahipler duvardaki karanlık bir dehlizi adaya göstererek:

-"*İşte... Dönüşü olmayan yol burada başlar. Eğer korkuyorsan, içeri girmeden bizimle birlikte geri dönebilirsin. Çünkü çıkış kapısı hala açıktır. Lütfen iyi düşün...*"

PİRAMİTLER'DEKİ SIRLAR BİLGİSİ

Sırlar bilimini öğrenmek isteyen gençler, piramitlerde gerçekleştirilen özel eğitimlere çok ağır sınavlardan geçirildikten sonra alınırlardı. İşte bu kapı da söz konusu sınavların başlayacağı sınır çizgisiydi. Aday ya devam edecek ya da geri dönecekti. Birçok aday bu kapıdan içeri girmeye cesaret edememiştir. İçeri girenlerin de çok azı bu sınavlardan geçebilmiş ve "Sırlar Bilgisi"ni öğrenmeye hak kazanmışlardır.

Adaylar, rahiplerin büyük bir titizlikle hazırlamış oldukları binbir badireyi aşmak zorundaydılar. Adayın hevesini kırmak için rahipler ellerinden geleni yaparlardı. Bütün korkutucu ve dehşet verici sınavları kazanmak gibi olağanüstü başarı gösteren bir aday ise, bitmez tükenmez bir eğitim programına tabi tutulurdu.

Bu eğitimlerin süresi 20 ile 50 yıl arasında değişebilmekteydi. Bu inanılmaz eğitimin sonunda "Sırlar Bilimi"ni öğrenen adayların her biri, "Osiris Rahibi" olma hakkını elde ederlerdi. Bunlardan bir kısmı geldikleri memleketlerine geri dönerler, bir kısmı ise mabette öğretmen olarak kalırlardı.

Piramitlerin içinde gizli bir eğitimden geçen bu rahipler arasında bizim yakından tanıdığımız isimler de bulunmaktaydı:

Hz. Musa, Heredot, Fisagor, Eflatun, Orfe bu özel eğitimden geçenlerden sadece birkaç tanesiydi.

MISIR'IN KUTSAL EMANETİ

Atlantis'ten Mısır'a gelmiş olan "Sırlar Bilgisi"nin esasları hiç bir zaman halka yayılmadı. Mabetlerin, piramitlerin kalın duvarları arasında saklı kaldı. Halk bu esrarlı bilime korkuyla karışık bir saygı duydu. Fakat ona hiç bir zaman erişemedi. Atlantis'ten Mısır'a gelen bilgiler, rahiplerce büyük bir titizlikle korundu. Kutsal bir emanet olarak ilgi gördü. Ve ancak rahiplerin seçtikleri belirli sayıdaki kişilere bu sırlar açıklandı...

Büyük bir özenle korunan bu sırlar neydi? Nasıl açıklanırdı? Mabetlerdeki akıllara durgunluk veren bu eğitime girmeden önce, bazı tarihi bilgilerimizi kısaca gözden geçirmekte fayda görüyorum. Daha sonra tekrar konumuza geri dönerek Eski Mısır'daki eğitimin gizli yolunu izleyerek, Osiris Mabetleri'ndeki o esrarlı güneşin ışığını yeniden calandırmaya çalışacağız...

GİZEMLİ MISIR

İnisiyeler için bir zamanlar tabiatın derinliklerini ve Gökkubbeyi aydınlatmış olan "Osiris'in Işığı" terkedilmiş mabetlerde, bugün artık tamamen sönmüş durumdadır.

"Ey Mısır!... Gelecek kuşaklara senden hatıra olarak sadece inanılmaz masallar kalacak ve seninle ilgili olarak geriye taşlara oyulmuş kelimelerden başka bir şey kalmayacaktır. Ancak, bunlar bile yüzyıllar boyunca seni ölümsüzleştirmeye yetecektir" diyen Hermes'in sözleri, artık günümüzde gerçekleşmiş bulunmaktadır.

Eski Uygarlıklarla ilgili günümüze kadar dünyanın dört bir köşesinde çalışmalarını sürdüren araştırmacılar, içinden çıkılması son derece zor olan Mısır Gizemleriyle yakından ilgilenmişlerdir. Mısır'la ilgili yazılan kitaplar, ortaya atılan teoriler günümüzde hala tartışılmaya devam etmektedir.

"SIRLAR ÖĞRETİSİ'NE GİRİŞ"

Yurdumuzda da yayınlanan kitaplarda, ilk olarak, bu gizemli topluluğun Nil kıyılarına nereden gelmiş olabilecekleri üzerinde durulmuş olduğunu görüyoruz. Ancak bu bilmece bir türlü çözülememiştir...

SIRLAR KÖPRÜSÜ

Dünya insanlığının tarihi gelişimi, sadece belirli bir kesitten incelendiği takdirde, Mısır Uygarlığı gibi, bulunduğu çevrenin çok dışında özellikler gösteren bir topluluğun nereden geldiği sorusu kolay kolay cevap bulamayacaktır. Klasik anlayışların ötesine geçmeden bu ve bundan sonraki bilmeceleri çözebilmemiz mümkün değildir. Klasik Arkeologlar ne derse desin, Eski Mısır Uygarlığı geçmişten geleceğe uzanan sırlar köprüsüdür.

Klasik Tarihçiler, Mısır uygarlığına 9.000 yıllık bir geçmiş tanır. (Yani M.Ö. 7.000 yıllarına kadar) Mısır uygarlığını ilk kuranların ilkel, balıkçılıkla uğraşan bir halk olduğu belirtilir!

Buna karşılık Denderah mabedinin tavanındaki astronomik bilgilerin 90.000 yıl öncesine ait olduğu anlaşılmış durumdadır. Tarihin babası Heredot da, vaktiyle Mısır rahiplerine şüpheyle bakmış ve inanmadığını belli etmişti. Ama Heredot, rahiplerin yaptığı hesaplar karşısında daha sonra, hakkı teslim etmek zorunda kalmıştı.

Zamanımızda, Halikarnaslı Heredot'un eserlerine güvenilir. Zira o, gerçeklere her zaman bağlı kalmıştır. Bakın Heredot, bu konuda neler yazıyor:

Bir Mısırlı Rahip bana:
- "Bilmiş ol ki, atalarımız zamanında Güneş iki defa battığı yerden doğdu, sonra aynı olay gene tersine cereyan etti "
dedi.

Mısırlı rahibin anlattığından şu sonuç çıkar: Demek ki es-

"GİZLİ SIRLAR ÖĞRETİSİ"

ki çağlarda kutuplar yer değiştirdi...

Günümüzde yapılan jeolojik araştırmalar, Mısırlı rahibin Halikarnas'lı Heredot'a söylemiş olduklarını doğruluyor. Yalnız, olay için kesin bir tarih verilemiyor. Bununla beraber, kutupların değişmesi olayının 10.000 yıldan çok daha eski bir tarihte meydana geldiği tahmin edilmektedir.

Yapılan son bilimsel araştırmalara göre, bu gün Kutupları teşkil eden alanlar, çok eskiden dünyamızın tropikal bölgeleriydi. O zamanlar Avrupa, metrelerce buz tabakası altındaydı. Jeoloji bilginleri, bu gerçeği doğrulamaktadır. Şüphesiz Halikarnas'lı büyük tarihçi Heredot çağında, Jeoloji adı altında bir bilim dalı yoktu. Ama buna karşılık, tapınaklarda, piramitlerde, bu konuda bilgi verecek pekçok eski tarihi arşivler vardı.

Evet... Tarih bir şeyler saklıyor ama ne? Biraz daha tarihin geçmiş dönemlerinde ilerlemeye devam edelim. Bakalım nelerle karşılaşacağız...

GEÇMİŞ NELER SAKLIYOR?

Çok eski çağlardaki Mısır'ı düşünelim. Geçmişi şöyle bir gözümüzde canlandıralım...

Manzara tamamen değişmiştir. Çevre büyük bir denizle kaplıdır. Çöl yoktur artık. Deniz kıyısında, piramit biçimli bir muhteşem yapı var. Üzerine kayadan oyulmuş muazzam bir heykel olurtulmuş. Bu Sfenks'tir... Sanki koca bir kayalık dağ, tek parça halinde oyulmuş ve tapınakla Sfenks ortaya çıkmış. Kesik tepeli piramid biçimli maabedin üzerinde, bizim çok iyi tanıdığımız Sfenks yer almış. Mabet gümüşi bir renkte. Kutsal Nur'un mabedi... Yani Büyük Piramid'in mabedi...

Sonra gene ileriye, yani çağımıza doğru dönelim ve zaman içinde yolumuza devam edelim... Yüzyıllar birbirini kovalasın... Ortalık korkunç bir karanlığa bürünsün. Sular göklere doğru yükselsin, sonra tekrar çekilip uzaklaşsın... Sonra derin bir sessizlik başlasın... Sağırlaştırıcı bir sessizlik... Tekrar yüzyıllar aksın, geçsin...

Gene Sfenks'in karşısındayız. Ama bu sefer Sfenks bir deniz kıyısında değildir. Çevremiz sarı-kızıl renkte, gün ışığı altında korlaşmış küçük maden parçaları gibi parlayan kumlarla dolu.Uçsuz bucaksız bir çöldeyiz. Sfenks'in ölümsüz yüzünde önemli bir değişiklik yok. Gözleri batıya dönük, değişiklikleri umursamaz, hatta küçümser bir hali var. Ama Kutsal Nur'un mabedi görünürlerde yok. Kum denizi onu örtmüş, kaplamış...

Yüzyılların, binyılların Sfenks'i; içinde artık hiç kimse olmasa da, ayakları altında Kutsal Nur'un mabedini tutmaya devam ediyor.

SIRLARIN KAYNAĞI NEREDEYDİ?

Bizim devremizden önceki devirlerde, hep batmış bazı uygarlıklardan söz edildiğini duymuşuzdur. Günümüze kadar gelebilen yazılı tarihi belgelerin tümü bunu doğrulamaktadır. Bütün dini yazıtlar, Kur'an-ı Kerim de dahil olmak üzere, bu bilgilerle doludur. Tabii ki, tüm eski toplumların geleneksel bilgileri de...

İşin bir başka ilginç yanı da, bir zamanlar dünya üzerinde hüküm süren bu uygarlıklarla ilgili belgelerin, TC.'nin kurucusu Mustafa Kemal ATATÜRK'ün de eline geçmiş olmasıydı... Büyük bir özenle bu belgeler, ATATÜRK tarafından incelenmiştir. Ancak ne yazık ki, bu konuyla ilgili resmi makamlardan günümüze kadar hiç bir açıklama yapılmamıştır. Sadece KANAL D'de yayınlanan SINIR ÖTESİ programında konu kısaca da olsa kamuoyuna duyurulabilmişti.

Şimdi, ATATÜRK'ün bu belgeleri nasıl elde ettiğini sizlere aktarmak istiyorum.

ATATÜRK ve SIRLAR BİLGİSİ

Bize öğretilen tarih bilimi yanılıyor mu? M.Ö. 200.000 ile 70.000 arasında Büyük Okyanus'ta Mu adında bir kıta var mıydı? Bu kıtanın Avustralya'dan birkaç misli büyük olduğu, yüksek bir medeniyete ulaştıktan sonra battığı doğru mu? Atatürk bu kıta ile neden ilgilendi? Yoksa, Türklerin kültür kökeni, Büyük Okyanus'un derinliklerine kadar mı gidiyordu? Türklerin kültür kökenini ortaya çıkartmak, Atatürk' ün en büyük isteklerinden biriydi. Cumhuriyetin ilk yıllarından sonra, bu konuya büyük bir hassasiyetle eğildi. Osmanlı İmparatorluğu'nun son dönemlerinde Türkçülük akımları tarafından yapılan çalışmalar derlendi. Atatürk'ün isteği ile birçok bilim adamı ve araştırmacı bu alanda çalışmalar yaptı.Yabancı bilim adamları ülkeye davet edildi. 1930 yılında Türk Tarih Kurumu kuruldu. Çok zengin malzeme ve bilgiler ortaya çıkarıldı. Yine de Türkler'in kültür kökenleri tam olarak açıklığa kavuşamadı.

MAYA DİLİYLE TÜRKÇE ARASINDAKİ İNANILMAZ BENZERLİK

1932 yılında Emekli General Tahsin Mayatepek Atatürk'ü ziyaret etti. Maya dili ile Türkçe arasında benzerlik olduğundan bahsetti. Mayalar Meksika'da yaşamışlar, Türkler ise Orta Asya'dan gelmişlerdi. Aradaki uzaklığa rağmen, Atatürk konuyla ilgilendi. Derhal Tahsin Beyi, Meksikaya elçi olarak atadı. Ona bu konuyu aydınlatma görevini verdi.

Tahsin Bey Meksika'ya gitti. Orada kendisine Amerikalı Arkeolog William Niven'ın bulduğu tabletlerden bahsettiler. Maya dilinin kökünün bu tabletlerde olduğu anlaşılmıştı. Türkçe ile Maya dili arasındaki benzerlikler de bu tabletlerde aranmalıydı.

"SIRLAR ÖĞRETİSİ'NE GİRİŞ"
TABLETLERİN ORTAYA ÇIKARTTIĞI BÜYÜK SIR

Amerikalı arkeoloğun ortaya çıkarmış olduğu tabletler, Tahsin Beyi şaşkına çevirdi. Eğer bunlar doğruysa, bilinen tarih tamamıyla yanılıyor demekti. Çünkü tabletler M.Ö. 200.000 ile 70.000 arasında Büyük Okyanus'ta yer almış olan bir kıtadan bahsediyordu... Bu kıtanın adı "MU"ydu. Avustralya'dan bir kaç misli büyüktü. Yüksek bir medeniyete ulaştıktan sonra, bir dizi depremler sonucu battığı sanılıyordu. Acaba Türklerin kültür kökeni de bu kıtadan göç edenlere mi dayanıyordu? İş gittikçe daha da ilginç bir hale bürünüyordu...

HİNDİSTAN'DAKİ TABLETLER DE AYNI SIR VARDI

Tahsin Bey konuyla ilgilendikçe, karşısına yeni bilgiler çıkıyordu. Bu kez kendisine İngiliz Albayı James Churchward'ın Hindistan'da bulduğu tabletlerden bahsettiler. Bunlar da kayıp MU kıtasıyla ilgiliydi. Churchward 50 yıllık bir çalışma ile bu tabletleri çözmüş ve bu olağanüstü bilgileri, 5 ayrı kitapta yayınlamıştı.

Tahsin Bey, öğrendiklerini ve ortaya çıkardıklarını ATATÜRK'e raporlar halinde sundu. Atatürk'ün konuya olan ilgisi daha da arttı. Churchward'ın Mu ile ilgili kitapları getirildi. Atatürk derhal kitapların tercüme edilmesini istedi. 60 kişilik bir tercüme heyeti, çok kısa bir sürede, Churchward'ın kitaplarını Türkçe'ye çevirdi. Fakat kitaplar basılmadı. Daktilo edilmiş metinler halinde Atatürk'e teslim edildi.

ATATÜRK'ÜN NOTLARI VE İŞARETLEDİĞİ YERLER

Tercüme edilen metinleri Atatürk'ün büyük bir dikkatle okuduğu biliniyor. Atatürk insanın yaradılışını anlatan bölüm-

25

lerle özellikle ilgilenmişti. MU'nun insanlığın anayurdu olduğunu, nüfusunun 64 milyona kadar çıktığını, ilk insanın orada yaratıldığını anlatan satırların altını çizmişti. Dünya üzerindeki tüm dinlerin sembollerle anlatmaya çalıştıkları, bu bilgiler ışığında çok daha kolay çözülmeye başlamıştı.

Atatürk, MU'da geçen Tanrı kavramıyla da ilgilenmiş, Yaratıcının insan aklıyla anlaşılamayacağı, şekillendirilemeyeceği ve adlandıralamayacağı üzerinde de durmuştu.

Tercümelerde, Maya dilinin yeryüzünün ana dilinden gelmiş olduğunu, tüm dillerin orada doğduklarını ve anadilin MU dili olduğunu belirten bölümlerin altı, Atatürk tarafından çizilmiştir.

Atatürk'ü ilgilendiren bir diğer bölüm, ırkların kökeniyle ilgiliydi. Anadolu'daki ilk insanlar olan Karyanlar'ın asıl vatanlarının, Büyük Okyanus'taki Easter Adası olduğunu anlatan bölüm yine Atatürk tarafından işaretlenmiştir.

Mu'nun batışını anlatan bölümde, Mu halkının " Ra Mu, bizi kurtar" diye bağırmalarını işaretlemiş ve altına *"Demek ki, Ra Mu, bir ilahtır"* notunu düşmüştür.

Birçok Mu kökenli özel isim ve sıfatları, Atatürk Türkçe ile karşılaştırmış, notlar almıştı.

Mu'nun demokrasi ile yönetildiğini, güneş enerjisinin aydınlatılmada kullanıldığını anlatan satırları da çizmişti. Ve bunlar gibi daha yüzlerce satır, Cumhuriyetimiz'in kurucusu tarafından çizilmiş, işaretlenmiş, sayfa yanlarına notlar alınmıştı. Belli ki büyük bir dikkatle bu belgeleri incelemişti.

KİTAPLAR NEDEN BASILMADI?

Atatürk, James Churchward'ın iki kitabıyla özellikle ilgilenmişti: *"Kayıp Mu Kıtası"* ve *"Mu'nun Çocukları."* Bu iki kitap, Anıtkabir kitaplığında 1301 ve 1302 no ile kayıtlıdır.

Daktilo ile yazılmış kitapların çeviri metinleriyse yine Anıtkabir kitaplığında dosyalar halinde bulunmaktadır.

Atatürk'ün Mu ile ilgili düşüncelerini ve çıkardığı sonuçları ne yazık ki tam olarak bilmiyoruz. Çünkü 1935'ten sonra sinsice ilerleyen hastalığı, ona fazla zaman tanımadı.

1967'ye kadar Türk Dil Kurumu arşivinde, daha sonra Anıtkabir kitaplığına getirilen bu çeviriler hala basılmamıştır. Öylece durmaktadır. Atatürk'e kitapları sağlayan Tahsin Mayatepek, Meksika'da araştırmalar yaparken, Maya-Aztek-İnka uygarlıklarının, Türkler'de kullanılan eşyalara benzer eşyalar kullandıklarını öğrenmişti. Ayrıca davullar ve kalkanlar bizimkilere çok benziyor ve üzerlerinde ay - yıldız sembolleri bulunuyordu. Tahsin Bey'in tüm çalışmalarını belge ve fotoğraflarla birleştirerek üç cilt defter halinde Atatürk'e yolladı.

Bunların nerede olduğu bilinmiyordu. Uzun araştırmalarım sonucunda, bu belgeleri Türk Dil Kurumu'nun kitaplığında buldum. Halen 56 ve 57 numaralı kayıtlarda bunlar muhafaza edilmektedir.

Bu değerli çalışmaların hiç biri malesef basılmamıştır. Oysa ki bu belgeler dünya kültür tarihine ışık tutan eşssiz bilgilerle doludur. Gerek dünya dinlerinin kökenini, gerekse dünya insanlık tarihinin bilinmeyen yönlerini aydınlatan bu belgeler hakkında mutlaka kamuoyuna ayrıntılı bilgi verilmelidir.

Gerek Churchward'ın kitapları, gerekse Tahsin Mayatepek'in çalışmaları basılıp yayınlandığı zaman Atatürk'ün düşüncelerini belki daha iyi anlayabiliriz. Aksi taktirde bu eserler de, Atatürk'ün gizli kalmış düşünsel yönleriyle beraber, Anıtkabir'in sessizliğinde uyumaya devam edeceklerdir. Aynen Mu kıtasının kalıntılarının Büyük Okyanus'un derinliklerinde beklediği gibi...

Şimdi bu belgelerden de edindiğim bilgiler ışığında sizlere Mu ve Atlantis Uygarlıkları, daha sonra da bu uygarlıkların bizim uygarlığımıza olan etkilerini kısaca özetlemeye çalışacağım...

KAYIP UYGARLIKLAR ve KAYIP SIRLAR

"Bizim bilmediğimiz bazı sırlara eskilerin vakıf olduklarını kabul etmek zorundayız." Bu sözler 20. Yüzyılın önemli bilimadamı olan Einstein'a aittir. Evet... İster kabul edelim ister etmeyelim ancak tarihin geçmiş devirlerine doğru uzandıkça eskilerin bizim bilmediğimiz sırlara sahip olduklarını görüyoruz. Böylelikle Einstein'ın bu konuda da haklı çıktığını rahatlıkla söyleyebiliriz. Kimdi bu eskiler? Bu eski insanlar ATATÜRK'ün de izlerine rastladığı Mu ve Atlantisli bilgelerdi.

Mu ve Atlantisliler'in, maddi ve manevi alanda son derece ileri seviyede bilgilere sahip oldukları, günümüze kadar gelen yazılı belgelerde kendini göstermektedir. Örneğin, M.S. 8. yüzyılda Mahavira'yı yazan Bhavabonti'nin anlattıkları bu sırların Hint'tin sakladığı sırlarda açıkça bilindiğini gösterir. Günümüze kadar gelebilen bu belgede şunlar yazılıdır:

"Kutsal bilimin sırları ancak inisiyelerce malumdur. Binlerce yıldan beri ermişler, Brahma ve başkaları, bunları gördüler ve öğrendiler. Kriçaçva, Mu Bilim Rahipleri'nin gizli bilimlerinin bütün sırlarını açıklamıştı. Bana da bunları Viçvamitra söyledi."

Gene Mahavira'nın beşinci bölümünde, Puşpaka denilen bir çeşit hava taşıt aracıyla, insanların taşındığı anlatılır. Ayrıca bu hava taşıt araçlarının, gece seferlerini yaparken birer yıldız gibi parladıkları belirtilmektedir.

Öte yandan, Hint Yogasutrası, Aiçvaryalar'dan söz eder. Aiçvarya, bir insanın sahip olduğu halde kullanmasını bilemediği yeteneklerini öğretme bilimidir.

Yogasutra, aşağıda yazılı olan bilim türlerinin Naakaller'den, yani MU'da hem rahip hem de bilgin sıfatıyla yaşayan bir sınıftan (Mu Bilim Rahipleri'nden) alınmış olduğunu yazar.

Hint Aiçvaryalar'ı yedi bölüm halindedir:

1. Amma: Düşünce gücüyle maddeleri ufaltıp büyütebilmek. Maddeler üzerinde çeşitli etkilerde bulunmak. (Telekinezi)

2. Lghima: Cisimleri hafifletmek ve havada durdurabilmek. (Levitasyon)

3. Prapte: Zaman sınırlarını aşarak, çeşitli yerlere ulaşmak ve düşünce nakli. (Astral Seyehat ve Telepati)

4. Prakamya: İrade yolu ile, gaz, sıvı ve katı cisimler arasından geçebilmek.

5. İçitritva: Maddelerin özelliklerini değiştirme. (Alşimi - Simya)

6. Sohtart: Kendi bedenine ikinci bir ruh sokabilmek. (Medyomluk)

7. Atartvaç: Görünmez olabilmek. (Demateryalizasyon)

Şu küçük alıntıdan bile, bir zamanlar ne denli inanılmaz bilgilerle insanların yetiştirildikleri ortaya çıkmaktadır. Günümüz Parapsikoloji Bilimi'nin ilgilendiği bu çalışmalara verilen isimleri, ben de size parantezlerle yukarda aktarmaya çalıştım.

Bu bilimleri öğreten, "Mu Bilim Rahipleri"nin ne denli bir kudrete sahip olduklarını hayal etmek bile, insanın içini ürpertmeye yetmektedir...

Daha sonra okyanusun sularına gömülen bu uygarlıklar, batmadan önce kendi kültürlerini çevre kıtalara yaymışlardı. Orta Amerika'ya, Orta Asya'ya ve Afrika Kıtası'nın Kuzey Bölgesi'ne yani Mısır'a yaptıkları yoğun göçlerle, ellerinde bulundurdukları sırları bu bölgede yaşayanlara da aktarmışlar ve onları, gerek bilim alanında gerekse din alanında eğitmişlerdi.

***

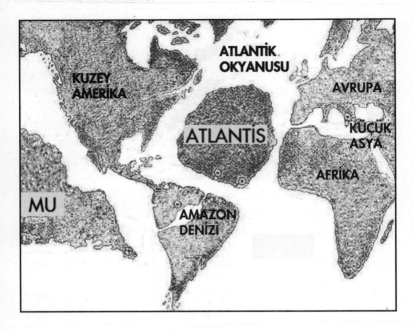

Mu ve Atlantis Uygarlıkları'nı Gösteren Bu Haritanın
Orjinali Atatürk'ün Araştırmış Olduğu
Churchvard'ın Kitaplarında Bulunmaktadır.

BU SIRLAR MISIR'A NASIL GELDİ?

Ezoterik kayıtlardan, bu sırların Mısır'a gelişinin, Atlantisli bir bilge olan Thot tarafından olduğunu öğreniyoruz. Bazı kaynaklar, Thot'dan önce yine bir Atlantisli bilge olan, Osiris'in de Mısır'a gelmiş olduğunu söyler. Mısır'a gelen bu bilgiler son derece gizli tutulmuş ve Altın Çağ'ın İlahi Sırları olarak muhafaza edilmiştir. Daha sonra bazı dinlerin ortaya çıkmasında belirleyici bir fonksiyon da gören bu bilgiler, açık bir şekilde değil, üstü örtülerek, şifrelendirilerek halka anlatılmıştır. Dünya üzerindeki mitolojilerin ve birçok dinin ortaya çıkışı işte bu sırlara dayanır.

Ancak gerek dinlerin, gerekse mitolojilerin içindeki bilgilerin şifresi, geniş halk kitleleri tarafından anlaşılamadığı için, özellikle yurdumuzda bu konuda yeterli bilgi edinilememiş ve dinlere gerekli şekilde yaklaşılamamıştır.

MU UYGARLIĞI - UZAYLILAR VE GİZEMLİ HARİTALAR

İlk olarak ATATÜRK'ün yurdumuza kazandırdığı Mu Uygarlığı ile ilgili belgeleri, ilk kez Anıt Kabir Kitaplığı'nda incelediğimde, doğrusunu söylemek gerekirse, gözlerime inanamamıştım. Burada büyük bir tarih ve cevaplanamayan sorulara ışık tutacak çok değerli bilgiler bulunmaktaydı. Ve ne yazık ki bunlarla kimse ilgilenmiyordu.

Bu belgeler ışığında konumuza devam edelim....

Mu topraklarında yaşayan 64 milyon nüfusun hepsi tek bir çatı altında toplanmışlardı. Başlarında bulunan hiyerarşik şef Ra-Mu olarak anılmaktaydı. Mu Uygarlığı'nın bir diğer adı da "Güneş İmparatorluğu" idi. Halk Ra-Mu'ya karşı sonsuz bir saygı duymakta ve onu maddi ve manevi yönetimin şefi olarak görmekteydiler.

Şu anda Meksika Müzesi'nde saklanmakta olan ve bundan 15.000 yıl öncesinde yazıldığı tespit edilen tabletlerden birinde şöyle yazmaktadır:

"...Bu tapınak, MU'nun temsilcisi RA-MU'nun hükmü altındadır. Tanrı'nın gözleri gece ve gündüz her şeyi görür ve RA- MU'nun ağzı vasıtasıyla doğruyu söyler..."

(Bu tablet uzun bir süre Tibetli rahipler tarafından muhafaza edildikten sonra, William Niven'e teslim edilmiştir.)

Gerek Niven'in, gerekse de Atatürk'ün araştırdığı Churc-

"GİZLİ SIRLAR ÖĞRETİSİ"

ward'ın bulguları birbirleriyle tamamen örtüşüyordu. Her iki araştırmacı da farklı yerlerde, aynı belgelere ulaşmışlardı. Bu belgeler Mısır, Hint ve Tibet mabetlerinde yüzyıllardır rahiplerce muhafaza edilen belgelerce de doğrulanmaktaydı.

Elde edilen bilgiler yanyana getirildiğinde Dünya üzerinde bir zamanlar son derece ileri seviyeli uygarlıkların yaşamış olduğu net bir şekilde ortaya çıkıyordu. Ortaya çıkan bir diğer bulgu da, o dönemlere ait uygarlıkların uzaylılarla yakın temasta bulunduklarıyla ilgiliydi. Tüm belgeler bunu ispat edecek nitelikteydi. Bu sır ilk defa yurtdışında ortaya çıktığında geniş yankılara sebebiyet vermiş ve bir çok araştırmacıyı bu alanda incelemeler yapmaya sevk etmiştir.

Ünlü araştırmacı yazar Peter Colosimo *"Timeless Earth"* adlı kitabında eski bir Hint yazısından bahseder:

"Ulaşılmaz yüksekliklerden hızla inerken çıkardığı gökgürültüsü gibi sesi ve gökyüzünü ateş dilleriyle dolduran alevlere bürünmüş olarak, Ateş'in Oğulları'nın arabası, "Parlak Yıldız"dan gelen Alev Tanrıları'nın arabası göründü. Gobi Denizi'nin yemyeşil ve göz kamaştırıcı, mis kokulu çiçeklerle örülü Ak Adası üzerinde durdu."

Arkeolog Harold Wilkins de aynı şekilde: *"Büyük beyaz yıldızdan inmiş insanların Gobi Denizi'ndeki adaya yerleştiğini ve adayı yeraltı galerileriyle karaya bağladıklarıyla ilgili her türlü kanıt bilimsel olarak mevcuttur"* demektedir.

Ele geçirilen belgeler arasıda eski gök haritaları da vardır. Tibet yörelerinde bulunan bu haritalarla ilgili kamuoyuna ilk açıklama Peter Colosimo tarafından yapılmıştır. *"Timeless Earth"* adlı kitabında bu konuyla ilgili Colosimo şunları yazmaktadır:

"Bir süre önce, Himalayalar'ın eteklerinde, Bohistan Mağaraları'nda bir gök haritası ele geçirilmişti. Astronomlar bu haritanın doğru olmakla birlikte bizim çizdiğimiz haritalara uymadığını fark ettiler. Niçin? Evet, niçin bu haritalardaki

yıldızlar 13.000 yıl önceki konumlarında dizilmişlerdi?"

(Bu harita 1925 yılında 'National Geographic Magazine'de yayınlanmıştır.)

Buna benzer bir başka olay da 1778 yılında meydana gelmişti...

Paris Belediye Başkanı ve Fransa Kraliyet Astronomlarından Jean Sylvain Bailly'e misyonerler tarafından Hindistan'da bulunan bazı haritalar getirildi. Haritaları inceleyen astronom, bu haritaların binlerce yıl önce yapılmış olması gerektiği sonucuna vardı. Haritalar Hindistan'da yapılmış olamazdı. Çünkü oradan görülemeyecek yıldızları da kapsıyordu. Astronom yaptığı hesaplar sonucunda haritaların çizildiği noktayı saptayabildi. Bu gün Gobi Çölü'nün uzandığı bölgeydi burası. Astronom çok haklı olarak Hintliler'in bu haritaları kendi uygarlıklarından çok daha eski ve ileri seviyeli bir uygarlıktan miras almış olmaları gerektiği sonucuna ulaştı.

Orta Asya efsanelerinde de Gobi Çölü'nün önemi büyüktür. Efsanelere göre, çok eski zamanlarda Gobi Çölü'nün yerinde (bunu jeoloji de doğrulamaktadır) büyük bir deniz bulunmaktaydı. Çin bilgelerinin anlattıklarına göre, bu denizde 'mavi gözlü ve sarı saçlı beyaz insanlar'ın yaşadığı bir ada vardı. Efsaneler ve gizli sırlar bilgisine sahip rahipler bu adada yaşayanların gökyüzünden geldiklerini söylerler... Bu bilgiler Ezoterik kaynaklarda ifade edilen bilgilerle de parelellik gösterir. Ezoterizm'e göre, Mu halkı'na uzaydan gelen bilgeler kozmik sırları açıklamışlar ve onları eğitmişlerdir.

Rus Prof. Arkeolog Koslof, Gobi Çölü'nde kadim Khara-Khota kentinin kalıntılarında kazılar yaparken bir mezara rastlamıştı. Yapılan hesaplar, bu mezarda bulunan bir duvar resminin 18.000 yıl önce yapılmış olduğunu ortaya çıkarttı. Ancak işin en ilginç tarafı, mezarın duvarında bulunan resmin tamamen Mu yazıtları ve sembolleriyle dolu olmasıydı.

Bütün bunların anlamı neydi? Mu Uygarlığı'nın elindeki

"GİZLİ SIRLAR ÖĞRETİSİ"

sırların içeriği nelerle doluydu... Bu sırları bizim devremiz uygarlıklarına nasıl aktarmışlardı. Bunları ortaya çıkartmak mümkün mü?

Tekrar geri dönmek üzere şimdilik konuyu burada noktalıyoruz...

II. BÖLÜM

EZOTERİZM ve İNİSİYASYON
"GİZLİ ÖĞRETİCİLİK"

"Güneş altında söylenmemiş söz yoktur"

İNİSİYASYON NEDİR?

İnisiyasyon kelimesi kök olarak, Latince "İnitiatio"dan gelir. İngilizce ve Fransça'da aynı şekilde geçer. Osmanlıca'da karşılığı "tedris, irşat" olup, Türkçe anlamı "öğretme, doğru yolu gösterme" dir.

Kökeni Mu ve Atlantis'in sırlarına kadar uzanan ve bizim insanlık tarihimizde çeşitli toplumların bünyelerinde yaşamış olan gelenekler vardır. Bunlar gizli yapıdadırlar. Bu eski gelenekler, ancak bazı özel merkezlere bağlanılmak vasıtasıyla öğrenilebilirdi. İşte bu ezoterik yani gizli bilgileri öğrenmek için girilen uzun ve zorlu yolun tamamına, *"inisiyatik öğrenim"* adı verilirdi. Bu inisiyatik merkezlerde, inisiye adayı yani öğrenci, inisiyatörün yani öğretmenin özel şartlarına bağlanmak suretiyle, bu sırlara vakıf olurdu. Sırların herkese açıklanmaması birinci şarttı. Bunlar ancak belli, sınırlı sayıda

"GİZLİ SIRLAR ÖĞRETİSİ"

kişiye açıklanırdı.

Kısaca özetleyecek olursak, inisiyasyon; bazı sırların öğrenilmesinde izlenen yöntemler topluluğudur diyebiliriz. Bu süre içinde inisiyatör, inisiye adayını son derece zorlu sınavlardan geçirirdi. İnisiye adayı birbiri ardına gelen sınavları geçmeden, bir üst aşamaya kesinlikle geçirilmezdi.

EZOTERİZM NEDİR?

Ezoterizm'in Osmanlıca'daki karşılığı "Batınilik"tir. Batın: İç yüz, içteki anlamına gelir. Bunun Türkçe karşılığı "içrek" kelimesidir ki, bununla "içte kalan, saklı" yani "GİZLİ ÖĞRETİCİLİK" kastedilmektedir.

Bu, herkese açıklanmayan, herkese öğretilmeyen, gizli bir yerde, gizli bir şekilde gerçekleştirilen bir öğretim şeklidir. Kozmik kökenli olduğunu söyleyebileceğimiz Mu ve Atlantis'in sırları öğrenen bizim devremizin insanları, işte binlerce yıl önce böyle bir yöntemle ellerindeki bilgileri kuşaktan kuşağa aktarmaya çalışmışlardır.

EZOTERİZM - EGZOTERİZM

Ezoterizm'in içrek yani içteki gizli sırlar anlamına geldiğini söylemiştim. Egzoterizm de kelime anlamı olarak, dıştaki görünen, herkesin bildiği gizli olmayan bilgiler demektir. Ezoterik çalışmalardaki sırlara - gerçeklere nüfuz edebilmek için önce Egzoterizm'den geçmek gerekirdi.

İnisiye adayı önce bir şeyin görünür dış anlamından başlayarak ilerlerdi. Çünkü bir gerçeğin kendisiyle karşılaşmadan evvel, onu hazmedebilecek bir sürece ihtiyaç bulunmaktaydı. Yani gözlerin o güçlü ışığa hazırlanması gerekmekteydi. Aksi takdirde karanlıklar içinde yaşamaya alışmış gözler, o güçlü ışığa bir anda uyum sağlayamazlardı. Bir hazırlık ve hazmetme devresi şarttı.

HARİCİLER ve BATINİLER

Genel olarak bir inisiyatik çalışmada iki ayrı gurup bulunurdu. 1- Hariciler. 2- Batıniler.

Hariciler yolun henüz başındaki gruptur. Egzoterizm safhasındaki bu grup, gerçeğin kendisiyle henüz temas etmemiş ama onu elde etme yolunda çalışmalarını sürdüren inisiye adaylarından oluşurdu.

Bu ilk açıklamalardan da, inisiyatik çalışmaların aşamalardan geçilen, derece derece ilerlenen bir yol olduğu açıkça anlaşılmaktadır.

DİNLERİN DE EGZOTERİK ve EZOTERİK YÖNLERİ VARDIR

Günümüzde dinlerin ezoterik yönü büyük bir oranda unutulmuş durumdadır. Dinlerin gerçek mahiyetiyle ele alınamamasının aslında en önemli sebeplerinden biri de budur. İçle değil dış kabukla ilgilenenlerin elinde, dinler günümüzde büyük bir oranda dejenere edilerek yozlaştırılmışlardır. İnanan neye inandığını, inanmayan da neye inanmadığını bilmeden bu koşuşturmaya katılmaktadırlar. Dinlerin gizli anlamlarına nüfuz edebilmek için ezoterik bir çalışma şarttır. Aksi takdirde dinlerin sembollerle anlattığı bilgiler bizim için çözülmesi imkansız birer bilmeceler halinde kalacaktır... Ki kalmıştır da zaten...

Dış kabukla uğraşan ve içle uğraşmayı aklına bile getirmeyenlerin elinde, gerçek değerinden sapan dinler maalesef artık insanları uyandırmaya değil, uyutmaya alet olmaktadır. Şüphesiz ki bu dinlerin suçu değil, dinlerin egzoterik halkasından içeriye giremeyen bilgisizlerin marifetidir. Bu da insanların bilgilenmesini ve aydınlanmasını istemeyen karanlık şer güçlerin işine gelmiş ve bu yanlış gidişat adeta desdeklenir olmuştur.

Tüm şeriatçı akımların böyle bir sürece hizmet etmekte olduklarını söylemeye her halde gerek bile yoktur. Sizler onları zaten gayet iyi tanımaktasınız!...

Oysa ki, binlerce yıl öncesine ait eski dönemlerde, tüm dinlerin ezoterik yönü birinci derecede öneme sahipti. İnisiyasyonun yoğun bir şekilde uygulandığı o eski devirlerdeki dinlerin ezoterik yönünün ele alındığı çalışmalara "Sırri Dinler" adı verilmiştir.

Merkez Mısır olmak üzere, burada eğitilen bir çok inisiye kendi ülkelerinde de benzer çalışmaları gerçekleştirmiş ve böylelikle zincir halkalar halinde çeşitli toplumlara yayılmıştır. Anadolu'da Sufizm'in ve Tasavvufun ortaya çıkışı hep bu halkalarla bağlantılıdır.

Tüm bu merkezlerdeki sırlar bilgisine sahip öğretmenler, üyelerini özel bir eğitimden yani inisiyasyondan geçirirler ve onların iç ruhsal gelişimini hızlandırmak maksadıyla, bazı sırları açıklarlardı.

GELENEK NEDİR?

Ezoterizm'de gelenek tabirinin özel bir kullanılışı vardır. İnsan, yaşamın ve varoluşun sebeplerini kendi başına bulacak ve evrenin sırlarını tek başına çözebilecek güçte değildir. İşte bu sırları, bu bilgileri soydan - soya intikal ettirmeye "gelenek" isimi verilmiştir. İngilizce ve Fransızca'da "Tradisyon" olarak geçer.

Bunun altında aslında bilgiyi ve tesiri nakletme prensibi yatar. Evrende her şey bildiğimiz ve bilemediğimiz belirli kurallar dahilinde gerçekleşmektedir. Bunlar bazen üstün sezgilerle, bazen de bu bilgiyi bilen bir kişiden öğrenilebilir. Bu öğrenmiş olduğunuz bilgiyi, güvendiğiniz bir başkasına söylüyorsunuz. Böylece o kişi de, sizinle birlikte, bazı sırları muhafaza eden kişi durumuna geçiyor. Bunu sizden sonra gelecek kuşaklara da nakletmek istiyorsunuz. İşte böylelikle gelenek oluşmaya başlıyor.

Aktarılan bu bilgiyle birlikte aslında bir enerjinin de aktarımı söz konusudur. Çünkü her bir bilginin kendisine özgü bir tesir alanı yani enerjisi vardır. Örneğin Mevleviler'in sema sırasında bir ellerinin yukarıya açık olması, buna karşılık diğer ellerinin yere dönük olması tesirin nakledilme mecburiyetini sembolize eder. İşte bir bilginin, bir tesirin bir yerden bir başka yere nakledilmesi en büyük prensiplerden birini oluşturur. Bilginin kuşaktan kuşağa aktarılmasıyla büyük bir vazife yerine getirilmiş olur.

Ezoterik bilgilere göre, insan bunu yaptığı sürece, evrenin büyük zincirinin küçük bir halkası haline gelebilir.

EZOTERİK ÇALIŞMA PRENSİPLERİ VE AMACI

Doğal olanı incelerken, onda doğaüstü olanı da görebilmeniz lazımdır. Bunu başarıyorsanız, siz ezoterik olarak çalışıyorsunuz demektir. Çünkü her şey bir şeyin sembolüdür. Örneğin başlı başına ele alacak olursak; evren, bizzat evren üstü bir prensibin sembolüdür. Kitabımızın sembolizmle ilgili bölümünde bu konuyu daha anlaşılır bir hale getirmeye çalışacağım.

Her hangi bir sembolün içerdiği anlam yani sır, onun içinde gizlidir. O sembolü bir bilmece gibi çözmeden, o sırrı öğrenemezsiniz. Biz yine konumuza dönelim.

Ezoterizm'de 3 önemli çalışma prensibi vardı.

1- Sır, sükunet içinde, sessizce alınır ve ondan kimseye söz edilmezdi.

"GİZLİ SIRLAR ÖĞRETİSİ"

2- Öğrencinin araştırma isteğini güçlendirmek ve gelecek olan asıl bilgiye uyumunu sağlayabilmek için aktarılan bilgiler açıkça değil, sembolik öğretim metodu kullanılarak yani üstü örtülerek verilirdi. Böylelikle henüz daha inisiyatik bir eğitimden geçmeye hazır olmayanların, bu sırları öğrenmeleri de önlenmiş olurdu.

3- Bu gizli öğreti devamederken, öğretmen öğrencisine aktardığı bilgilerle ilgili şuur halini yükseltici, anlayışını kolaylaştırıcı manyetik enerjileri de aktarırdı ki, bu inisiyasyonun en önemli özelliklerinden biriydi. Bu enerjiler sayesinde öğrenci yeni karşılaşmakta dolduğu bilgileri çok daha kolay anlayabilir ve bu yeni gelişmelere çok daha kolay uyum sağlayabilirdi. Uyum sağlayamamak, inisiyasyonun en büyük rizikolarından biriydi. Çünkü, o ana kadar edinmiş olduğu anlayışların çok ötelerindeki bir sınırla karşılaşan öğrenciler, büyük şoklara girebilmekteydi. Böyle şoklara girerek uyum sağlayamayan ve öğrenimini yarıda bırakmak zorunda kalan çok sayıda aday bulunmaktaydı. Böyle bir durumla karşı karşıya kalan aday, derhal öğrenimin dışına çıkartılır ve çalışmalarına son verilirdi. Ancak mabedi terketmesine asla izin verilmezdi.

AYİNLER, MERASIM ve TÖRENLER

İnisiyasyonun belirli dönemlerinde yapıla gelen en önemli uygulamalardan biri de, çeşitli ayin, merasim ve törenlerdi. Bunlara Ezoterizm'de "ritüel" adı verilmiştir.

Bu konuyla ilgili olarak, ünlü Ezoterizm araştırmacısı Mircea Eliad bakın neler söylüyor:

"Rahipler ile insiyelerden oluşan bu topluluklar, her yıl belirli dönemlerde özel bayramlar düzenlerler ve bu kutlamalara sembolik piyesler eşlik ederdi. Misterler adı verilen bu piyesler değişik yerlerde sergilenirdi. Bunların en tanınmışları, Grek dünyasında Elözis'te, ayrıca Mısır'da da Filae ada-

sında sahnelenmekteydi. Bu sembolik piyeslerin içeriği hemen hiç değişmezdi. Hem Grek hem de Mısır kökenli mitlerde aynı tema işleniyordu:

Tanrı'nın ölümü ve yeniden doğuşu...

Bu anafikir, tüm misterlerin belkemiğini oluşturuyordu.'' Neydi bunun anlamı? Bu konuya ilerde tekrar döneceğiz. Biz şimdilik Mircea Eliad'ı takip etmeye devam edelim:

"Bu sembolik anlatımla neyi vurgulamaya çalışıyorlardı? Aslında, halk için misterlerin tüm içeriğini oluşturan söz konusu piyesler, sadece ikincil önemdeydi. Misterlerin özünü oluşturanlar ise, bu piyeslerin perdelediği okullardı. Okulların amacı ise, insanları inisiyasyona hazırlamaktı. Misterlerin gerçek anlamını ve niteliğini ancak belirli sırlarla karşılaşabilme imkanına olaşabilen insiyeler tarafından bilinmekteydi. İnisiyasyon sürecine, bazıları halka açık olarak yapılan karmaşık törenler ve adayın geçmek zorunda olduğu çeşitli sınavlar eşlik ederdi. İnisiyatik yani özel eğitimin dışında kalan kitlelere; bu sembolik uygulamaların aslında inisiyasyonun safhalarını anlatmakta oldukları açıklanırdı. Halkın izledikleri sadece birer törenden ibaretti. Asıl eğitim sadece çok küçük bir gruba verilmekteydi."

TARİKATLAR BİLMECESİ

Günümüzde tam bir keşmekeşliğe bürünen tarikatlar tartışmasına bir açıklık getirebilmek için, şu anda üzerinde durduğumuz konuyu çok iyi açıklığa kavuşturmamız gerekir. Aksi takdirde tarikatler bilmecesini çözebilmemiz mümkün değildir. İşte bu meseleyi daha anlaşılabilir hale getirebilmek için konumuza kaldığımız yerden devam edelim...

Nefsini tanımada ve terbiyede, aynı zamanda maddeyi tanımada, onun kökenini bilmede ve anlamada gereken bilgileri elde edebilmek ve bunun uygulamalarını yapabilmek için bir

"GİZLİ SIRLAR ÖĞRETİSİ"

yol lazımdır. Bu açıdan bakıldığında inisiyasyon özel bir yola giriş anlamına gelir. Bir öğrenim yolu...

İnisiyasyonun amacı insanı ulaşabileceği en üstün şuur haline çıkartmaktır. Bu ulaşılacak nokta insandan insana değişik özellikler göstermekteydi. Peki bunun sebebi neydi? Niçin böyle bir yoldan geçen herkes aynı seviyeye ulaşamıyordu?

Bunun cevabı yine inisiyasyonun gizli bilgileri içinde saklıydı...

İnisiyasyonda aslında insana dışarıdan kazandırılacak bir şey yoktu. Her insanın iç potansiyelinde mevcut olanın açığa çıkartılması söz konusuydu. Bu sebepten dolayı, aynı inisiyasyona dahil olan insanların ulaştıkları seviyeler, birbirlerinden farklılıklar gösterebilmekteydi. Az sonra göreceğiniz gibi, inisiyasyounun son safhasına kadar gelebilen insanların sayısı hiç de fazla olmamıştır. Çoğu belli bir dereceye kadar gelip orada kalmış ve daha fazla ilerleyememiştir. Çünkü içlerindeki potansiyel güç daha fazla ilerleyebilmelerine imkan sağlayamamıştır. Bir örnek vermek gerekirse, Mısır'da aynı inisiyasyondan geçerek Osiris rahibi olarak yetiştirilen Fisagor son safhalara kadar gelirken, Eflatun inisiyasyonun ancak ortalarına kadar ilerleyebilmişti.

Böyle olmasına rağmen yine de bir çok kimsenin bilmediği sırnlara sahip olan Eflatun, orada öğrendiklerini daha sonra felsefi bir tarzda çevresine üstü örtülü bir şekilde aktarmıştır.

Az önce inisiyasyonun bir yol olduğunu söylemiştik. Tarikat kelimesinin kökeni de aynı anlama gelir.

Tarik: Yol demektir. Tarikatlerin ilk ortaya çıkışları tamamen inisiyatik bir özellik taşır. Batıni yani içsel gizli bilgilerin öğretildiği ve bunların uygulamalarının yaptırıldıkları özel merkezlerdi. Belli bir süre, son derece önemli çalışmaların yapıldığı bu merkezlerden çok sayıda kişi eğitimden geçirilmiştir. Sufizmin kökeni de, böyle bir özellik gösterir.

Osmanlı devrinde belli bir süre bozulmadan eğitim hizmeti veren bu merkezler, daha sonraki yıllarda fonksiyonlarını kaybetmişlerdir. Diğer ülkelerde meydana gelen dejenerasyon burada da kendini göstermiş ve içle uğraşan bu merkezler, dışla uğraşmaya başlamışlar ve her biri siyasi bir hüvviyete bürünerek asıl yoldan sapmışlardır. Dolayısıyla günümüzdeki tarikatların inisiyatik bir çalışmayla uzaktan yakından bir ilgileri kalmamış durumdadır.

İNİSİYASYON HİÇ BİR DİNİN TEKELİNDE DEĞİLDİ...

İnisiyatik çalışmaların temel prensipleri ve uygulanan metotları belirlidir. Bu metot ve prensiplerin kökeni ise Atlantis ve Mu Uygarlıklarına kadar uzanır. Bu metotlar ilk kez Mısır'da, Tibet'te ve Amerika Kıtası'ndaki Yukutan bölgelerinde kurulan mabetlerde bizim devremiz insanlarına öğretilmeye başlandı.

Bu merkezlerden Mısır'ın bir başka görevi daha vardı. Bu sırları çevre ülkelerden gelenlere de öğretmek... Böyle bir görevi üstlendiği için bu bilgilerin kaynağı olarak hep Mısır gösterilmiştir. Aslında aynı bilgiler sözünü ettiğimiz diğer merkezlerde de vardı ama onlar inisiyatik bir çalışmanın merkezini oluşturma görevini almamışlardı. Sırları sadece kendi bünyelerinde saklıyorlardı.

Böylelikle kendisine verilen görevi Mısırlı rahipler yerine getirmeye başladılar. Bu görevlerini yerine getirebilmeleri için gerekli olan mabetler de, bizzat Mu ve Atlantisli bilgelerin yardımlarıyla inşa edildi.

İlk kez Atlantisli bilgelerden öğrenilen bu sırlar daha sonra Mısırlı rahiplerce çeşitli dine mensup kişilere öğretildi. Ve bu sırları öğrenenler, kendi dinlerinin içinde bu bilgileri kullanmaya başladılar. Osmanlı döneminde Sufiler de bu sırları İslam dininde uygulayarak kendi insanlarına bu bilgileri kuşaktan kuşağa kısıtlı sayıda da olsa aktardılar. Karşılaştırılma-

"GİZLİ SIRLAR ÖĞRETİSİ"

lı olarak incelenirse, tüm ulusların inisiyatik çalışmaları her ne kadar farklı dinlerin içinde yapıldıysa da, hepsinin belirli özelliklerde birleştikleri görülür. İşte bu ortak özelliğin sebepleri de, evrensel bir eğitim yolu olan inisiyasyonun temel özelliklerne bağlıydı...

Kitabımızın ilerleyen sayfalarında bu husus çok daha net bir şekilde karşınıza çıkacaktır. Sıkılmadan o sayfalara kadar gelebilirseniz, bunu tüm açıklığıyla görmeniz mümkün olacaktır. Biz kaldığımız yerden ilerlememize devam edelim...

İNİSİYASYONA KABUL ŞARTLARI

Her isteyen böyle bir yola giremezdi. Samimi arzusunun yanı sıra insanda aranan bazı şartlar vardı.

1- Beden Temizliği:
Bundan kasıt, sık sık yıkanmak değildir. Burada sözü edilen bedenin iç temizliğidir. Yani alınan besinlerle, bedene iyi bakma konusundaki temizliktir. Zararlı besinleri yiyen, uyuşturucu kullanan, aşırı alkol alan kişiler kesinlikle inisiyasyona kabul edilmezlerdi. İnisiyasyonda tavsiye edilen beslenmede sebze ve meyve baş sırayı alırdı. Özellikle kırmızı et insan bedeninde kaba enerjilerin birikmesine sebebiyet verdiği için beyaz etin dışındaki etlere kesinlikle izin verilmezdi. Ve uzun süre kırmızı etle beslenmiş kişiler inisiyasyona kabul edilmezlerdi.

2- Duygusal Asalet:
Bundan, insanlara karşı gerçekten insanca duygular içinde bulunmak; sevgili, hoşgörülü, merhametli olmak kastedilirdi. İçtenlik ve samimiyet aranan vazgeçilemez şartların başında gelirdi. Olumlu - pozitif hislerle dolu olmayanlar derhal rahiplerce farkedilir ve daha ilk başlarda elenirdi.

3- Zihin Genişliği:

İnisiye adayı zeki olmalıydı. İyi bir gözlemci ve sentezci olması beklenirdi. Olaylara farklı açılardan bakabilmek, küresel bir anlayışla olayları değerlendirebilmek, inisiye adayında aranan en önemli şartlardan bir diğeriydi. Olayları alışılagelmiş, ön yargılar ve tabularla değerlendiren değil, son derece esnek ve sıradışı diyebileceğimiz bir yetenekle kavrayabilen kişiler titizlikle seçilirlerdi.

4- Ruhsal Olgunluk Seviyesi:

İç potansiyalinin zengin ve bu potansiyalin belli bir çalışmayla ortaya çıkartılıp çıkartılamayacağına dikkat edilirdi. Aday mutlak surette sır saklayabilecek ruhsal olgunlukta olmalıydı. Kendini göstermek için, olur olmaz her şeyi söylememesi gerektiğinin bilincinde olup olmadığına bakılırdı. Çeşitli komplekslerini yenmiş ve ahlaksal olarak zaaflarda bulunmamalıydı. His realitesinin kıskaçları altında kalmış olmamalıydı.

İNİSİYASYONUN SAFHALARI

Tam bir inisiyasyonda üç büyük safha vardı.

1- Küçük Sırlar:

Özel eğitimin başlamasıyla birlikte, adaylar teorik ve pratik çalışmalardan geçirilirdi. İlk hedef, adayı egoizmasından sıyırmaktı. Çünkü kendi iç denetimini başka türlü sağlayabilmesi mümkün değildi. Aday bir yandan yeni yeni bilgilerle karşılaşırken, bir yandan da adına "Kendini Bilmek" adı verilen, çok titiz bir çalışmadan geçirilirdi. Bunu da çeşitli pratiklerle adaya uygulatırlardı. Öncelikle adaya egosunun ve çeşitli zaaflarının esiri oldu farkettirilir, daha sonra da bu esaretten kurtulması için son derece zorlu deneylere tabi tutulurdu. Yani öncelikle hapiste olduğunu farkedecek, ondan sonra da hapisten kurtulma ihtiyacını hissedecekti. Beklenen buydu işte... Tüm bunların tek bir gayesi vardı: Kendini her yönüyle tanımak. Tanıdıktan sonra da değişmesi gereken taraflarını törpülemek. Bu safha inisiyasyonun en uzun süren çalışmalarını oluştururdu. *"Kendini Bilmeyen Rabbini Bilemez"* sözü, tüm inisiyasyonun temel prensiplerinin başında gelirdi. İnisiyasyonun ilerki aşamalarında çok daha net bir şekilde anlaşılacak bir sözdü bu...

Küçük sırlara ermiş kişilere Eski Mısır'da "Mist" ismi verilirdi. "Mister" sözü de oradan gelmektedir. Küçük sırlar, Mist'lere evrende mevcut olan genel işleyiş kanunlarını öğretmeyi konu edinmiştir. Bu aynı zamanda büyük sırlar için bir hazırlık devresi olma özelliği gösterirdi. Peki evrende mevcut genel işleyiş kanunları nelerdi? Bunlar varoluşun ve insan pisikolojisinin en genel bilgilerini oluştururdu. Yani temel prensiplerini...

Bunları çok genel başlıklarla şöyle sıralayabiliriz:

O İnsan egosunun esiridir. Bu esaretten kurtulmadan özgürleşemez. Bunu gerçekleştirebilmek için fazlalıkların terkedilmesi gerekir.

O İnsan kendi üzerinde uygulayacağı pratik çalışmalarla bu yolda başarıya ulaşabilir.

O İnsan varoluş itibariyle kendisinin hayal bile edemediği büyük bir potansiyale sahiptir. İçinde gizli olan bu potansiyal, tanrısal bir güçtür.

O İçinde uyumakta olan bu tanrısal güç ancak "Kendini Bilme Çalışmaları"yla ortaya çıkartılabilir. Bu gücün ortaya çıkmasına engel olan en önemli etkenler: Gurur, kibir, ön yargılar ve tabulardır.

O Bu tanrısal güç her insanın özünde vardır. Ancak herkes bu gücü ortaya çıkartamaz. Büyük bir çoğunluk bu bilgiden haberdar bile olmadan yaşar. Yani insanlar uyumaktadır.

O Uyanmış insan bu sırra eren kişidir.

O Uyumakta olan genel insan kitleleri, birçok yaşamlar boyunca bilmeden bu gücü ortaya çıkartmaya çalışırlar. Yani insanlar bir kez dünyaya gelmezler. Birçok kez doğumlar ve birçok kez ölümler vardır. Yani insanlar tekrar tekrar doğarlar.

O İnisiyasyon bu uzun süreci kısaltır.

O İnsan ruh ve bedenden oluşan bir yapıya sahiptir. Ruhun sonsuz gücü beden içine hapsolmuşdur.

O Dünya, ruhlar için bir gelişme ortamıdır. Ruhlar bedenli yaşamları boyunca bu okulu bitirmeye çalışırlar. Bu okulu bitiren ruhlar, daha geniş imkanlara sahip başka okullara gitmeye hak kazanırlar.

O Dünya okulu ıstıraplarla doludur. Bu zorlukları yenen için ıstırap yoktur.

O Dünya okulunu bitirebilmek için ruhlar birçok kez dünyaya doğarlar. Dünya okulunu bitirenlerin önünde, yeni imkanlarla dolu yeni dünyalar açılır.

O Ruhların ilk orjinleri mükemmel olduğu için onların cennetten çıktıkları söylenmiştir. Bu üstü örtülü bilginin sırrı, sırlar öğretisinde ilerledikçe adaya açıklanacaktır.

O Her insanda mevcut olan ama her insanın kullanamadığı ruhsal yetenekler vardır. Bunların başında Telepati, Telekinezi, Durugörü, Astral Seyehat gibi parapsişik yetenekler gelir. Bu parapsişik yetenekler, ruhun sonsuz gücünün dünyadayken ortaya çıkabilen sadece küçük bir kısmıdır.

O Parapsişik yetenekler özel metotlarla geliştirilebilir.

O Tüm dinler aynı gerçekleri farklı bir üslupla insanlara anlatmaktadırlar. Dinlerin içerdikleri bilgiler sembollerle aktarılmıştır. Bu semboller çözülmeden dinlerin mecazi dili çözülemez.

O Halkın bildiği dinle, inisiyenin bildiği din arasında büyük farklılıklar vardır. Çünkü halk sırlardan uzak yaşamaktadır.

"GİZLİ SIRLAR ÖĞRETİSİ"

O Evrende işlemekte olan bazı yasalar vardır. Bu yasalar öğrenilirse insan yaşamını daha kolay tanzim edebilir. Örneğin her bir olayın bir sebebi ve bir sonucu vardır. Hiç bir şey evrende tesadüflerin sonucu değildir. Bu genel yasaya *"Sebep - Sonuç Yasası"* denir. Evrende bu yasa gibi daha pekçok yasalar mevcuttur. Ve evren bu yasalarla ayakta durur. İşte adaya bu yasaların tümü teker teker örnekleriyle birlikte özel dersler halinde akarılırdı.

O Ölüm, ölüm ötesi yaşam ve tekrardoğuş konuları, "Küçük Sırlar" aşamasının diğer çalışmalarını oluştururdu.

***

Aday, bu bilgileri alırken, bir taraftan da kendini saflaştırmaya çalışırdı. Bu saflaştırmadan kasıt hem bedeni, hem de ruhi saflaşmadır. Hem bedensel hem de ruhsal saflaşmayla aday daha sonra karşılaşacağı sırlara kendisini hazırlamaya çalışırdı. Buna *"arınma"* çalışmaları adı verilmiştir.

Küçük sırlar aşamasının sonlarına doğru, adaylar son derece zorlu sınavlara tabi tutulurdu. Sınavlardan başarıyla geçemeyenler, büyük sırlar aşamasına dahil edilmezlerdi.

"Ateş", *"su"*, *"şevhet"*, *"yemek"*, *"nefis"* adı verilen sınavlar işte bu aşamanın sonlarında, adayların geçmek zorunda oldukları en büyük engellerdi. Bu engelleri aşan az sayıdaki adaylar bir üst aşamaya geçirilirlerdi.

2- Büyük Sırlar:

İkinci aşama "Büyük Sırlar" aşamasıydı. İnsanların bazı gerçeklerle karşılaşabilmeleri ancak kendi içlerindeki gerçekleri keşfedebilmeleriyle mümkün olabileceği için, inisiyasyonun bu safhasında, insanın bazı gerçeklerle yüz yüze gelebilmesi için, önce kendi gerçeklerini keşfetmesi hedeflenmişti. Yani kaybetmiş olduğu kendisini, bu dünyada şuurlu olarak tekrar yakalamaya çalışacaktır.

Küçük sırlar aşamasından geçen adaylar artık, adaylıktan da kurtulmuş olurlardı. Onlar birçok bakımdan kendilerini ispat etmiş sayıldıkları için, hiç kimseye açıklanmayan *"sırlar öğretisi"* nin derinliklerine doğru yolculuklarına devam ederlerdi.

Onlar artık kendi içlerinde gizli bulunan *"tanrısal gücün"* ortaya çıkması için teorik olarak öğrendikleri birçok bilginin anlamlarını, derin bir şekilde hissetmeye başlayacakları bir safhanın eşiğine gelmişlerdi. Tüm bağlardan kurtuluncaya kadar yani içlerindeki gücü ortaya çıkartıncaya kadar, rahiplerin kontrolü altında son derece gizli çalışmalara başlarlardı. Bu aşamada uygulanan yöntemler arasında *"oruç"* ve *"zikr"* çalışmaları çok önemli bir yer tutardı. Oruç çalışmaları sadece aç kalmak tarzında değildi. Oruç tutarlarken, aç kalarak hem bedenlerine hükmetmeyi öğrenirler, hem de zihinsel tuttukları oruçlarla olumsuz her türlü duygu ve düşünceden arınırlardı. Kısacası her türlü duygu ve düşünceye kendi bünyelerinde hakim olurlardı.

Bu safhada yapılan çalışmaların en önemlilerinden bir diğeri de konsantrasyon çalışmalarıydı. Konsantrasyon çalışmalarıyla düşüncelerini belirli bir süre, belirli bir noktada yoğunlaştırabilme yeteneklerini de geliştirirlerdi. İnisiyasyonun bu aşamasında yapılan yoğun kosantrasyon çelişmaları eğitimlerinin çok önemli bir parçasını oluştururdu. Çünkü birçok şeyi düşünce güçlerini kullanarak adeta sihirli bir şekilde gerçekleştirmenin yöntemlerini öğrenirlerdi. Bu aynı zamanda majik bir uygulama ve çalışma metoduydu...

Hedeflenen amaca ulaşılıncaya kadar yapılan çalışmalar, şu anda bizler için imkansızmış gibi gelen bir insanın ortaya çıkmasına sebebiyet verirdi. Bu aşamada *"altıncı hisleri"* geli-

"GİZLİ SIRLAR ÖĞRETİSİ"

şen öğrenciler rahatlıkla başkalarının zihinlerinden geçenleri okuyabilirlerdi. Duyular dışı algılamaları gelişir, sezgileri artardı. Manyetik güçlerini rahatlıkla kullanmaya başladıkları için bazı hastalıkları da, ellerindeki bu gücü belli bir noktaya konsantre ederek, tedavi edebilirlerdi.

Mısır'ın gizli sırlarını, üstü kapalı bir üslupla anlatan mitolojik hikayelerde ve resimlerde Horus'un elinde üçlü asa bulunduğu görülür. Bu asa: Kamçı, çoban değneği ve Anubis'in değneğinden oluşur. Ünlü Ezoterizm araştırmacısı Paul Brunton *"Gizemli Mısır"* adlı eserinde bu sembolleri şöyle açıklar:

Kamçı: Beden üzerindeki hakimiyeti.

Çoban değneği: Duyguların kontrolü.

Çakal başlı Anubis değneği ise: Düşünce kontrolünü sembolize ederdi.

Mısırlı inisiyelere gösterilen en büyük hedef kendi kendine tam hakimiyet, kendini tanıma ve kendini yönetme safhasıydı. Nitekim Mısır resimlerinde görülen lotüs çiçeği de söz konusu ettiğimiz ruhsal gelişimin bir sembolüydü. Yani az önce bizim aktarmaya çalıştığımız *"Büyük Sırlar"* aşamasının hedeflediği amacın sembolüydü.

Kitabımızın ilerleyen sayfalarında ayrıntılarını göreceğimiz gibi, dünya üzerindeki tüm mitolojik belgeler, inisiyasyonun safhalarını sembollerle anlatan bilgilerle doludur. Ancak bunlar açık değil, kapalıdır. İçindeki bilgiler sembollerle örtülmüştür. Semboller çözülmeden, bu bilgilere ulaşmak mümkün değildir. Çünkü kolaylıkla bu bilgilere ulaşılması engellenmişti.

Neden mi?

Aslında en büyük sır da, işte bu nedenin içinde gizliydi..

Bu mitolojik belgelerin başında "Mısır'ın Ölüler Kitabı" gelir. Gerek "Mısır'ın Ölüler Kitabı"nda, gerekse de diğer ulusların mitolojik belgelerinde birbirine son derece benzer bir tema işlenmiştir: *Cehenneme İniş...*

Bu tema inisiyasyonun ikinci aşamasında yaşanan halleri ve bu yaşanan haller süresince karşılaşılan bilgileri sembolize eder. Yani varlığın arınma çalışmalarını üstü kapalı bir şekilde, sembolik bir dille anlatır.

İnsanın çeşitli kereler bu dünyaya doğduğundan bahsetmiştik. İşte bu doğumlar süresince, insanın birçok hayatlarından beri getirmiş olduğu bir tortu vardır. Bu tortu, varlığın maddeye bağlanmasından dolayı, zaman içinde oluşmuş bir kabuktur. Gerçek bir arınma için, varlığa ağırlık teşkil eden bu tortunun mahiyetine nüfuz etmek, derinliklerine inmek gerekir. Bu gerçek bir cehennem azabıdır. Mitolojilerde de cehenneme iniş olarak anlatılmıştır. Her inisiye büyük sırlar aşamasını bitirebilmek için, böyle bir tecrübeyle karşılaşmak ve başarmak zorundaydı...

Bu konuya tekrar döneceğiz. Ayrıntıları sonraya bırakalım. Biz tekrar konumuza geri dönelim.

Bu safhanın sonlarına doğru, mürid beşeri vasfından çıkarak *"Aşkın İnsan"* hüviyetini kazanmaya başlar. Her haliyle normal insanlardan çok farklı özelliklere sahip olmaya başlamıştır. Ve diğer insanların hayal bile edemeyeceği sırlara sahip olmuştur. O artık "Sırlar Öğretisi"nin bir neferi olmuştur...

"Aşkın (müteal) İnsan": Bütün varlıkların oluşumunu aynı prensip altında görebilen kimse demektir. Bunun için, *"Her şey Tanrı'nın bir aksinden ibarettir"* ifadesi kullanılır. Bu, Eflatun'da da böyledir. Diğer tasavvufi çalışmalarda da... Bu bilgi, bir söz olarak dış halkalara söylenmişse de asıl içinde gizlediği sır halka açıklanmamıştır. Bu sır günümüzde hala gizli kalmıştır.

3- Gerçek Sırlar:

Bu safhaya farklı toplumlar, farklı isimler vermişlerdir. Örneğin İslam tasavvufunda bu safha: "Fena Fillah" (Tanrı'da

"GİZLİ SIRLAR ÖĞRETİSİ"

yok olma), Hindistan'da ise "Nirvana" olarak isimlendirilmiştir. "Elözis Sırları"nda "İlahilikle Birleşme" şeklinde ifade edilen bu son safhayı Eflatun "Mağradan Dışarı Çıkış" olarak anlatmıştır.

Son aşamada inisiye artık aldıklarını aktarabilecek bir düzeye ulaşmıştır: İnisiyasyonun son aşamalarına doğru, inisiyede çok büyük değişiklikler olmaya başlardı. Bunu inisiyatör rahipler sürekli kontrol eder ve öğrencilerinin de artık bir öğretmen yani inisiyatör olmak üzere olup olmadığını anlamaya çalışırlardı. Öğrenci artık usta olma devresine geçtiği vakit, özel bir hücrede, kendisine verilmiş olan talimleri uygulardı. Bunların içerisinde çoğunlukla astral seyahat, durugörü gibi parapsişik çalışmalar vardır. Fakat üstadın beklemekte olduğu en önemli nokta, öğrencisinin gerçek bir ilhama sahip olup olmadığıydı... Çünkü bilinç ve bilinçaltı devamlı olarak kontrol altındadır. Ve gerçekten sağlam bir ilham ortaya çıktığında, üst planlarla bir kontakt temin ettiği anda, öğrencide bir değişiklik meydana gelir ve bu değişiklik üstad tarafından derhal fark edilirdi. O artık, kendi ayakları üzerinde yürüyebilecek bir hale gelmiş demektir... O bundan böyle semavi inisiyatöre bağlanmıştır. İnisiye *"Yer'in ve Göğün Oğulları"* denilen bir grubun üyesidir artık. Evrendeki ve evrenle kendi arasındaki büyük irtibatı görmüş vaziyettedir. O tam anlamıyla uyanmış bir kişidir. İki sonsuz arasında devam etmekte olan, uzun zincirin bir parçasıdır. O artık kendi içindeki potansiyelinde gizli bulunan asıl öz varlığıyla buluşmuştur. Talebe de artık bir halka olmuştur. O da o büyük zincire girmiştir. Sonsuz spiritüel tesir, ondan da geçmeye başlar. Bu tesiri, başkalarına da aktaracak hale gelmiştir.

Sözünü ettiğimiz bu tür hallerin yaşanabilmesi, sayılı kimselere nasibolabilmiştir.

Peki geri kalan insanlara bu bilgiler nasıl aktarılacaktı? Bu sorunun cevabını biraz sonraya bırakalım ve inisiyasyonda kullanılan bazı temel yöntemlere bir göz atalım.

İNİSİYASYONDA KULLANILAN YÖNTEMLER ve TEKNİKLER

İnisiyasyon şuurlanma (uyanma) yolunda yapılan bir dizi çalışmalardan oluşur. Bu çalışmaların hedef aldığı nokta: İnsanın önce kendisinin en kaba taraflarından başlayarak, gittikçe en üstün şuur hallerine kadar geçerek, *"İnsan-ı Kamil"* dedikleri bir seviyeye çıkmasıdır. İnisiyasyonun amacı budur. Bu amaca ulaşabilmek için de, inisiyasyonda kullanılan bazı teknikler ve yöntemler vardır. Bunlar: Oruç, Zikir, Konsantrasyon çalışmaları ve Parapsişik Yetenekler'in kullanılması ile gerçekleştirilen özel çalışmalardan oluşurdu.

Oruç: Buradaki oruç genellikle bildiğimiz aç kalmaktan ibaret olan bir oruç değildir. İnisiyatik çalışmalarda orucun çok farklı şekilleri vardı. Sadece bedeni oruç değil, her türlü duygusal hazlardan ve negatif enerji yayan düşüncelerden de sakınılan özel oruç tutma yöntemleri uygulanmaktaydı.

Zikir: Belirli bir enerjiyle beslenmiş bir kelime kalıbının uzun bir süre tekrarlanmasıdır. Kullanılacak sözcük bazen tek bir kelimeden bazen de bir cümleden oluşmaktaydı. Her ulusun ezoterik çalışmalarında kullandığı zikir kalıpları kendi lisanlarından seçilmiştir. Şeyhler ve rahiplerce özel olarak yoğun enerjilerle doldurulan bu sözcüklerin tekrarlanmasıyla; hem o enerjiyi öğrencinin içine sindirmesi, hem de düşüncelerini gereksiz yerlerden çekerek tek bir noktaya kilitlemesi sağlanmaktaydı. Bu çalışmaların ilerki aşamalırında büyük bir konsantrasyon sağlanır ve vecd halinin yaşanması gerçekleştirilirdi. Vecd denilen şey, inisiyenin ruhsal planlarla kontak kurmasını ve kendi öz varlığının derinliklerine inmesine imkan sağlayan farklı bir şuur haliydi.

Konsantrasyon: Zikir çalışmalarına yardımcı bir yöntem olarak ayrıca çeşitli konsantrasyon çalışmaları da uygulanmaktaydı. Bu teknikler düşüncenin belirli bir süre sadece belirli bir noktaya kitlenmesine yönelikti. Son derece güç bir çalışma olan konsantrasyon egzersizleri, inisiye adayına sonunda büyük bir güç kazandırmaktaydı. Düşünce enerjisini yoğunlaştırmayı öğrenen öğrenciler bu yeteneklerini çeşitli alanlarda kullanırlardı. Düşüncenin kontrol altına alınması inisiyasyonun en çok üzerinde durduğu çalışmaladan biriydi. Bu gerçekleştirildikten sonra, inisiye adayında gözle görülür farklılaşmalar başlardı. Bunların başında Parapsişik yeteneklerin ortaya çıkması gelirdi.

Parapsişik Yetenekler: Günümüz Parapsikoloji Bilimi'nin "Duyular Dışı Algılamalar" adını verdiği Parapsişik yetenekler inisiyatik çalışmalarda başarıyla kullanılmaktaydı. Tabi bunun olabilmesi için oruç, zikir, konsantrasyon gibi metotların başarıyla yerine getirilmiş olması şarttı.

Bütün bu zorlu çalışmalardan sonra ortaya çıkmaya başlayan Parapsişik Yetenekler'den en çok kullanılanları: Durugörü, Astral Seyehat, Telepati, Telekinezi ve Sezgiler'di...

EZOTERİZM'DE DÜŞÜNCE KONTROLÜNÜN ÖNEMİ VE ÖTE ALEM...

Ölümden sonra bedenini terk eden varlığın gittiği kabul edilen aleme, Ezoterizm'de "Spatyom" adı verilir. Spatyom varlıkların tekrar dünyaya doğacakları zamana kadar, bedensiz olarak yaşamlarını sürdürdükleri maddi bir mekandır. An-

"EZOTERİZM ve İNİSİYASYON"

cak "Spatyom" adı verilen bu mekanı oluşturan madde, fizik dünyamızla kıyaslanmayacak derecede süptil maddelerden oluşmuştur. Farklı toplumlarda değişik isimlerle anılan bu mekanın İslamiyet'teki karşılığı "Ahiret"tir. Ezoterik çalışmalarda çok önemli bir yeri vardır.

Ezoterik çalışmalarda bulunan kişiler bu alemle zaman zaman irtibat kurmaktaydılar. O mekanda varlıklarını sürdüren bilgice yüksek seviyeli bedensiz varlıklarla kurulan irtibatların olduğunu gösteren sayısız deliller vardır. Kurulan bu irtibatlarla, mürit bazı bedensiz varlıklarca adeta koruma altına alınırdı. Sanki özel bir koruyucu tesir alanına girmiş olurdu. Ancak bu alemle kurulan irtibatların hem çeşitli zorlukları, hem de çeşitli tehlikeleri vardı...

Bu tehlikelerin başında formpanseler gelmekteydi. Spatyom mekanını oluşturan maddenin son derece süptil bir madde topluluğundan oluştuğunu söylemiştik. Düşünce enerjmiz bu mekanda bulunan maddelerin derhal şekillenmesine sebebiyet verir. Orada ne düşünülürse derhal o şekilleniverir. Bu spatyomun en önemli özelliğidir. Düşüceler şekillenmektedir. Her türlü düşünce ister pozitif, ister negatif değerde olsun derhal oradaki maddelerin şekil almasına sebebiyet verir. İşte negatif değerdeki düşünce enerjilerinin oluşturduğu formlara Ezoterizm'de formpanseler adı verilir.

Bu yoğunlaşmış enerjiler, bu alemle çalışmalarını sürdürenlere çok büyük engeller oluştururdu. Formpanseler spatyomda bulunan geri seviyeli bedensiz varlıklar tarafından oluşturulabileceği gibi, fizik dünyada yaşayan insanların negatif duygu ve düşünceleri sonucunda da oluşturulabilmektedir. Ve işin ilginç yanı bunların otomatik olarak oluşmasıdır. İşte burası çok önemlidir. Yani aklımızdan geçer geçmez o düşünce kendi yapısına en uygun bir şekle bürünmekte ve kendi yapısına uygun bir enerjiyi yaymaya başlamaktadır. Dinsel metinlerde: *"Orada ne düşünürseniz derhal karşınıza glecektir"* denmesinin işte asıl nedeni budur. Çünkü orada düşüncelerimiz otomatik olarak şekillenmektedir. Ve bu karşımıza çıkan formların, bizim düşüncelerimizden kaynaklanmakta olduğunu bile uzun bir süre anlamadan orada kalabilmemiz her zaman için mümkündür. Ezoterik çalışmalarda öte alemde bulunan, yani ölmüş varlıklarla kurulan irtibatlarda bunlar net bir şekilde tespit edilmiştir.

(Günümüz Parapsikoloji çalışmalarında bu konu hala araştırılmaya devam etmektedir.)

Spatyomun en alt kademelerinde yaşanan bu hal, bir çok varlığın bir türlü çözemediği bir mesele olmaktadır. Buna bazı geleneklerde *"kabir azabı"* adı verilmiştir.

Bedenini terk etmiş bulunan varlık, bu durumu anladıktan ve düşüncelerini kontrol etmeyi öğrendikten sonra yavaş yavaş spatyomun daha üst kısımlarına doğru yükselebilir. Üst kademelere doğru spatyomun maddi yapısı daha süptil maddelerden oluşmaya başlar. Otomatik imajinasyon aşamasını geçebilen varlıklar buralara doğru yükselişlerini sürdürürler. Daha sonra orada bulunan vazifeli yüksek seviyeli varlıklarca, bedenini terk etmiş olan varlığın geçmiş yaşamı değerlendirilir. Yeniden dünyaya doğması gerekiyorsa bunun hesapları yapılır. Dünyaya doğması gerekmiyorsa, daha kapsamlı imkanlara sahip kozmozun diğer gezegenlerine doğmak üzere, dünya spatyomundan varlığın çıkışına izin verilir. Budizm bu aşamaya Nirvana adını vermiştir.

Spatyomun bu özelliğinden dolayı, Ezoterik çalışmalar düşünce kontrolüne büyük bir önem vermiştir. İnsanı daha bu dünyada yaşarken düşüncelerini kontrol altına alabilmesi için eğitirlerdi. Bu günümüz için de geçerli olan bir sorundur. Eğer spatyom yaşamınızın mümkün olduğunca sarsıntısız, şoksuz, normal halde geçmesini istiyorsanız, düşüncelerinizi önceden kontrol altına almak zorundasınız. Düşünceleri mümkün olduğu kadar olumlu yönde yürütmenin yollarına bakmak lazımdır. Bütün dinlerin insanları iyi ahlaka, yalan söylememeye, olumlu yönde düşünmeye, öfkeye, kin ve nefrete karşı uyarmalarının asıl sebibi işte budur. Bu nedenle, dinlerde insanlara otomatik olarak gelecekteki yaşamlarını düzenlemelerinde yardımcı olmak için ibadet adı altında bir takım tatbikatlar yaptırılır. Oruç ve namaz bunlardan sadece birkaçıdır.

İsa Peygamber'in o meşhur sözünün kökenlerini de yine buralarda aramak icabeder:

"Düşüncelerinizden de sorumlusunuz!..."

"Yalan Söylemeyeceksin..." Binlerce yıldır insanlara nasihat edilen bu söz de, yine bu konuyla ilgilidir. İnsanlar sadece birbirlerine değil, asıl kendilerine yalan söylemektedirler. Ve bu hala çözülememiş bir sorun olarak insanların karşısında durmaktadır. Asıl mesele kendi kendimize yalan söylemeyi durdurmaktır. Zaten bu başarılmadan diğerinin önünü almak mümkün değildir. Toplumsal bir kural olarak insanlara öğütlenen bu meselenin niçin önü bir türlü alınamıyor derseniz, cevabı son derece basittir... İnsanlar kendi kendilerine söz geçirememektedir. Çünkü duygu ve düşüncelerine hakim olamamaktadırlar. Burada da düşüncelerin kontrol altına alınamaması meselesi ile karşılaşırız.

Düşüncelerin kendi kendilerine yalan söyleme durumunun önünü almak son derece zordur. Özel çalışmalar gerektirir. Yani düşüncelerinizde hiç bir negatif değerdeki enerjilere yer vermemek... Şöyle bir düşünün bakalım... Ne dersiniz... Şimdi kitabınızı kapatın ve kendi kendinizi şöyle bir gözlemleyin...

Nasıl da birbiri arkasına otomatik olarak atlayan bir sürü düşünce zihninizden akıp gidiyor öyle değil mi? Belli bir konuyu ya da objeyi seçerek sadece onu kaç saniye düşünebiliyorsunuz? Nasıl da bir biriyle alakalı olan ve olmayan onlarca düşünce birbiri arkasına geçip duruyor...

İşte yaşamınız sırasında sinirlerinize hakim olamadığınız

"GİZLİ SIRLAR ÖĞRETİSİ"

o anlarınız var ya, bunun tek sebebi bu otomatik olarak işleyen imajinasyonunuzdur. Alışkanlıklarınızla baş edememenizin yegane sebebi de yine budur... Yalan söylemenin bir başka sebebi de, insanın kendisine olan güvensizliğidir. Kendine güven ise ancak insanın kendi üzerinde yapacağı bir dizi çalışmayla kazanılabilecek bir yetenektir. İşte tüm bu çalışmaların yapıldığı eski inisiyatik merkezlerden çıkan inisiyeler, her alanda yetiştirilmiş ve gelişmiş bir ruhsal yapıyla yaşamlarına devam ederlerdi.

DÜŞÜNCE GÜCÜNÜN MUCİZELERİ

Eski mürşitlerin ve inisiyatörlerin bazı mucizeler gerçekleştirdikleri, her toplumda kuşaktan kuşağa aktarılarak günümüze kadar gelmiş olduğunu duymuşuzdur. Eski tarihi yazılı belgelerde de bu mucizelerle karşılaşılır. İlk bakışta imkansızmış gibi görünen bu mucizelerin temelinde, düşünce gücünün konsantre edilmesi prensibi yatmaktadır.

Düşünce enerjisinin belirli bir süre, sadece belirli bir noktaya yoğun olarak konsantre edilmesiyle gerçekleştirilen bazı mucizevi olayları günümüzde inceleyen bilim dalının adı "Parapsikoloji"dir.

İlk kez 1952 yılında Hollanda'da Utrecht Üniversitesi'nde bilimsel çevrelerce incelenmeye başlanan Parapsikoloji, günümüzde dünya üzerindeki birçok ülkede ciddi bir şekilde bilimsel çevrelerce araştırılmaktadır.

Her ne kadar yurdumuzda gereken ciddiyetle incelenmese de, yurtdışında yapılan Parapsikoloji çalışmaları, düşünce gücünün ne denli büyük bir güç olduğunu gözler önüne sermiştir. Örneğin hayvanlar üzerinde yapılan düşünce gücünün yoğunlaştırılma perensibine dayanan telekinezi deneylerinde, düşünce gücüyle bir farenin kalbinin rahatlıkla durdurulabileceği ispatlanmış durumdadır. Cisimler el değdirmeden hareket ettirilebilmekte, bir yumurtanın sarısı akından ayırılabilmektedir.

Hatta bir teleferik bile binlerce kişinin önünde düşünce gücüyle durdurulabilmiştir.

İşte tüm bu çalışamaların günümüzde gerçekleştirilmesine eski inisiyatik merkezlerde yapılan gizli ezoterik çalışmalar sebebiyet vermiştir.

EZOTERİZM'DE BÜYÜK KUTSAL MERKEZ

Eski devirlerde yapılan inisiyatik çalışmalar, çeşitli mabetlerde ya da gizli yeraltı merkezlerinde gerçekleştirilirdi. Bu tür merkezlerin nerede kurulacağının da ayrı bir önemi vardı. Bu tür gizli çalışmaların yapılacağı yerin belirlenmesinde dikkat edilecek en önemli nokta, o yerin spiritüel coğrafyadaki konumuydu.

Spiritüel coğrafya ne demektir? Bunu biraz açalım...

Yeryüzünün öğle coğrafik bölgeleri vardır ki, bu yerler insan anlayışını yükseltici kozmik tesirleri taşımak bakımından diğer yerlere nazaran daha yeteneklidirler. Bu tür yerlere Ezoterizm'de *"Kutsal Coğrafik Merkezler"* adı verilmiştir.

Başta Eski Mısır olmak üzere Atlantis kültürünün ulaştığı yerlerde bu sır bilinmekteydi. Ve inşa edilecek bazı mabetler bu "Kutsal Coğrafik Noktalar" dikkate alınarak yapılırdı. Bunlar son derece önemli fonksiyonlar görmüş olan son derece enteresan özellikler gösteren mabetlerdir. Bunlardan yeryüzünde çok az vardır.

Örneğin: Delf Mabedi bu merkezlerden biriydi... Meşhur Orfe ve Fisagor'un insanları yetiştirdikleri bu mabetten dünyanın hemen hemen her yerine büyük manyetik enerjiler dağılırdı.

Böyle merkezleri daha çok Eski Mısır'da görüyoruz. Onlar daha etkili inisiyasyonlar veriyorlardı. O zamanlar büyük merkez Mısır'dı. Daha sonra Delfe kaymıştır.

Daha sonra bu "Kutsal Coğrafya" bazı sebeplerden dolayı değişmeye başladı. Ve Dünya'da büyük merkez görevi Kudüs üzerine kaydı. Son dinlerin ortaya çıkışında bu merkezin çok büyük bir fonksiyonu oldu. Hatta ezoterik bilgiler, Hz. Muhammed için de, bu merkezin önemli bir fonksiyon görmüş olduğunu söyler.

Ezoterik bilgiler, sadece çok küçük bir grubun elinde bulunduğu için, halkın büyük bir bölümü bu bilgilerden mahrum kalmışlardı. Mahrum kaldıkları bilgilerden biri de şüphesiz şu anda sözünü etmeye çalıştığımız "Kutsal Coğrafya" meselesidir. Her ne kadar bu bilgi açıkça halka anlatılmadıysa da, yine de halkın dilinde Kudüs'ün bir zamanlar kutsal topraklar olduğu inancı yaşayabilmişti.

Günümüzde hala kutsal topraklar sözünün ne anlama geldiği genel çoğunluk tarafından anlaşılabilmiş değildir. Çünkü bu sır hala açılabilmiş değildir. Bilenlerin sayısı da zaten iyice azalmış durumdadır.

Daha sonra Kudüs'ten de kayan büyük merkezin şu anda tam olarak nerede bulunduğu bilinmemektedir. Ancak şu kadarını söyleyebilirim ki, buna benzer irili ufaklı bazı merkezler dünyanın çeşitli bölgelerinde tespit edilmiştir. Mekke, Roma, Yukatan bölgesindeki bazı yerler, Peru, Tibet (Himalayaları'ın güneyine bakan eteklerinde bazı noktalar, İstanbul'un tam olarak açıklanmayan özellikle bir noktası bu coğrafyada yer alan merkezlerdir. Bunların bir kısmı hala vardır ve vazifelerini görmektedir.

Bu merkezlere bağlılık, oralara yönelmek, hac etmekle sembolize edilmiştir.

Ayrıca, Hint'te Meru Dağı, Delf'te Onfalos Dağı, Hz. Musa'nın Sina Dağı, Hz. Muhammed'in Hira Dağı, Hz. İsa'nın Zeytinlik Dağı hep bu kutsal coğrafyanın belirli noktalarını ifade eden merkezlerdir.

Örneğin Delf'teki Onfolos Dağı'nda rahibeler büyük keha-netlerde bulunurlardı. Büyük kitleleri yöneten kehanetlerdi bunlar... Önceleri açıkta bulunan bu mabetler zaman ilerledik-çe iyice gizlenmeye başlandı. "Gizli Öğreticilik" kelimenin tam anlamıyla, zaman geçtikçe daha da gizlenmiştir. Böylelik-le inisiyasyon merkezleri tamamıyla sır mahalleri haline gel-miştir.

Eski toplumların geleneklerinde bu tür kutsal coğrafyaya ait yerlere: *"Kutsal Topraklar"*, *"Ulvi Topraklar"*, *"Parade-şa"*, *"Saray"* gibi çeşitli isimler verilmiştir. İslam Tasavvu-fu'nda ise bu tür yerlere *"Kutup"* ismi verilmiştir.

Kozmik tesirlerin biriktiği ve yansıtıldığı bu yerlerde or-taya çıkan muazzam enerjiler çevreye adeta bir ışın gibi yayıl-maktaydı.

ARİF İÇİN DİN YOKTUR

İslam Ezoterizm'indeki bir meseleyle yolumuza devam edelim...

Mürid için ilk olarak merkez, şeyhidir. İlk çalışmalarda üstad, müride kendi yüzünü gözünün önüne getirmesini ister-di. Çünkü manyetik tesirleri ilk başta mürid şeyhinden alabil-mekteydi. Bu yüzden mürid şeyhine kendisini teslim eder. Ta-mamiyle ondan beslenirdi. İnisiyasyonun ilerki aşamalarında kozmik tesirleri mürid kendi kendine de almaya başlar. Böyle-likle şeyhine ihtiyacı kalmaz. Sembolik olarak söyleyecek olursak o da artık gökyüzüne yüzünü çevirmiş ve o da artık gökyüzünden beslenmeye başlamıştır. İslam Ezoterizm'i sem-bolik bir anlatımla bu aşamaya gelen müridin Tanrı'ya teveç-cüh ettiğini söyler. Muhittin Arabi: Bu seviyeye gelen mürit-ler için şöyle der:

"...Arif için din yoktur..."

Bu aşamaya gelen bir bireyin hiç bir şeriatle alakası yoktur. O fert artık şeriatin üzerine çıkmıştır. Şeriat henüz oraya ulaşamamış olanlar içindir. Gelişmemiş şartlara bağlı olarak yürümek zorunda olanlar için şeriat devam etmektedir. Alt benliği ile üst benliği arasındaki irtibatı kuramayanlar için bu süreç devam edecektir. Bu aşamayı geçen mürid için artık, şeiratin şartlandırmaları değil, bilgi ön plandadır. O artık şeriat'ten marifet ve hakikat kapılarına doğru ilerlemektedir. Kısacası o artık batıniler denilen bir grubun üyesi olmuştur.

Sırlar bilgisi onun da yaşamına hakim olmuştur... Bu yüzden de, *"Hakikatin realitesi çoktur, fakat hakikatin kendisi birdir"* derler...

EZOTERİZM EVRENSEL BİR ÇALIŞMADIR

Ezoterizm'in temel prensipleri aynı kalmak koşuluyla her toplum bu gizli bilgileri ve teknikleri kendi üslubu içinde kullanmışlardır. Örneğin İslam Ezoterizm'i ile Hint Ezoterizm'i arasında ilk bakışta bazı şekilsel farklılıklar varmış gibi görünürse de araştırıldığı takdirde, tüm ulusların ezoterik çalışmalarının köken itibariyle bir ve aynı olduğu görülecektir.

Buna küçük bir örnek verelim. Hint'in ezoterik çalımalarında bir yöntem olarak kullanılan *"mantra"* onların meditasyonlarında nasıl vazgeçilmez bir unsursa, Sufi tarikatlarında vecd halinin sağlanması için kullanılan *"zikr"* de aynı şekilde vazgeçilmez bir unsurdu. Yani Hint gelenekleri "mantra" demiş, Sufi gelenekleri buna "zikr" ismini vermiştir. Köken ve yöntem aynı olmakla beraber bu yönteme verilen isim de, kullanılan kelimeler de farklı olmuştur. Ancak amaçlanan hedef ve teknik köken itibariyle aynıdır. Bu genellememiz tüm ulusların ezoterik çalışmaları için geçerlidir. Hiç birinde ayrılık yoktur. Konuyu ilginç yapan da zaten budur. Kutsallık her yerdedir. Ve kutsalın dışında bir şey yoktur.

III. BÖLÜM

SEMBOLİZM

"...Sırların evrensel dili olan sembolizm
gizleyerek açıklar, açıklayarak gizler ..."

SEMBOLİZM NEDİR?

İnsanlar binlerce yıldır, bir düşünceyi izah etmek için birçok yollar denemişlerdir. Bir düşüncenin anlamını kademeli şekilde insanların anlayışlarına ve olgunluklarına göre bir takım kalıplar içerisine koyup sunmuşlardır. Özellikle ezoterik, gizli tutulması gereken bir çok bilgi sembollerle anlatılmıştır. Yani doğrudan doğruya bir düşünce, bir bilgi izah edilmemiş, üstü adeta örtülerek bohçalandıktan sonra aktarılmıştır.

Bir sembol anlatmak istediği fikri; kısa, en kesin ve en belirli şekilde ifade eden bir işarettir. Bir şeyi diğer bir şeye benzeterek ve onun içinde adeta kaybederek anlatma tarzıdır. Konuyu biraz açmaya çalışalım...

Farzedin ki, karşınızda farklı seviyelerde kişiler var. Ve onlara bazı gerçekleri açıkça anlatma güçlüğü ile karşı karşıyasınız. Bazı insanlara bir meseleyi açıkça, bir kalıba sokmadan anlatabilirsiniz. Bazı kişilere ise, bunu bir benzetme yoluyla anlatmanız lazım gelebilir. Çünkü o, henüz o meseleyle açık bir şekilde karşı karşıya gelebilecek durumda olmayabilir. İşte o anda onun daha önce bildiği bir şeyden hareket etmeniz gerekecektir.

"Yani nasıl?" gibi bir soruyla karşılaştığınız anda, onu bir şeye benzeterek, mecazi bir tarzda izah etmek zorunda kalırsınız. Benzetme unsurunuz, bir tabiat olayı olabileceği gibi herhangi bir nesne ya da bir geometrik şekil de olabilir. İşte o anda bazı olayları sembolik hale getirmiş olursunuz.

EZOTERİZM'DE SEMBOLİZM

Genel olarak ele aldığımızda, sembolizmin cok evrensel bir öğretim metodu olarak karşımıza çıktığını görüyoruz.

Sembolik anlatım, insanın etrafını saran karanlıklar arasındaki bir kaderi çözmek ve ona hakim olmak için insan çabasına tercüman olmaktadır. Burada sözü edilen *"karanlık"*: Yeryüzünde yaşamakta olan insanın kapalı şuuru ve buna bağlı olarak bilgisizliğidir. Bilgisizdir ancak fikir sahibidir. Bu fikirlerinin bir çoğu ise kulaktan dolma yanlış bilgilerinin sonucudur.

Sembolizmin tabiatında her türlü çerçeveyi kırmak, manzaranın her iki ucunu birleştirmek gibi bir nitelik vardır. Onu bu bakımdan bir kalıba sokmak mümkün değildir. Sembol öyle bir ifade şeklidir ki, ifade ettiği bilginin başını ve sonunu bir arada bulundurabilecek güçtedir. Hem yaydan çıkıp, uçup giden, hem de gitmeyen bir ok gibidir. Her iki niteliği birden kendisinde tutmaktadır.

O hem apaçık, hem de kapalı ve anlaşılmaz durumadadır. Çünkü *"sembol gizleyerek açıklar, açıklayarak gizler."* Bu sembolizmin ne olduğunu açıklayan en güzel sözlerden biridir.

Sembol bir kimsenin zihninde açık olabilir. Buna karşılık

bir başka kişiye hiç bir şey ifade etmeden bekleyebilir. Bazen de açık sandığımız halde, o hala gizlenmeye devam ediyor olabilir. Anladığımızı sandığımız anda, arkasından gelen gizlilikler başlayıverir. Çünkü sembol çeşitli seviyelerden anlaşılabilecek farklı anlayışları da bünyesinde barındırmaktadır. Bu sembolizmin üstünde durulması ve bilinmesi gereken en önemli özelliklerinden bir diğeridir. Yani sembolün 1'nci, 2'nci, 3'ncü, 4'ncü kademelerdeki anlamını çözdüğümüzde, hemen arkasından bir 5 ncisinin , bir 6 ncısının bunu izleyeceğini hemen düşünmek lazımdır. Ezoterik çalışmalarda karşılaşılan sembolün 7 ayrı dereceden anlamları bulunduğunu hesaba katmak gerekir. Bir sembolün gizlediği sırrı anladım dediğinizde acaba bu kaçıncı derecedeki anlamıdır? Bunu tam olarak anlamasak bile, karşılaştığımız sembolün daha üstün bilgileri de gizleyebileceğini göz önünde bulundurmamızda büyük faydalar vardır. Aksi takdirde belli bir noktada saplanıp kalmak her zaman için mümkündür. Dünya tarihi bunun sayısız örnekleriyle doludur.

İçinde inisiyatik gizli sırları saklayan sembollere *"ezoterik semboller"* adı verilmektedir. Bizi ilgilendiren işte bu sembollerdir. Bunlar evrensel bir özellik taşırlar. Toplumdan topluma değişiklik göstermezler. Her toplumda aynı anlamları bünyelerinde barındırırlar. Binlerce yıl öncesine dayanan bu sembollerden örneğin *"Kurt"* Türkler'de neyi sembolize ediyorsa, Mısır'da da aynı şeyi sembolize ediyordu. Bir inisiye nerede olursa olsun, bu tür sembollerle karşılaştığında hep aynı şeyi anlardı. Bu bakımdan sembolizmin evrensel bir dil olduğu söylenebilir.

SEMBOLİZM'İN FONKSİYONLARI

1.Fonksiyonu: Araştırıcı ve inceleyicidir. Uzay ve zaman içinde hareket eden insanın, ruhsal macerasını ifade etmeye

"GİZLİ SIRLAR ÖĞRETİSİ"

çalışır. İnsanı arştırmaya sevkeder.

2. Fonksiyonu: Problemlerin sadece akılla değil, sezginin de yardımıyla çözülebileceğini gösterir. Sezgilerin ortaya çıkmasındaki önemini gösterir.

3. Fonksiyonu: Sembol, fiilen aracılık fonksiyonu yapar. Birbirinden ayrı olan unsurları birleştirir. Yer ile gök, madde ile ruh, gerçek ile rüya, şuur ile şuuraltı arasında köprüler kurar. İnsana tek başına olmadığını hissettirir. İçgüdüsel yaşamı bir merkez kaç kuvveti olarak ele alırsak, sembol merkez gel kuvveti gibi rol oynar.

4. Fonksiyonu: Sembolizmin bir başka fonksiyonu da terbiye etmesi ve bilgilendirmesidir. İçinde sakladığı sırları çözebilenleri adeta mükafatlandırır. Çözemeyenler için ise o, tam anlamıyla bir sır kapısıdır. Sırların bekçisidir.

SIRLARI SAKLAYAN SEMBOLLER

İnisiyatik sırları bünyesinde barındıran semboller başlıca 6 ana grupta toplanmıştır. Semboller arasında hayvanlar, geometrik şekiller, sayılar, renkler, nesne ve çeşitli objelerin kullanıldığını görüyoruz. Bunlardan sadece birkaç tanesini bir fikir vermesi için söyle örneklendirebiliriz:

1- Hayvanların Kullanıldığı Semboller: Arslan, Kurt, Yılan, Kartal, Koç, Balık vs...
2- Geometrik şekillerin kullanıldığı semboller: Kare, Üçgen, Daire, Küre ve çeşitli çizimlerden oluşan şekiller...
3- Sayıların Kullanıldığı semboller: 0, 1, 3, 7, 9, 40, 41, 52 vs...
4- Çeşitli nesne, obje ve tabiat unsurlarının kullanıldığı

semboller: Tüy, Asa, Kılıç, Su, Ateş, Toprak, Güneş, Ay, Gök, Ağaç, Işık, Dağ, Mağra vs...

5- Renklerin Kullanıldığı Semboller: Yeşil, Kırmızı, Sarı, Siyah, Mavi vs...

6- Tasvirler yapılarak anlatılan motifler: Cehenneme İniş, Cenneten Kovuluş, Kaybedilen Sevgilinin Bulunması, Susuz Kalan Ülke, Canavarla Mücadele vs...

SEMBOLİZMİN DİLİ ÇÖZÜLMEDİKÇE GERÇEKLERE ULAŞILAMAZ

Yukarıda verilen örnekler, kullanılan binlerce sembol içinden, okuyucuya bir fikir vermesi için verilen birkaç örnekten ibarettir. Evrensel bir dile sahip olduğunu söylediğimiz, bu sembolik öğretim sisteminden; bütün dinler, mitolojiler, felsefeler yararlanmışlardır. Bu müesseselerin tümü, bu ortak dille anlatmaya çalıştıklarını, gelecek kuşaklara aktarmışlardır.

Dünya üzerinde yaşamış olan tüm dinler bu ortak dil aracılığıyla çözümlenebilirler. Bu yapılmadığı takdirde ne dinlerin, ne mitolojilerin, ne de felsefelerin asıl kökenine inilebilmesi mümkün olamaz. Özellikle yurdumuzda konunun bu yönü üzerinde hemen hemen hiç durulmamaktadır.

Günümüzde bir türlü bitmeyen din tartışmasının, bir sonuca varamamasının asıl sebebi işte budur. Böyle bir araştırma yapılmadığı müddetçe, her türlü tartışmanın kısır kalacağı ve soruna bir çözüm getirilemeyeceği unutulmamalıdır. Ancak bu unutulmuş durumdadır. Unutulduğu için de, günümüzde büyük bir karmaşa yaşanmaktadır. Günümüzde herkes inanmış olduğu dinin içinde geçen sembolleri kendi zannına göre ya da birilerinin kendisine anlattığı eksik bilgilerle yorumladığı için, sembolün içinde saklı bulunan asıl gerçekler gizli kalmaktadır.

"GİZLİ SIRLAR ÖĞRETİSİ"

Peki semboller nasıl çözümlenebilir? Bu uzun ve zorlu bir çabayı gerektirmektedir. Ama her şeyden önce araştırmaya gereksinim vardır. Ne yazık ki bu yapılmamaktadır. Öncelikle hemen şunu hatırlatmak isterim:

Sembol her şeyi bir kerede asla açıklamaz. Onun üstünde karşılaştırmalı çalışmalarda bulunmak şarttır. Bunun örneklerini kitabınızın ilerleyen sayfalarında bulacaksınız. Binlerce yıl önce kapatılan bilgilerin, hem niçin kapatıldıklarını, hem de bu kapatılan bilgilerin derin anlamlarını dinlerin ve mitolojilerin içinden nasıl çıkarılacağını göreceksiniz.

Ancak önemli bir noktanın altını çizmek gerekir: Semboller sadece mantık kurallarıyla çözümlenemeyeceği gibi, sadece çeşitli araştırmalar yapmakla da çözümlenemez. Sembollerin çözülebilmesinde bu iki faktörün yanında mutlaka derin bir düşünce ve belli bir ilhamla sembole yaklaşmak, yapılacak araştırmanın başarıya ulaşmasında önemli bir rol oynayacaktır.

İşte o zaman, tüm geleneksel toplumların ortak dilleriyle, hep bir ağızdan aynı sözleri aynı gerçekleri haykırmakta oldukları tüm açıklığıyla gözler önüne serilecektir. Ve yine o zaman, ayrılıktan söz etmenin anlamsızlığı, gönlümüzde bir kez daha yeşerme imkanı bulacaktır.

Demiştik ya... *Bu kimine karanlık, kimine alacakaranlık, kimine ise apaydınlıktır.* Yolunuz açık olsun...

DİNLER, MİTOSLAR, SIRLAR... VE KIYAMET

Buraya kadar aktarmaya çalıştıklarım, inisiyasyonun ve ezoterik çalışmaların, çok genel özelliklerinin çok kısa bir özetini yapmaktan ibaretti. Bu prensipler genel geçer hususlar olup, pekçok farklı inisiyatik merkezlerde gördüğümüz ortak özelliklerin bir derlemesi konumundadır. Amacım, bu konularda daha önce bir araştırma yapma fırsatı bulamamış olan okuyucularıma, inisiyasyon ve ezoterizm ile ilgili bazı bilgileri kısa da olsa aktarmaktı. Zira, bu konular tam olarak anlaşılmadan, sizlere aktarmak istediğim diğer konuların ele alınarak değerlendirilmesinde çeşitli zorluklar vardı.

Bir önceki bölümümüzde, belirli sayıdaki kişilere aktarılan ezoterik sırlardan ve özel bir eğitimden geçmek anlamına gelen inisiyasyondan sözetmiştik. Ve o bölümümüzün sonunda, "Peki geri kalan insanlara bu bilgiler nasıl aktarılacaktı?" Demiş ve cevabı biraz sonraya bırakmıştık...

İşte bu noktada çok evrensel bir eğitim metodu olan sembolizme müracaat edilmiş ve buradaki inisiyatik sırlar sembollere büründürülerek, diğer dış halkadaki insanlara üstü örtülerek aktarılma yoluna gidilmiştir. Bu görevi de mitolojiler, dinler ve felsefi çalışmalar üstlenmiştir.

Bizim devremizden önceki devirlerde, örneğin Mu ve Atlantis'te dinler mevcut değildi. Çünkü buna ihtiyaç yoktu. Bütün kozmik bilgiler apaçık tarzda aktarılıyordu. Sembolizm yoktu. Önce Mu Kıtası'nın, ardından da Atlantis Kıtası'nın batışına sebebiyet veren büyük tufandan sonraki dönemde yani bizim içinde yaşamakta olduğumuz dönemde mitolojilerin ve dinlerin ortaya çıktığını görüyoruz. Dünyanın gizli tarihi incelendiğinde bu gerçekler teker teker ortaya çıkmaktadır. Bizim devremiz insanlığı, yaklaşık 2000 yıldır tüm bilgileri, sembollere büründürülmüş bir şekilde elde edebilme kaderiyle karşı karşıya kalmıştır. Hiç bir zaman Eski Mu ve Atlantis'te olduğu gibi, gerçeğin apaçık yüzüyle karşılaşamamıştır.

Bunun böyle olması, insanlığın aşamalı olarak aşağı iniş sürecinin içinde yaşamasından kaynaklanmaktadır.

Bunun ne anlama geldiğini daha net bir şekilde ortaya koyabilmek için, Ezoterizm'de şimdiye kadar büyük bir sır olarak saklanan ve son yıllarda yurtdışında yayanılanan bazı kitaplarda yer alan bir şemayı sizlere aktarmak istiyorum. Bu şema insanlığın nereden gelip nereye gitmekte olduğunu net

"GİZLİ SIRLAR ÖĞRETİSİ"

bir şekilde ortaya koymaktadır. Burada, insanlığın günümüze dek katetmiş olduğu yolu ve bundan sonra katedeceği aşamaları açıkça görebilmek mümkündür. Uzun bir süre büyük bir sır olarak saklanan bu şemanın bir benzeri ilk kez Raul Emmanuel'in "Les Floralies de L'esprit" adlı ezoterik kitabında kısmen yer almış ve geniş yankılara sebebiyet vermiştir. Bu şemayı çok iyi tahlil etmenizi öneririm. Bu şemada Raul Emmanuel'in açıklamadığı başka ezoterik sırlar da mevcuttur.

Böylelikle az sonra ele alacağımız insanlığın gizli kökeniyle ilgili bilgileri bu şema vasıtasıyla çok daha kolay irdeleyebilmemiz mümkün olacaktır.

Bu şema hakkında verdiğim çeşitli konferanslarda ve yaptığım radyo programlarında hep bir soru yöneltilmiştir: *"Şu anda bu şemanın neresindeyiz?"*

Bunu net ve kesin olanak cevaplayabilmek mümkün değildir. Sadece tahmini yaklaşımlarda bulunulabilir. Ezoterik kayıtlar Kıyamet'in tarihi olarak 21. Yüzyıl'ı göstermektedir. Fakat hemen belirtmekte fayda görüyorum ki, kıyamet tufanla karıştırılmamalıdır. Kıyamet başka bir şeydir, kıtaların ve uygarlıkların kısmi yokoluşlarına sebebiyet veren tufan başka bir şeydir.

Tufan tamamen dünyanın fiziki değişimiyle alakalıdır. Kıyamet ise, fiziki değişimle, kasırga ve depremlerle değil tamamıyla insanın manevi, içsel ve ruhsal değişimiyle alakalıdır. Bunların birbirleriyle karıştırılmaması gerekir.

Biri fiziki, diğeri ruhsal değişimi gösterir.

Kıyamet şuurlanmak ve ayağa kalkmak demektir. Unutulmuş bilgilerin yeniden ortaya çıkması ve sembollerle aktarılan sırların, sır olmaktan çıkarak herkesin anlayışına hitap etmesi demektir. Bu da şüphesiz ki, büyük hayal kırıklıkları ve şokları beraberinde getirecektir. O ana kadar doğru bilinenlerin hiç de zannedildiği gibi olmadığının anlaşılması, insanlar üzerinde derin sarsıntıları da beraberinde getireceği gayet iyi bilindiği için tüm dinler kıyameti, dağların yerlerinden oynayacağı, büyük bir karışıklığın meydana geleceği günler olarak tasvir etmişlerdir.

Gerçek diye yüz yıllardır savunulan pekçok kavramın hiç de öyle olmadığının ortaya çıkacağı gün ya da günlerdir. Ezoterik anlayış ve bilgilere göre kıyamet uzun bir süreyi kapsayan bir süreçtir. Tek bir günle sınırlı değildir.

Kıyameti anlatan dini tasvirlerden bir diğer de Güneş'in kıyamette batıdan doğacağı sembolüdür. Bu belki kutupların yer değiştireceğinin de ifadesidir ama asıl bizi ilgilendiren Güneş'in ezoterik bir sembol olmasıdır. Ezoterik semboller içinde geçen Güneş: İlahi gerçeği, birliği ve Tanrı'yı ifade eden bir semboldür. Bu açıdan bakıldığında, güneşin batıdan doğması, gerçeklerin alışılagelmiş gidişatın çok ötelerinde bulunduğunu ve sonunda insanların bu gerçekle yüz yüze geleceğini ifade ettiğini söyleyebiliriz. Yani her şeyin baştan sona değişeceğinin sembolik bir anlatımıdır. Böylelikle dinlerin ve peygamberlerin de gerçek mahiyetleri tüm açıklığıyla ortaya çıkacaktır. Tek bir cümleyle özetleyecek olursak, Kıyamet: Sembollerin açılması, gerçeklerle insanların karşılaşması ve insanların şuurlanarak yani uyanması demektir.

Ezoterik bilgilere göre; eski anlayışların ve bilgilerin yerine gelecek olan yep yeni anlayışlar ve bilgilerle insanlık yukarı çıkış sürecinde büyük bir hız kazanacak ve kaybettiği değerlere yeniden kavuşacaktır. Böylelikle binlerce yıldır söz edilen Altın Çağ'a ulaşılacak ve daha sonra büyük devre sona erecektir.

(Konuyla ilgili şema arka sayfadadır)

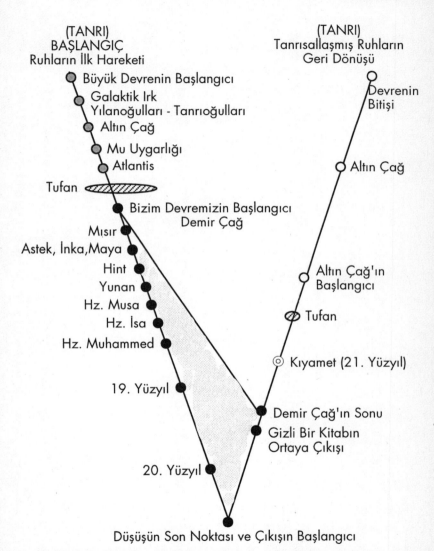

Dünyanın Fiziksel ve Ruhsal İlerleme Süreci

IV. BÖLÜM

CENNETTEN KOVULUŞ

"...Ve henüz yerde bir kır fidanı yoktu. Ve bir kır otu henüz bitmemişti. Rab Allah yerin üzerine yağmur yağdırmamıştı. Ve toprağı işlemek için adam yoktu. Ve yerden buğu yükseldi. Ve bütün toprağın yüzünü suladı. Ve Rab Allah yerin toprağından Adamı yaptı. Ve onun burnuna hayat nefesini üfledi. Ve adam yaşayan can oldu. Ve Rab Allah şarka doğru Aden'de bir bahçe dikti. Ve yaptığı adamı oraya koydu. Ve Rab Allah görünüşü güzel ve yenilmesi iyi olan her ağacı ve bahçenin ortasında 'Hayat Ağacı'nı ve 'İyilik ve Kötülük Bilgisi Ağacı'nı yerden bitirdi. Ve bahçeyi sulamak için Aden'den bir ırmak çıkardı dört kola ayırdı. Bahçenin her ağacından istediğin gibi ye, fakat 'İyilik ve Kötülük Bilgisi Ağacı'ndan yemeyeceksin. Çünkü onu yediğin günde mutlaka ölürsün..." (Tevrat'ın II. Bab, 5.-17. Ayetler'i)

İşte sembollerle dolu bir anlatımın sergilendiği Tevrat'tan küçük bir alıntı... İçindeki sırların çözümüne girmeden önce aynı temayı anlatan bir başka metne göz atalım:

"... Bir ağacın meyvesiyle beslenen bir topluluk vardı. Ağacın bir tarafındaki meyveyi yiyorlar, diğer tarafındakileri ağızlarına almıyorlardı. 'Erlik' bunun sebebini sordu. İnsanlar da ona cevap verdiler: 'Tanrı bize bu dört dalın meyvesini

"GİZLİ SIRLAR ÖĞRETİSİ"

yemeyi yasak etti. Güneşin doğduğu yanda bulunan beş dalın meyvelerinden yemeyi buyurdu. Yılan ile köpeğe bu ağacın dört dalından yemek isteyenleri bırakma diye emretti. Bundan sonra Tanrı göğe çıktı. Beş dalın meyveleri bizim aşımız oldu.' dediler. *Erlik bunları duyduktan sonra, Tanrı yalan söylemiş. Siz bu dört dalın meyvelerinden de yiyiniz dedi. Sonunda Törüngey ile karısını kandırıp yasak meyvelerden onlara yedirdi. O anda her ikisinin de 'tüyleri' dökülüverdi. Derken Tanrı geldi. Törüngey'e şöyle dedi: Beni dinlemedin ve şeytanın sözüne kandın. Onun sözüne kananlar onun ülkesinde yaşayacaklar, benim 'nurum'dan mahrum olacaklar, karanlık dünyada bulunacaklardır."* (Altay Efsanesi'nde Yerin Yaradılışı Bölümünden)

İnsanlığın kökeni denildiğinde, hep bir cennetten kovuluş mizanseniyle karşılaşırız. Bu, dinlerde böyle olduğu gibi, mitolojilerdeki anlatımlarda da böyledir. Tüm eski yazıtlar insanın kökenini cennete bağlar. Niçin cehennem değil de, cennettir acaba insanlığın kökeni... En büyük sırlardan biri, belki de burada yatmaktaydı...

BÜYÜK SIR, BÜYÜK BULMACA

İşte ilk bulmaca ve bulmacanın ilk ip uçları.... Yukarıda size aktarmış olduğum dinsel ve mitolojik metinlerde, insanın kökeninin cennete bağlandığı görülmektedir. Cennet sembolüyle bir mükemmelliyet ortamı kastedildiği dikkate alınırsa, konunun daha hemen başında, mükemmelliyetin başlangıçta olduğu meselesiyle karşı karşıya kaldığımızı görürüz.

Peki mükemmelliyetin başlangıçta olması ne anlama gelir? Bunu biraz açmamız gerekecek...

Adem'le sembolize edilen başlangıç, hangi devrin başlangıcıydı? Bunu daha iyi ortaya koyabilmek için dünyanın ezoterik geçmişine çok kısa olarak bir göz atalım ve böylelikle insanlığın nereden gelip, nereye gitmekte olduğunu daha iyi gözler önüne sermeye çalışalım...

Mükemmelliyetin başlangıçta olduğu hayli yaygın ve hayli eski köklü bir anlayışın ifadesi olarak inisiyatik öğretilerdeki ezoterik çalışmalarda karşımıza çıkmaktadır. Bununla beraber, yine çok yaygın olmak üzere, kaybedilen "Altın Devrin" yeniden yaşanacağına dair de, bütün geleneklerde atıflar mevcuttur:

Grek Geleneği'ne göre: Altın Çağ bir nevi cennet hayatıydı. İnsanlar uzun yaşarlar ve hiç ihtiyarlamazlardı. Mevcudiyetleri de Tanrı'nınkine benzerdi. Zamanla insanlığın aşamalı olarak aşağı inişinin başlamış olduğu söylenir.

Mısır Geleneği'nde ise: İnsanların tanrılarla birlikte yaşadıkları dönemlerden bahsedilir.

Hint Gelenekleri: İnsanlığın zaman içinde yavaş yavaş aşağı inmekte olduğunu ve her geçen asırla birlikte insanlığın biraz daha mükemmelliyetten uzaklaştırmakta olduğunu söyler. Hint ezoterizmi bunu envolüsyon ve evolüsyon yani aşağı iniş ve sonra tekrar yukarı çıkış olarak dile getirmiştir. İnsanlık önce Altın Çağı yaşamış sonra zaman içinde aşağı inerek Demir Çağı'na kadar ulaşmıştır. Demir Çağı'na Hint gelenekleri Kali - Yuga adını vermişlerdir.

Musevi ve Hristiyan Gelenekleri'nde de buna benzer fikirlerle karşılaşmaktayız: Büyük tufandan sonraki kozmos, yine Tanrı'nın, zamanın başlangıcında yarattığı kozmosun aynı olacak. Temizlenmiş, tasfiye edilmiş, ıslah ve ihya suretiyle yenilenmiş ve ilk günlerin mükemmelliyeti iade edilmiş olarak sona ulaşılacak...

Roma gelenekleri: Saturnalia Bayramı'ndan söz eder: Bu bayramlarda ışıklar söndürülür ve yeniden yakılırdı. Daha sonraları yeni yıl kutlamalarına dönen bu bayramlar yine aynı tema üzerine kurulmuştu. Peki mükemmelliyetten uzaklaşılış niçin kutlanmaktaydı? Çünkü uzaklaşıldıkça yeniden yeni bir

"GİZLİ SIRLAR ÖĞRETİSİ"

mükemmelliyete doğru da aynı zamanda yaklaşılmakta olduğu bilindiği için, her geçen zaman bu kavuşmayı da beraberinde getirmekteydi. İşte kutlanan da buydu... Mükemmelliyet yeniden kavuşmaya doğru gidildiğini göstermek içinde ışıklar söndürülüp yeniden yakılırdı. Yani karanlıklardan aydınlığa geçişin bir sembolü olarak...

Müslümanlar'da da başlangıçların mükemmelliyetine rastlıyoruz: Adem ile Havva cennetten yani mükemmelliyeti ifade eden bir ortamdan kovulmamışlar mıydı?

Örnekleri çoğaltmak mümkün. Kısaca toparlayacak olursak; hemen hemen tüm toplumların geleneksel bilgilerinde, mükemmelliyetin başlangıçta olduğu, sembollerle çeşitli mizansenler içinde dile getirildiğini söyleyebiliriz.

DEMİR ÇAĞ'IN KARANLIĞI

Tevrat'ta ve Altay Yaradılış Efsanesi'nde sözü edilen cennete tekrar geri dönelim ve bu sembolün içinde saklanan gerçekleri biraz daha anlaşılır bir şekilde görmeye çalışalım...

Cennet sembolünü Ezoterizm'deki anlamıyla iki açıdan ele almamız mümkün olmaktadır.

Birincisi, dünyaya doğacak olan varlıkların bedenlerinin oluşturulduğu kozmik laboratuarın geleneksel adı olarak...

İkincisi ise, ruh varlığının şuur kapasitesi ve şuur açıklığının genişliği bakımından çok daha serbest bir halde bulunduğu yer olarak...

Tevrat'ta sözü edilen "İyilik ve Kötülük Bilgisi Ağacı" sembolüyle bu husus mecazi bir şekilde dile getirilmiştir. "İyilik ve Kötülük Bilgisi Ağacı", İyilik ve kötülüğü birbirinden ayırdedebilecek bir şuur hali demektir. Yani bilgiyle yaşamaya dayanan bir şuur halidir. Buna karşılık Tevrat'ta bu ağacın meyvelerinden yemeyeceksin emrinin bulunduğu söyleniyor.

"CENNETTEN KOVULUŞ"

Yani iyiliği ve kötülüğü birbirine karıştıracak bir insanlık çağının başlamak üzere olduğu anlatılmaya çalışılıyor. Bu sembol ve anlatımda çizilen motif, başlayacak olan yeni devrin insanlığının içinde bulunacağı şuur halinin bir ifadesi olarak karşımıza çıkıyor. Yani şu anda bizim içinde yaşamakta olduğumuz devrin başlangıcını anlatıyor. İkilemler içinde bocalayacak olan ve şu anda halen bizim içinde yaşamakta olduğumuz bu devrin temel özelliği bu şekilde dile getirilmeye çalışılırken; Altay Yaradılış Efsanesi de bu durumu son derece benzer bir dille anlatmıştır. Hatırlayacağınız gibi, efsanede yasaklanan meyvenin yenilişiyle Törüngey ile karısının tüylerinin dökülmesinden söz ediliyordu.

Türk Mitolojisi'nde çok sık karşımıza çıkan, eski devirlerde yaşayan insanların vücutlarının tüylerle kaplı olması, atalarımızın maymun olduğu anlamına gelmemektedir. İnisiyatik öğretileri ve ezoterizmi inceleyenlerin hemen hatırlayacağı gibi, *"tüy"* bütün geleneklerde *"gerçeğin"* sembolü olarak ele alınmıştır. Örneğin Mısır Mitolojisi'nde, ölen bir kimsenin ruhu cennete gidebilmesi için, Anubis tarafından bir sınavdan geçirilir. Ölen kişinin kalbi terazinin bir kefesine, bir tüy parçası ise diğer kefesine konarak Anubis tarafından tartılır. İşte bu mitlojik anlatımda da tüy sembolünün gerçekle eş değer anlamda kullanıldığı görülmektedir. Vicdanı sembolize eden kalbin tüyle tartılması, o kişinin yaşamı boyunca gerçeklerle karşılaştırıldığında, ne kadar vicdani bir şekilde hareket edip etmediğinin sembolik bir anlatımıdır.

Tüyün gerçeğin sembolü olarak ele alındığını dikkate alırsak, Altay efsanesindeki yasaklanan meyveyi yedikten sonra Törüngey ile karısının tüylerinin dökülmesi de, artık gerçekleri kolaylıkla anlayamayacak bir şuur haliyle yaşamaya başlayacak olan bizim devremiz insanının sembolü olduğunu rahatlıkla söyleyebiliriz.

Görüldüğü gibi yeni başlayacak devrin özelliği bile, insan-

79

lığa açık bir şekilde ifade edilmemiştir. Bunun bile üzeri örtülmüştür.

Birçok dinsel metinlerde ve efsanelerde anlatılan bu sembolik bilgilerle adına "Demir Çağ" dedikleri, kalplerimizin mühürlü olduğu bizim karanlık devremiz böylelikle başlamış oluyordu... Bundan tam 7000 yıl önce...

Bireyselliğin ve maddenin gelişmesi ile alakalı bir sürecin başlangıcıydı bu. Bu sürecin en önemli özelliği, son derece kaba ve diğer dönemlerle karşılaştırıldığında oldukça geri seviyeli, bilgiden uzak bir yaşam biçiminin başlayacak olmasıydı.

Ve nitekim öyle de olmuştur. Kozmik bilgiler unutulmuş, insan yaşamın gayesini bile hatırlayamadan bu dünyada yaşamaya başlamıştır. Bu aşağı inişin zaruri bir sonucundan ibaretti.

Gerek mükemmelliyetin başlangıçta olması, gerekse insanlığın ilahi kökeni ve aynı zamanda günümüzün özelliğini gözler önüne sermesi bakımından, insanlığın aşağı iniş sürecinin çok iyi tahlil edilmesi şarttır. Bu husus, Ezoterizm'de Tanrı'dan insana doğru bir iniş ve daha sonra insandan Tanrı'ya doğru tırmanış olarak ifade edilir. Buradaki Tanrı'yı ruh varlığının başlangıçtaki mükemmelliyeti yani fizik aleme süzülmediği - inmediği zamanki serbest hali olarak ele almamız icabetmektedir.

Tanrı'dan insana doğru iniş, özellikle bizim devremizde şeriata, şartlandırmaya ve inanca dayalıdır. İnanç bir ön kabuldür. İçinde bilgiden ziyade ön kabul vardır. Araştırma unsuru yok denecek kadar azdır. Belki bilgiye götürücü ilk adımdır ama içinde açık bilgi yoktur. Üstü kapalı sembollerle dolu şifreli bilgiler vardır. İşte bizim devremizin gözden kaçırılan en önemli özelliği tüm hakikatlerin üstünün ağır bir sembolizmle örtülmüş olmasıdır.

İnsanlık gerçeğin apaçık yüzüyle değil, üstü örtülen, kapatılan dış kabukla meşguldür. Ve bu kabuğu, gerçeğin kendisiyle karıştırmaktadır. Yaşamın gerçek anlamının ve gayesinin unutulması; içgüdüsel - otomatik ve ön yargılarla örülü bir yaşamın tercih edilmesini doğurmuştur. İçle temasa geçemeyip sadece dış kabukla haşır neşir olan büyük kitlelerin de, görünenin ardındaki görünmeyen prensipleri arama arzusu silinip yok olup gitmiştir. Aşağıya inişin kaçınılmaz bir sonucu olarak, duygu ve düşüncelerin denetimi çok zor bir mesele haline gelmiştir.

Kendinizi karşınıza koyup, ona hiç dışarıdan baktınız mı? Taşlara geçirdiğiniz sözünüzü ne kadar kendinize geçirebiliyorsunuz? Alışkanlıklarınıza ne kadar hükmedebiliyorsunuz? Kendinize söz geçirebiliyor musunuz?

Eğer dikkatli bir gözlem yapacak olursak ömrümüzün % 90'ının hissi faaliyet içinde geçtiğini görürüz. Tüm yaşantımız boyunca hislerimize - duygularımıza hakim olarak verdiğimiz kararların oranı % 10'u geçmez. Daima bir rekabet duygusu, diğer insanlar karşısında acze düşmemek, üstün olmak, daha çok para kazanma arzusu ve buna bağlı bir sürü korkular içinde yaşamımızı sürdürürüz.

Günümüzde insanların yaşamını düzenleyen asıl faktör onların ne zekası, ne felsefesi, ne de şu veya bu kanaldan öğrendikleri bilgileri değil, içgüdüsel hayatlarıdır. İnsanlık içinde insanlığın pek kalmadığı bir insanlık tablosunu çizme gayreti içindedir. Ne doğum... Ne ölüm... Ne de yaşamın bizzat kendisi; gerçek değeriyle ele alınamamaktadır. Tüm bunların sonucu olarak, insan çevresindeki olup bitenlere karşı yabancılaşmıştır. Tabii en önemlisi de kendisine yabancılaşmıştır.

Neden mi?

Görünürdeki neden çok basit... Çünkü:

* Dış tesirlerin yönlendirmesi altındadır. Medya ve reklamların adeta kölesi olmuştur.

* Duygularıyla karar vermektedir.

"GİZLİ SIRLAR ÖĞRETİSİ"

* Araştırıcılığını yitirmiştir.
* Mevcut bilgilerini yeterli görmektedir.
* Herhangi bir olay, nesne veya kişilerle eş koşma içine girmektedir. Ortada kendisi kalmamıştır. Rüzgara kapılıp savrulan yapraklara dönmüştür.
* Egoizması vicdanını örtmüştür.
* Bilgisi değil kulaktan dolma inançları ön plandadır. Birileri nasıl istiyorsa, o da öyle düşünmükte, öyle hareket etmekedir.

BU PLANLANMIŞ BİR GELECEKTİ VE GELDİ...

Bütün bu olup bitenler kör bir tesadüfün ya da kara bir talihin sonucu olmamıştır. Önce bunu çok iyi ortaya koyarak tahlil etme mecburiyeti vardır. Aksi takdirde ne günümüze, ne de geleceğimeze gerçekçi yorumlar getiremeyiz. Bu binlerce yıl önce tasarlanmış kozmik bir karardı...

Bu, insanlığın başlangıçta sahip olduğu mükemmelliyetinin, aşamalı olarak kaybedilmesinden kaynaklanan zaruri bir sonuçtur. Çünkü insandan bu devre içinde melek olması istenmemişti. Pırıl pırıl billur gibi bir su olması da istenmemişti ondan... Zaten öyle de olamazdı. Varlığın en önce fizik evrenle daha sonra fizik bedenle bir araya gelebilecek kadar kendi varlığındaki ışığı karartması yani titreşimini alçaltması gerekmekteydi. Bu derece düşmüş bir varlıktan da başka ne beklenebilirdi ki?...

Elbette bir takım şeylerin hakimiyeti altına girecekti... Ve girmiştir de... O şimdi adına dünya dediğimiz bir yapının kölesidir artık...

O artık; *"Kâh çıkarım gökyüzüne seyrederim alemi, kâh inerim yeryüzüne seyreder alem beni"* sözünü hiç hatırlayamamaktadır. O artık kendisini seyretmekte olanları da hatırlayamamaktadır. Ancak onu hâlâ birileri bir yerlerden seyretmeye devam etmektedir. Ve bir gün o da, gök yüzüne çıkacak ve unutmuş olduğu gerçek benliğine kavuştuktan sonra yeniden yer yüzünü seyretmeye devam edecektir...

Ta ki yeniden doğuncaya kadar...

İNDRA EFSANESİ'NİN BÜYÜK SIRRI

Hint Mitolojisi'nde geçen İndra bir Tanrı'dır. Daha doğrusu, mitolojide o şekilde sembolleştirilmiştir. Şu anda üstünde durduğumuz konumuza çok iyi bir örnek teşkil ettiği için dilerseniz Hint'in Sırları'na kısa da olsa bir giriş yapalım... Bakın insanın ilahi kökeni nasıl sembolleştirilerek anlatılmış... Hem de bundan binlerce yıl önce...

"İndra, göğün tepelerinden, yeryüzünde sürüp gitmekte olan hayatı seyretmekteydi. Bir ara gölün çamurunda eğlenen bir domuz sürüsü gördü. Tanrı kendi kendine sordu:

-'Bu hayvanlar balçığa bulanmaktan ne zevk alıyorlar ki?'

Araştırdı ama bir türlü bu alışkanlıklarının sebebini bulamadı. Diğer Tanrılar'a da danıştıysa da hiç biri buna bir cevap veremediler. Aklında hep o domuzlar vardı. Bu sırrı çözmeliydi. Yine bir gün domuzlara gözü takıldı. Domuzlar büyük bir keyifle çamurlarda yuvarlanıyorlardı. O an kararını verdi. Bir domuz bedeninde dünyaya doğacaktı. Böylelikle domuzların çamurlar içinde yuvarlanmalarından nasıl bir zevk aldıklarını anlayabilecekti. Düşüncesini diğer tanrılara da aktardı. Aynı şekilde merakta olan tanrılar bu fikri harika buldular. Dönüşte bize de anlatırsın dediler. İndra doğmakta olan bir domuza enkarne oldu. Aradan yıllar geçmeye başladı... İndra büyüyordu... Onun bir Tanrı olduğunu hiç bir domuz anlamamıştı bile. Zaten kendsi de, tanrı olduğunu çoktan unutmuştu bile. Büyüdü ve ailesi ile birlikte balçıkta yuvarlanmaya gitti. İlk banyolar pek hoş sayılmazdı... Tiksinir gibi oldu... Ama kı-

sa bir süre sonra buna alıştı. Bir dişi ile birleşti. Çok sevdiği yavruları dünyaya geldi. Zaman geçtikçe çamur banyoları yaşamlarında vaz geçilmez bir yer aldı. Çamur banyoları, İndar'nın da vaz geçemeyeceği bir eğlenceye dönüşmüştü. Bu arada süresi de dolmuştu... Tekrar geldiği Tanrılar dünyasına geri dönmesi gerekiyordu... Süresi dolduğu halde hâlâ göğe geri dönmediğini gören Tanrılar, ona aralarındaki yerini almasını emrettiler... İndra reddetti!... Tanrılar aralarında toplandılar ve onu tekrar eski yerine dönmeye mecbur etmek için bir çözüm buldular... Bu domuzu öldürmek... Ve öyle de yaptılar...

Göğe geri döndüğünde., İndra başından geçen bu serüvene çok güldü. Ama domuzların balçığı neden sevdiklerini hiç bir zaman anlayamadı."

"Kah çıkarım gökyüzüne seyrederim alemi, kah inerim yeryüzüne seyreder alem beni" diyen Sufi'nin sözleriyle, Hint Mitolojisi'nde geçen İndra'nın Efsanesi arasında hiç bir fark yoktur. Her ikisi de aynı sırrı üstü kapalı olarak dile getirmiştir.

Burada anlatılan insanlığın öyküsüdür... Domuz insanı, İndra ise, insanın tanrısal kökenini sembolize eder. Çamur dünyanın, insanı nasıl esir aldığınının sembolüdür. Dünyaya doğan insanın şuurunun kararmasını da, İndra'nın kendi kökenini unutmasıyla anlatmaya çalışmışlardır. Yani, *"insan kendi ilahi kökenini unutmuş bir şekilde yaşar"* bilgisi bu şekilde mitolojide yaşam bulmuştur. Bu ve diğer mitolojilerde geçen tanrı ve ilah sözleri asla Yaradan anlamında kullanılmamıştır. Böyle bir yanılgıya düşülmemesi için bunu özellikle hatırlatmak ihtiyacı duyuyorum.

Eski toplumların mitolojilerinde geçen Tanrılar ifadelerine bakarak onların çok tanrıya inandıklarını ve hatta onların birer putperest olduklarını zannetmek, içine düşülecek en büyük hata olacaktır. Bu anlatılanların herbiri ayrı bir ezoterik sırrı içinde barındıran birer semb;oldür.

KUR'AN-I KERİM NE DİYOR

İnsanın cenneten kovuluşuyla ilgili benzer yaklaşımların, İslam Geleneği'nde ve Kur'an-ı Kerim'de de yer aldığını görmekteyiz.

Kur'an-ı Kerim de cennetten bahseder. Orada da bir ağaç vardır. Ve ağacın meyvesi yasaklanmıştır. Adem ile Havva'nın yasaklanmış meyveyi yemesi onların oradan kovuluş sebebi olmuştur...

Kur'an-ı Kerim'de bu konu Taha Suresi'nde dile getirilmiştir.

"... Şeytan ona vesvese verip: 'Ey Adem. Sana sonsuzluk ağacını ve çökmesi olmayan bir saltanatı göstereyim mi?' dedi. Bunun üzerine ikisi de o ağacın meyvesinden yedi, ayıp yerleri görünüverdi. Cennet yapraklarıyla örtünmeye koyuldular. Adem, Rabbine baş kaldırdı ve yolunu şaşırdı. Rabbi yine de onu seçip tevbesini kabul etti, ona doğru yolu gösterdi. Onlara şöyle dedi: 'Birbirinize düşman olarak hepiniz oradan inin...' " (Taha Suresi: 20/120-123)

Görüldüğü gibi tema aynıdır. Çünkü anlatılmak istenen aynı şeydir. Bu nedenle son derece benzer semboller ve motifler kullanılarak mesele insanlara anlatılmaya çalışılmıştır.

YERYÜZÜNDE
İLK İNSAN NASIL ORTAYA ÇIKMIŞTIR?

Şu anda çağdaş bilimin cevap veremediği on sorudan bir tanesi de, insanlığın yeryüzünde ilk olarak nasıl ortaya çıkmış olduğu sorusudur... Şimdi sizlere Ezoterizm'de insanın ilk or-

"GİZLİ SIRLAR ÖĞRETİSİ"

taya çıkışı ve insanlığın unutulmuş kökeniyle ilgili bilgileri aktarmaya çalışacağım... Bu bilgiler sizlere pekçok çağrışımları da beraberinde getirecektir. Binlerce yıl öncesine dayanan bu bilgiler, uzun bir süre eski inisiyatik mabetlerin duvarları arasında saklı tutulmuş ve daha sonra buralardan sızan bazı belgeler vasıtasıyla günümüze kadar gelebilmiştir. Türkiye'de ilk kez bir kitapta yayınlanmakta olan bu bilgileri dikkatle tetkik etmenizi öneririm. Bu vesileyle önemli bir konuya ışık tutma imkanı bulabilmemiz mümkün olacaktır. Bu önemli konu, az önce üzerinde durmaya çalıştığımız, mitolojik ve dini öğretilerde sözü edilen insanın cennetten kovulmasının ne anlama geldiğine de, ayrıca bir açıklama getirecek mahiyettedir.

İnsanlık nereden gelmiştir? Şu anda hangi noktadadır? Ve nereye doğru gitmektedir? Yeryüzü insanının ilk atası nasıl ortaya çıkmıştır? Yeryüzü insanının kozmik akrabaları kimlerdir?

İNSANLIĞIN GİZLİ KÖKENİ

Cennetten kovuluş sembolüyle ilgili bazı örnekler vermiştik. İlk insanın nereden geldiği sorusuna mitolojik ve dinsel öğretiler tek bir cevap verir: *Cennetten...*

Peki, bu cennet nasıl bir cennettir?...

Kutsal kitapların hepsinde *"ilk insan"* dan bahsedilir. Üstü örtülü sembolik bilgilerle, bu sır insanlara anlatılmaya çalışılmıştır. Ancak açık bir bilgi verilmemiştir.

Gerek Hint kökenli belgelerde, gerekse İslam, Mısır ve Babil Ezoterizmi'nde ilk insandan yoğun olarak bahsedilmiştir. Bu konuyu uzun uzun anlatan kutsal kitaplardan biri de Tevrat'tır. Kutsal Kitaplar'da sözü edilen bu meseleyi tam olarak anlayabilmek için yine Ezoterizm'e müracaat edeceğiz...

Ezoterik bilgilere göre, ki bunu kutsal kitaplar da teyid etmektedir, yeryüzünde birçok devirler geçmiştir. Bunların ilkine "Altın Çağ" adı verilmiştir. Buradaki altın sözcüğü bilinen anlamıyla altın madeninin bol bulunduğu bir devri değil, kalite olarak ileri bir seviyeye ait bir sürecin yaşanmış olduğunu gösterir. Son derece ileri seviyeli bir insanlığın devrini anlatmak için kullanılan bir semboldür. Değerli bir çağ anlamındadır.

Daha sonra sırasıyla: "Gümüş", "Bronz", "Kahramanlar", ve son olarak da bizim devremiz insanlığının içinde bulunduğu "Demir Çağı" gelmektedir. Dünya insanı olarak gelinen nokta neresidir diye soracak olursanız; Ezoterik bilgiler bu soruya cevap olarak, "Demir Çağı"nın sonlarına doğru gelindiğini söylemektedir. Yine aynı Ezoterik bilgilerde, "Demir Çağı"nın sonunda yaşanacak bir aydınlanmayla (Kıyamet) yeniden dünya üzerinde eskiden olduğu gibi altın bir devrin yaşanacağına işaret edilmektedir.

Yeryüzündeki ilk insanın, bir zamanlar iddia edildiği gibi tek hücreli canlılardan gelişe gelişe ortaya çıkmadığı artık bilimsel olarak anlaşılmış durumdadır. Ezoterik bilgiler bunun böyle olamayacağını zaten binlerce yıldır söylemekteydi. İnsan vücudu organik bir yapı olarak, özel bir tarzda meydana getirilmiştir. Yani yapılmıştır. Bir üretim mahsülüdür. İnsan organizması, bir dizi tesadüflerin sonucu değil, çok yüksek bir bilimin kendi potasında meydana getirdiği bir yapıdır.

Eski tarihi belgeler ve kutsal kitaplar değişik bir bakışla incelenecek olursa, insanın meydana getirilişinin iki safhalı olduğu görülecektir.

Birincisi: **Galaktik İnsan**

İkincisi: **Yeryüzü İnsanı**

Ezoterik bilgiler ışığında elde edilen bilgiler bundan sonrası için neler söylüyor? Şimdi bunları sırasıyla sizlere aktarmak istiyorum:

"Galaktik insan, bir zamanlar yeryüzünde 'Altın Çağı'nı

87

"GİZLİ SIRLAR ÖĞRETİSİ"

meydana getirmiş olan varlıklara verilen bir isimdir. Bunun yeryüzündeki insan ile çok uzaktan bir akrabalığı vardır." Yeryüzü insanının ilki olarak, Kutsal Kitaplar bize "Adem"den bahsederler. Peki insanın meydana getirilişi yeryüzünde mi olmuştur? Yoksa başka bir mekanda meydana getirildikten sonra yeryüzüne mi getirilmiştir? Yavaş yavaş konuyu açmaya çalışalım. Bakalım nelerle karşılaşacağız?

Tevrat'ta iki farklı yaradılıştan söz edilir:

Birincisi: **Elohimler'in yarattığı insan.**

İkincisi: **Yehova'nin yarattığı insan.**

Burada sözü edilen yaradılış bir imalatır. Yani Kaadir-i Mutlak Yaradan'ın yaratma fiili değil, yüksek seviyeli varlıkların mevcut maddeleri kullanarak ortaya çıkarttıkları bir imalat söz konusudur. Bu iki durumu birbirinden ayırmak gerekir.

'Elohimler,' Galaktik Uygarlıklar'ın senyörleridir. 'Yahve' de bu senyörlere dahil olan ve yeryüzündeki insanların gelişimiyle yakından ilgilenen vazifeli varlıklar grubunun başı ya da sözcüsü konumunda olan kozmik bir varlıktır. 'Elohimler'in meydana getirmiş olduğu insan tipi (Galaktik İnsan) ile, 'Yehova'nın meydana getirmiş olduğu, bizim devremiz insanı olmak üzere iki ayrı 'Adem' vardır. Biri bizim devremizin, diğeri eski devirlerin Ademi'dir.

Birinci Adam'le ikinci Adem arasındaki farkları Kutsal Kitaplar ince nüans farklarıyla ifade etmişlerdir. Dikkatlice incelenecek olursa bunlar ayırdedilebilir. Burada araştırmacıların dikkatinden kaçmaması gereken bir diğer husus da, İslam'ın Kutsal Kitabı Kur'an-ı Kerim'de, Galaktik Adem'den değil, doğrudan doğruya bizim devremizin Adem'inden bahsedilmiş olmasıdır. Fakat diğer Kutsal Kitaplar ayrıca yeryüzünde meydana gelmemiş olan, fakat bütün bir galaksi içerisinde kendisini temsil eden, gelişmiş bir Adem'den bahsederler. Ancak Kur'an-ı Kerim'de de bizim neslimizden öncesine ait başka nesillerin yeryüzünde bir zamanlar yaşadığı birçok ayette

"CENNETTEN KOVULUŞ"

açıkça beliritilmiştir. İşte onlardan sadece bir tanesi:

"Onlardan önce nice nesilleri yok ettiğimizi görmediler mi? Onları, sizi yerleştirmediğimiz bir şekilde yeryüzüne yerleştirmiş, gökten bol yağmur yağdırmış, altlarından ırmaklar akıtmıştık. Fakat onları günahlarından ötürü yok ettik ve ardından başka bir nesil yetiştirdik" (En'am Suresi: 6/6)

Görüldüğü gibi her ne kadar Galaktik Adem'den bahsedilmese de, Kur'an'da bizim neslimizin haricinde de nesillerin yeryüzünde yaşadığı ve dolaylı olarak başka Ademler'in de mevcut olduğu anlatılmaktadır.

Kaldığımız yerden devam edelim...

Altın Çağ'ın yaşandığı dönemlerde yeryüzünde Galaktik Irk'a mensup varlıklar bulunmaktaydı. Galaktik Irk'ın en son uzantıları olarak, Mu ve Atlantis Uygarlıkları'nı görmekteyiz. Kutsal Kitaplar'da sözü edilen büyük tufanla birlikte bu Galaktik Irk'ın son temsilcileri de yeryüzünden silinmişler sadece çok küçük bir kısmı bizim kıtalarımıza göç ederek varlıklarını sürdürebilmişlerdir.

Ezoterizm'de bu varlıklara *"Naakaller"* adı verilir. Ezoterik kayıtlar Naakaller'in Tibet dolaylarında gizli bir yeraltı uygarlığı oluşturduğundan bahseder. Agarta adı verilen bu yeraltı uygarlığı günümüzde hala varlığını sürdürmektedir.

"Galaktik Irk"ın yeryüzünden kaybolmasından hemen önce, bizim devremizin başlangıcını teşkil edecek fizik bedenlere ihtiyaç vardı. Zaman bir hayli ilerlemiş ve insanlığın aşamalı aşağıya iniş sürecinin bir sonucu olarak, "Demir Çağı"nın bedenleri imal edilmesi gerekiyordu. Bu tamamıyla bir laboratuar çalışmasını gerektiren, genetik biliminde uzmanlaşmış "Galaktik İnsanlar"ın yapabileceği bir işti.

Tevrat'ta anlatılanlardan; Yehova ve grubunun, muhtelif gezegenlerde, her devreden sonra ruhi varlıkların gelişim süreçlerini sürdürebilmeleri için doğacakları biyolojik bedenleri imal ettiklerini anlıyoruz.

"GİZLİ SIRLAR ÖĞRETİSİ"

İşte bu noktada Tevrat'ta Yehova olarak isimlendirilen *"uzaylı"* varlıklar devreye girmiş ve bizim devremize ait ilk bedenleri imal etmişlerdir.

Bu sır tüm dinlerde ve tüm mitolojilerde üstü örtülerek anlatılmıştır. Mitolojik anlatımlarda geçen ilahların bir kısmı, sözünü etmeye çalıştığımız Galaktik Irk'a mensup ileri seviyeli insanların sembolüdür. "Ruhsal İdare Mekanizması"na bağlı olarak çalışan bu uzaylıların, dünya üzerinde ne kadar önemli bir fonksiyon gördükleri, dinlerin ve mitolojilerin tam anlamıyla açıklığa kavuşmasından sonra çok daha iyi anlaşılacaktır. Ancak günümüze kadar gelebilen Ezoterik kayıtlarda bunlarla ilgili son derece önemli bilgiler mevcuttur. Ne yazık ki yurdumuzda bu konuyla ilgili fazla bir araştırma yapılamamış ve kamuoyu bu konuda yeterince bilgilendirilememiştir.

***

Dini Öğretiler'de Adem'in meydana getirilişiyle ilgili bir başka ilginç ayrıntı daha verilir. İslam'ın Kitabı Kur'an-ı Kerim'de, Adem'in balçıktan yaratıldığı söylenir. Buna benzer ifadeler diğer dinlerde de vardır. Örneğin İbraniler'in Kutsal Kitabı Tevrat'ta Adem'in yerin tozundan yaratılmış olduğu anlatılır. Her iki ifade de birbiriyle aynıdır.

Balçıktan ya da yerin tozundan yaratılmak ne demektir? Burada kastedilmek istenen, doğrudan doğruya dünyasal bir molekül yapısıdır. Dünyaya ait moleküler yapının kullanılmış olmasıdır. Bu bizim devremizin Ademi'dir. Diğer Adem'in moleküler yapısı ise tamamen farklıydı. Dünya'ya ait değil dünya dışına ait bir yapıdan oluşmuştu. Yani Elohimler'in dünyasından....

Böylelikle değişen yeryüzü şartlarına en uygun Adem soyu meydana getirilmiş oluyordu... Demir Çağı'nın çocuklarının, bedenlerinin ilk örnekleri artık hazırdı... Galaktik Uygarlığın temsilcileri ise, geçmişin anıları arasında eriyip gitti... Ama izlerini ve hatıralarını dünyada bırakarak...

"CENNETTEN KOVULUŞ"

YILANOĞULLARI - TANRIOĞULLARI ve TANRI'NIN OĞLU İSA...

Gerek Batı, gerekse Doğu Ezoterizmi'nde, her dinde, hayatsal kudreti, hayatsal değişimi, devri daimi simgeleyen bir işaret vardır. Bu işaret "Yılan" sembolüdür. Bu sembol tüm toplumların geleneksel bilgilerinde, kültürlerinde ve dinlerinde karşımıza çıkar. Ezoterizm'in en önemli sembollerinden biridir. Ve birden fazla anlamı vardır. Yılan sembolü bazı yerlerde kuyruğunu ısırırken gösterilmiştir. Kuyruğunu ısıran yılan tekrar eden bir süreci anlatır. Bu tekrarlama, Evrendeki kanunların birbirleriyle olan yakın ilgisini de ifade eder. Aynı zamanda tekrardoğuşun da sembolüdür. Yaşamın ve ölümün arka arkaya gelmekte olduğunu dile getirir.

Aynı zamanda spiral galaksiyi de ifade eder. Bilindiği gibi evrende bilinen birkaç tip galaksi çeşidinden birisi de spiral galaksidir. Mensubu bulunduğumuz Samanyolu Galaksisi de işte böyle bir spiral galaksidir. Bu açıdan sembole yaklaştığımızda, ki bunu toplumların mitolojileri ve dinleri de doğrulamaktadır; yılan, Galaktik Uygarlığın da sembolü olarak kullanılmıştır. Örneğin Eski Amerika Kıtası'nda yaşayan yerlilerin mitolojilerinde geçen *"Yeşil Tüylü Yılan"* böyle bir semboldür. Yerlilerin mitolojilerinden öğrendiğimize göre "Yeşil Tüylü Yılan" gökyüzünden gelmiş ve 52 yıl yerlilerle birlikte yaşadıktan sonra yine gökyüzüne doğru uçarak gitmiştir. Yeryüzünde kaldığı 52 yıl süresince de yerlileri her alanda eğitmiştir. Bu yılan Aztek İnka ve Maya Mitolojilerinin temel sembolüdür ve Kukulkan olarak anılır. İşte bu sembol "Galaktik Irk"a mensup varlıkların arkalarında bırakmış oldukları izlerden sadece bir tanesidir.

Yine birçok toplumun kültürlerinde ve folklorik inançlarında dile getirilen "Yılanoğulları" ya da "Tanrıoğulları" sözüyle de anlatılan sır buna dayanmaktadır. Yani bir zamanlar yeryü-

"GİZLİ SIRLAR ÖĞRETİSİ"

zünde de yaşamış olan "Galaktik Irk"a mensup varlıkların hatıralarından ibarettir.

Ezoterik yazıtlarda ve mitolojilerde geçen "Yılanoğulları" sembolü dinsel kitaplarda "Tanrıoğulları" olarak ifade edilmiştir. İkisinin de aynı anlama gelen semboller olduğunu yine Ezoterik kayıtlardan öğreniyoruz.

Gerek Hristiyan dünyasında, gerekse de İslam dünyasında yüzyıllardır tam olarak anlaşılamayan bir mesele vardır. Ne olduğu bir türlü çözülememiş, çözülemediği için de özellikle İslam dünyasında putperest bir inanç olarak nitelendirilme yoluna gidilmiştir. Bu mesele İsa peygamberin kendisini açıkça *"Tanrı'nın Oğlu"* olduğunu söylemesinden kaynaklanır. Bu söz, İsa peygamberin yaşadığı dönemde de anlaşılamamış ve kendisini bu sözünden dolayı katletmişlerdir. Aynen bizde de Hallac-ı Mansur'un katledildiği gibi...

İsa çıkartıldığı mahkemede *"Tanrı'nın oğlu olduğunu söylüyrmuşsun bu doğru mu?"* sorusuna net bir şekilde: *"Evet"* demiştir. *"Ben Tanrı'nın Oğluyum..."*

Tanrıoğlu sözü aslında binlerce yıldır bilinen ve gizli tutulan bir semboldü. Tanrıoğlu sözüyle "Galaktik Uygarlık" kastediliyordu. Bu sır Tevrat'ta da dile getirilmişti... İşte, İsa peygamber de bu sırrı dile getirmeye çalışıyordu ama açıkça bunu o devirde kime anlatabilirdi ki?... Anlatamadı da zaten...

O'nu, o yıllarda anlayabilecek çok sayıda insan yoktu. Belki yanındaki çok kısıtlı sayıdaki havarilerine bu sırrı söylemiş olabilir. Bunu bilemiyoruz. Ama Thomas'ın kaleme aldığı, O'nun gerçek sözlerinin aktarıldığı "Thomas'ın İncili"nde, İsa peygamber'in birçok sırrı sembolleştirerek o devirlerde çevresine anlattığını biliyoruz. Evet... O, Galaktik Uygarlığın bir kültürünü yansıtıyordu ama bu büyük sır hiç bir zaman anlaşılamadı.

O'nun yaşamı incelendiğinde, İsa peygamber'in "Galaktik Uygarlığa" mensup bir şahsiyet olduğunu söylemek hiç de zor değildir. Doğumu bile bilinen normal yollarla olmamıştır. Sadece bu mesele bile araştırılsa, O'nun kozmik kökeni ve dünyaya nasıl geldiği soruları açıkça cevaplanabilir. Böylikle O'nun kökeni hakkında çok daha sağlıklı bilgilere ulaşılabilirken, O'nun niçin "Ben Tanrı'nın Oğluyum" dediği de anlaşılabilir...

V. BÖLÜM

ATEŞE TAPANLAR

Kristof Kolomb'un henüz daha Amerika kıtasına ayak basmadığı dönemlerde neler olmuştu? Putlara tapan kafirler ve vahşilerin, insan yiyen yamyam yerlilerin diyarı mıydı burası? Tam tam sesleriyle kaynayan kazanlarda pişmekte olan insanlar... Azgın Kızılderililer... Acımasızca katledilen zavallı Avrupalı işgalciler!...

Bir yerlerde bir hata yapılıyor gibi görünüyor... Ne dersiniz?

Evet ilkel dediğimiz, putperest zannettiğimiz insanların diyarına gidiyoruz...

Ve böylelikle büyük bir tarihi yanılgıya dur diyoruz...

BİR ZAMANLAR AMERİKA

Kulaktan dolma bilgilerimizin bir sonucu olarak, bizlerde oluşmuş olan anlayışlarımızdan bir tanesi de, eski devirlerde yaşamış olan insanların "putperest olduklarıdır. Bize böyle söylenmiş ve böyle öğretilmişti. Bir çoğumuz da buna inanmıştık...

İlkel dediklerimiz, putperest zannettiklerimiz...

İlkel olarak adlandırılmaya çalışılan toplumların bünyesinde yaşamış olan insanların en büyük özellikleri; okullarda da

95

öğretilmeye çalışıldığı gibi, "putperest" olmalarıydı. Evet ilk okula başladığımız günlerden, üniversitenin son yıllarına kadar, dünya insanın geçirmiş olduğu tarihsel sürecin başlangıç noktası olarak, bizlere hep Taş Devri ve Taş Devrinin ilkel insanları gösterilmiştir...

İlkel insanlar kimlerdir?

Genel anlayışa göre: İlkel diye nitelenen bu insanlar, mağaralarda yaşayan, karınlarını avcılıkla doyuran, ateşi bilmedikleri için de, avladıkları hayvanları çiğ çiğ yiyen insanlardı!... Boş zamanlarında da mağara duvarlarına resimler yaparlardı... Bu ilkel insanlar bir gün gökyüzünden gelen yıldırım vasıtasıyla ateşi tanımışlar ve avladıkları hayvanları pişirmeye başlamışlar!.. Karınları doyduktan sonra da: *"Ya!... Kardeşim!... Herhalde bizi bu ateş yaratmıştır"* demişler ve başlamışlar ateşe tapmaya!..

Bir başka ilkel topluluk da : *"Yok"* demiş... *"Bizi bu küçücük ateş parçası yaratmış olamaz... Yaratsa yaratsa, gökteki büyük ateş yaratmıştır. Bu yüzden biz en iyisi büyük ateşe tapalım..."*

...Ve başlamışlar güneşe tapmaya!...

Dünyanın bir başka yöresinde ise yine bir grup insancık toplanmış... Elinden, böyle güzel yontma işi gelen birkaç ilkel, bir araya gelip, tahtadan ya da taştan koşkoca bir heykel yapmışlar. Sonra da karşısına geçip: *"Ey insanlar; işte bizim yaratıcımız budur. Bizi bu yarattı!.. Bundan sonra da artık hepimiz buna tapacağız."* demişler. Ve başlamışlar kendi elleriyle yapmış oldukları o heykele tapmaya!...

Bunlara benzer görüşler yıllardır savunulmaya çalışılmıştır...

Şimdi bir an için lütfen mantıklı olarak düşünelim:

Normal zekaya sahip bir insan kendi elinin ürünü olan bir nesnenin, kendisini yaratmış olabileceğini düşünübilir mi acaba?

Biz şu anda böyle bir şeye inanabilir miyiz?... Önce oturup bir *"totem"* yapacağız... Sonra da onun karşısına geçip *"Bizi bu totem yarattı"* diyeceğiz. Peki biz şu anda böyle bir şeyin doğru olabileceğine inanmıyoruz da; acaba o devrin insanları, buna nasıl inanmışlardır dersiniz? O devirdeki insanların böyle bir şeye inanmış olabilecekleri fikrine, asıl biz nasıl inanabiliyoruz?!..

Yoksa o devirdeki insanların, son derece geri zekalı olduğunu, kafalarının hiçbir şeye çalışmadığını mı düşünüyoruz?

***

Çocukluğumuzdan beri severek izlediğimiz o kovboy filimlerinde, vicdanlarımızı hep rahatsız etmiş olan bir husus vardır. Nedense Amerika Kıtası'ndaki eski uygarlıklar hep vahşi, yamyam Kızılderililer olarak gösterilmiştir. Amerika Kıtası'na sonradan gelip, o kıtada karşılaştıkları insanları vahşi Kızılderililer, barbar yerliler olarak göstermeye çalışmış olanlar, yüzbinlerce Kızılderili'nin ölümüne yol açmış olan katliamlarını acaba ne derecede unutturabilmişlerdir?... Amerikan yapımı kovboy filmlerinin çoğunda, hep bu tema işlenmiştir, hem de ısrarla...

At sırtında tütün çiğneyip viski içen beyaz adam, hep iyi adam rolünde... Elinde baltası ve okuyla çadırda yaşayan Kızılderili ise, hep kötü adam rolünde olmuştur. Okullardan sinemalara varıncaya kadar, büyük bir kesim, eski insanları hep ilkellik anlayışı içinde değerlendirmiştir. Ancak o filimleri izleyen çocukların gönlünden Kızılderili sevgisini bu kasıtlı tutum bile hiç bir zaman silememiştir...

Sözünü ettiğimiz o eski devirlerdeki insanların inançlarına ve günümüze kadar ulaşmış olan belgelere şimdi bir göz atarak, ilkel insanların, yani putpereslerin dünyasına, kısa bir süre de olsa geri dönelim... O devirde nelere inanmışlar ve kendi dönemlerinde ne tür bilgilerle yaşamışlar bunu görmeye çalışalım.

"GİZLİ SIRLAR ÖĞRETİSİ"

Evet... İlkellerin dünyasına geri dönüyoruz...

İLKELLERİN BİLİNMEYEN DÜNYASI

Dünya üzerinde gelmiş geçmiş eski uygarlıklardan, belki de en az incelenmiş ve haklarında en az bilgi sahibi olunanların başında; Eski Amerika Kıtası'ndaki uygarlıklar gelir. Bir arkeoloğun sağlam sonuçlara ulaşabilmesi için, yerinde inceleme yapma mecburiyeti vardır. Arkeolog masa başında çalışamaz. O gidecek, araştıracak, kazacak, çıkartacak ve bundan sonra masasının başına geçip, elde ettiği sonuçları orada değerlendirecektir... Eski Amerika Kıtası'ndaki araştırmalar çeşitli zorluklarla karşı karşıya kalmıştır:

Bunlardan birincisi; hızlı araştırmalar yapmaya engel olan, ülke coğrafyasının çıkardığı doğal engellerdir. Burada Aztek, İnka, Maya gibi uygarlıkların; arkalarında bırakmış olduğu bilgi izleri hayli semboliktir, dolayısıyla anlaşılması da son derece güçtür. Araştırıcıların karşılaştıkları en önemli zorluklardan bir diğeri de işte budur. Ancak zorluklar bunlarla da bitmiyordu...

Bütün bu zorluklara, eldeki mevcut belgelerin, dökümanların, hatta pek çok yapının, 1519 yıllarında başlayan İspanyollar'ın saldırıları sırasında yok olup gidişi de eklenince, bu eski uygarlıkların izleri iyice örtülmüş oluyordu. Tüm bu yıkımlar, İspanyolların Hristiyanlaştırma operasyonunun gerçekleşmesini hedefliyordu. Zamanın piskoposu Diego de Landa şunları söylüyordu: *"İçlerinde sadece yalan ve şeytan işi şeyler bulunan çok sayıda resimli kitap ele geçirdik. Ve hepsini yaktık. Bu, Mayaları çok etkiledi ve üzdü..."*

Evet... Yaptıklarını aynen bu sözlerle dile getirmişti, Piskopos Diego de Landa...

Aztek, İnka ve Mayaların, gezegenlerle, doğa etkinlikleriyle ve belki de en önemlisi, kendi gelenekleriyle ilgili bilgileri içeren, belgelerin büyük bir bölümü, malesef bu şekilde yok olup gitmiştir...

Bu büyük yıkımdan geriye ne kalmıştır diyorsanız?... Geriye kalabilen son derece kısıtlı belgeler bile; ilkellik ve putperestlikle ilgili düşüncelerimizin sınırlarını bir hayli zorlamaya başladığını söyleyebilirim. İşte onlardan birkaç örnek:

MAYALAR'IN ASTRONOMİK BİLGİLERİ

1- Mayalar, Dünya'nın Güneş etrafındaki yörüngesini 365,2421 gün olarak hesaplamışlardır. Bu rakam şu anda aynı yörüngeyi 365,2424 gün olarak hesaplayan Gregoryen Takvimi'nden daha kesindir. Yapılmış olan en son uzay araştırmalarında elde edilmiş bulunan sonuçlar, Mayaları haklı çıkarmıştır... Uzay çalışmalarında bilgisayarlarla elde edilen sonuç 365,2422 idi.

2- Mayalar, gözlemlenmesi hemen hemen mümkün olmayan gökyüzü hareketlerini de biliyorlardı: Dresten Kodeksi yaçıtlarında, çeşitli gezegenlere, hatta çeşitli yıldızlara ait tanımlarla karşılaşmaktayız...

Dünya'nın Güneş çevresindeki dönüşünü bu kadar kesin bir doğrulukla hesap edebildiklerini hadi aklımız şöyle ya da böyle alıyor diyelim...

Peki, bizim "ilkel" damgasını vurduğumuz bu insanlar, görmeleri mümkün olmayan gökyüzü hareketlerinin nasıl biliyorlardı?

3- Dresten Kodeksi yazıtlarının, Onbirinci sayfasında Venüs gezegenine ait tanımlarla karşılaşmaktayız. Venüs yılını 583,92 gün olarak hesaplamış olan Mayalar, Venüs yörünge verilerini o denli iyi tanıyorlardı ki, 6000 yıl için sadece iki saatlik hata yapmışlardı.

4- Dresten Kodeksi'nde ayrıca; Merkür, Jüpiter, Satürn ve Mars'a ait çeşitli bilgilere de yer verilmiştir. Dresten Kodek-

"GİZLİ SIRLAR ÖĞRETİSİ"

si'nin içindekiler bunlarla da bitmiyor. Gezegenlerin birbirlerine karşı, hatta onların dünyaya karşı olan o anki durumunu bile vurgulamışlardır...

Sözünü ettiğimiz bütün bu hesaplamaları, kafadan atarak bulabilmiş olmalarının mümkün olmadığı ortadadır. Ayrıca şunu bir kez daha belirtelim ki; bu kadar kesin sonuçların günümüzde dahi elde edilebilmesi, ancak uzay araştırmalarında kullanılmış olan son model elektronik aletler sayesinde mümkün olabilmiştir.

Piskopos Diego de Landa'nın tahrip hırsından geriye kalabilmiş olan belgelerin sayısı ne yazık ki hiç de fazla değildir. Günümüze kadar gelebilmiş belgeler, Madrid Kodeksi, Paris Kodeksi ve Dresten Kodeksi olarak adlandırılmıştır. Tabii bir de bunlara, 18. Yüzyıl başlarında Rahip Francisco Kısemen tarafından bulunarak tercüme edilen, Mayaların Kutsal Kitabı olan Popol Vuh'u da ilave etmemiz gerekir. Madrid Kodeksi, Rahip Brasso tarafından, İspanya'daki bir profesörden teslim alınmıştır.

Paris Kodeksi ise, 1860 yılında, Paris Ulusal Kütüphanesi'nin bir çöp kutusunda bulunmuştur. Bugün kütüphane tarafından en değerli eser olarak korunmaktadır.

Dresten Kodeksi'ne gelince... Kraliyet kütüphanesinin memuru Yohan Kristiyan Götz tarafından, 1793 yılında, bir Viyanalı'dan çok ucuz bir fiyata satın alınmıştır. Büyük bir olasılıkla, ataları bir zamanlar Amerika'da olan bir İspanyol'dan miras kaldığı tahmin edilmektedir.

Paris Kodeksi'nin çeşitli kehanetlerden oluştuğu sanılmaktadır. Ancak ne tür kehanetlerin söz konusu olabileceği henüz belirlenememiştir. Üstü kapalı ve özel şifreli bir kodlama sistemiyle yazıldığı için, bu metinleri anlamak son derece güç olmaktadır.

Madrid Kodeksi ise, yıldız fallarından ve bu fallara nasıl bakılacağının rahiplerce yapılmış kullanma talimatlarından oluştuğu söylenmektedir. Eğer bu doğruysa, yıldızlara bakılarak geleceğin okunmasının, Maya rahipleri için oldukça önemli bir yeri vardı.

Tabii, günümüzde gazete köşelerinde çıkan burç fallarıyla ve tamamen ticarete yönelik 900'lü telefonlar vasıtasıyla yapılan sahte astroloji yorumlarıyla uzaktan yakından ilgisi olmayan; aksine, gerçek astroloji bilimiyle ilgili olan bilgilerdi bunlar. Pekçok değerli şey gibi; astroloji bilimi de, günümüzde, bilgi sahibi olmayanların eline geçmiş ve dejenere olup gitmiştir...

MAYALAR'IN GİZEMLİ YAPILARI

Gelelim Mayalar'ın inşaa ettikleri yapılara...

İspanyol tarihçisi Diego Garcia de Palacio, 1576 yılında Maya şehirlerinden biri olan Copan hakkında: *"Burada bir zamanlar büyük bir şehrin varlığını kanıtlayan harikulade tapınak kalıntıları bulunuyor. İnsan, böylesine ilkel insanların geçmişte bu denli güzel yapıları nasıl inşa ettiklerini anlayamıyor"* diye yazmıştı.

Copan, öylesine çok sayıda piramit, saray, yol ve kanallarla düzenlenmiş bir şehir ki!.. Onun için bu insanları ilkel diye adlandırmaya kalkacak olursak, İspanyol tarihçisinin düştüğü çıkmaza saplanıp kalmak kaçınılmaz olacaktır...

Yucatan'daki Maya merkezlerinin en önemlilerinden biri olan, Çıken-İta'daki otuz metre yüksekliğindeki "Kukulkan Piramidi"nden de söz etmek istiyorum:

Yıkıntıları bugün bile muhteşem olan piramidin tabanı, 55,5 metre uzunluğunda bir karedir. Dokuz platformdan oluşan; kat kat görünümlü piramidin yan yüzlerinin tam ortasında doksanbir basamaktan oluşan dört ayrı merdiven vardır. Piramidin en üstünde, yani dokuzuncu platformun üzerinde, her iki yanı tüylü yılan sembolleriyle süslü olan sütunlu oda görünümlü bir bölüm vardır. Bu bölüm, tanrısallığa yükselişin ifadesiydi. Piramidin özelliği bunlarla bitmiyor...

Piramit öylesine ayarlanmıştır ki, her 21 Mart'ta güneşin batışından yaklaşık olarak 1,5 saat önce, büyüleyici bir ışık-gölge oyunu ortaya çıkmaktadır. Güneşin son ışıklarıyla birlikte dokuz platformun basamakları, merdiven kenarlarında, gölgelerden oluşmuş eşkenar üçgenler meydana getirmektedir. Bu, Kukulkan'ın vucudundaki dokuz kıvrımı sembolize etmektedir. Daha sonra, bir tür gölge dalgasına dönüşmekte ve güneşin batışıyla birlikte aşağı doğru süzülen bir yılan görüntüsü oluşturmaktadır. Basamağın en altında da, ışık-gölge oyunları yardımıyla bir yılan başı meydana gelmektedir...

21 Eylül'de ise, güneş doğarken, aynı olaylar bu sefer aksi istikamette yinelenmektedir. Önce tüylü yılanın başı canlanmakta, ardından güneşin ışınlarıyla birlikte yukarıya doğru tırmanışa geçmekte ve yavaş yavaş devam eden bu tırmanışın sonunda da gökyüzünde kaybolup gitmektedir...

Sözü edilen bu ışık gölge oyunlarının ayarlanabilmesi için; yüksek seviyede matematik bilgisine ihtiyaç vardır.

İnşaat sırasında hiçbir iş tesadüfe bırakılamazdı, yani daha sonra düzeltilmek üzere yapılmazdı.

Her şeyden önce piramidin inşa edileceği yer hesaba katılmak zorundaydı. Daha sonra da dokuz platformla, her biri doksanbir basamaklı olan dört adet merdivenin uyum içinde olması gerekmekteydi. Çünkü açılardaki en ufak bir sapma bile, söz konusu kesin sonucun elde edilmesine engel olurdu.

ATEŞE ve GÜNEŞE TAPMAYANLAR

Bütün bunların ışığında, bu insanların "ilkel insanlar" olduğunu söylemek acaba ne derece doğru olacaktır. Böylesine yüksek seviyeli matematik bilgilerine sahip olan bir toplum, tutup da kendi ellerinin mahsulü olan bir heykele nasıl tapabilir?

Eski Devirlerin toplumları ateşe, güneşe ya da kendi ellerinin mahsülü olan heykellere tapmıyorlardı... Onları sadece, bir meselenin, bir fikrin, bir bilginin aktarılışında sembol olarak kullanıyorlardı.

Nitekim, eski toplumların geleneklerinde ateşin kutsal sayıldığını, ateşe bir kutsiyet atfedildiğini görüyoruz. Bunun sebebi, özel bir eğitim ve öğretim yoluna girmek anlamına gelen inisiyatik öğretilerde, ateşin, arınma ve sadeleşme sembolü olarak kullanılmış olmasından ileri gelmektedir. Böyle özel bir eğitime tabi tutulmamış bir kimse için ateş, onun her zaman gördüğü bir ateştir. İnisiyatik öğretileri ve ezoterizmi biraz araştırmış biri ise, ateşle sembolize edilen asıl bilgiyi derhal kavrayı verir.

Örneğin Cehennem'de sözü edilen ateşi ele alalım ve bu konuya çok kısa da olsa bir açıklık getirmeye çalışalım:

Ateşin, kullanıldığı yere göre farklı anlamlar taşıyabildiğini, ama genellikle arınmanın sembolü olarak ele alındığını belirtmiştik. Bir an için, ateşin, arınmayı sembolize ettiğinden haberdar olmadığımızı düşünelim.

Bu durumda, cehennemde var olduğu söylenen ateş, bizim için, fizik dünyadaki şu bildiğimiz ateşten başka bir şey ifade etmeyecektir.

Durum böyle olunca da, cehennemdeki ateşin gerçekte ne anlama geldiği, bizler için meçhul kalacaktır. Ateşin, fizik bedenin olmadığı bir ortamda bize acı vermesi mümkün değildir. Ateş vücudumuza değince, biz bundan doğal olarak ıstırap duyarız. Vücut yoksa, bu ıstırap da yoktur. Ama hemen hemen bütün inanç sistemleri, hep bir cehennemden bahsederler. En eskisinden en yenisine varıncaya kadar..

Peki, cehennemde başa geleceği söylenen bu ıstırapla anlatılmak istenen nedir?

Bu hususla, inisiyatik öğretilerin sembolik anlatımlarında

103

"GİZLİ SIRLAR ÖĞRETİSİ"

da yüz yüze geliyoruz. Örneğin: Popol Vuh'ta da bir varlığın tanrısallaşabilmesi için, onun cehenneme inmesi ve sonra oradan tekrar çıkması gerektiği, çeşitli motifler ve semboller kullanılarak, uzun uzun anlatılmıştır. Başka geleneklerde de yine, cennet yolunun cehennemden geçtiği söylenir. Ayrıca inisiyatik öğretilerde başarıyla geçilmesi gereken en önemli sınavlardan biri de "ateş sınavı"dır.

İşte bu noktadan sonra; yapılacak tek şey: Görünenin ardındaki görünmeyen prensiplere ulaşmaktır. Yani gizli olanı, sembolik olanı, batıni olanı keşfetmektir.

Ne yazık ki günümüzde bu yapılamamaktadır. Görünenin ardındaki görünmeyen prensiplere ulaşılamamaktadır. Şunu üzülerek ifade etmek istiyorum ki, İslami Kültür'ün en temel sembolleri bile günümüzde son derece yanlış bir tarzda yorumlanmakta ve buna bağlı olarak son derece yanlış bir anlayışla hareket edilmektedir. Örneğin İslamiyet'in en temel kavramlarından olan Cennet ve Cehennem sembolleri, İslam Dini'nin en önemli ögelerinden birini oluşturur. Maalesef bu en temel öge bile, yanlış bir anlayışın kurbanı olmuş durumdadır.

**

Amerika Kıtası'nın eski uygarlıklarından olan Aztek, İnka ve Mayalar'ın bazı özelliklerine değinmeye çalışırken konu bizi buralara getirdi... Kaldığımız yere geri dönelim...

İspanyollar, onları haritadan silmekle kalmayıp, zorla Hristiyan da yapmaya çalışmışlar ama hiç bir zaman kalplerinden eski inançlarını silip atamamışlardır. Onlar hiçbir zaman Kukulkanlarını, Yeşil Tüylü Yılanlarını unutmadılar.

Onların kalpleri bugün bile hâlâ bu duyguyla ve bu inançla atmaktadır.

Bunların ilkel insanlar olup olmadığına gelince...

Bu kararı size bırakıyoruz... Diyoruz ve madem söz Aztek İnka ve Mayalardan açıldı, hemen onların Kutsal kitaplarıyla araştırmamıza devam ediyouz.

MAYALAR'IN KUTSAL KİTABI: POPOL VUH

Popol Vuh, Orta Amerika'da yaşayan, bugün de yaşamakta olan bir halkın öyküsüdür... Kitap'ta bölüm yoktur. Başlangıçtan sonuna kadar sürekli yazılmıştır. Bunun böyle olması, Mayalar'ın düşünüş tarzının bir özelliğinden dolayıdır. Küresel bir anlayışın yani, başı ve sonu bir gören, alçaklık - yükseklik gibi ayrımların ötesine taşabilen bir düşüncenin sonucu olarak, Popol Vuh'un baştan sona sürekli bir yazımla ele alındığını görüyoruz. Bu düşünüş tarzı aynı zamanda "ikiliklerin birliği"ne doğru giden bir anlayışın da ürünüydü.

"İkinin Bir Olması" diye ifade edilen bu köklü bilgi her ne kadar günümüzde tamamen unutulduysa da, inisiyatik öğretilerin en önemli ezoterik sembollerinden biriydi. Bu bilgiyi en açık ifade edenlerden biri de İsa peygamber olmuştur. Thomas, İsa peygamberin gerçek sözlerini kaleme aldığı İncili'nde şunları yazmıştır:

İsa dedi:
İkiyi bir yapınca
İnsanoğlu olursunuz
ve eğer derseniz:
Uzaklaş ey dağ...
Dağ uzaklaşacaktır.   (Thomas'ın İncili Kelam 106)

SIRLAR KİTABI

Popol Vuh, kutsal kitaplar arasında dünya üzerinde en az incelenen kitaplardan biridir. Araştırmacıların dünya üzerindeki en eski dinlerden biri olduğunu söyledikleri Mayalar'ın dinsel bilgileri Popol Vuh'un içinde gizlidir.

Popol Vuh, birtakım ilahların isimlerini sıraladıktan sonra şu satırlarla başlar:

Hayatın, canlı varlıkların, şerefli oğulların, aynı dili konu-

"GİZLİ SIRLAR ÖĞRETİSİ"

şanların, kalbi saf olanların, uygar ve ileri görüşlü kızlar ve oğulların ana ve babası Tzakol ve Bitol'ün dediği gibi, gökyüzünün açıları aralanarak ve onda olan her şey ölçülerek, ölçüleri dört köşeli olarak göğün ve yerin ihtiva ettiği temel noktalar tayin edilerek, yerdeki ve gökteki her şey yaratıldığı zaman, geçmişte yazılmış kitabımızda, tarif ve anlatış muhteşemdir.

Popol Vuh'u özetle incelemeye devam edelim...

Hem özetleyelim. Hem de yeri geldikçe bazı noktaları açıklamaya çalışalım...

İxquic'in, biri erkek biri kız olmak üzere ikiz çocukları olur. İkizlerin babaları göğün yedinci katından inen Ahpular'dır. Birçok mitolojide işlenmiş olan gökyüzünden gelenler tarafından hamile kalınma motifine dikkatlerinizi çekmek istiyorum. Bu konuyla ilgili yorumu ileriki sayfalara bırakarak devam edelim...

İxquic'in ikizlere hamile kalması da normal yollarla değil, mucizevi bir şekilde olmuştur. İxquic hamile kalmış ancak hala bakiredir. Bu temanın da bize hiç yabancı gelmediğini görüyorsunuz. Aynen İsa peygambere Meryem'in hamile kalmasına benzer bir motif karşımıza dikiliyor.

İleride göreceğimiz gibi, Türk Mitolojisi'nde de gökyüzünden gelen bir ışık huzmesiyle hamile kalan kadınlardan bahsedilir...

Popol Vuh, bu şekilde hamile kalan İxquic'in çevredekiler tarafından yadırgandığını bize anlatıyor. Hatta büyük anası tarafından reddedildiğini...

Ormanda dünyaya gelen ikizlerin isimleri, geleceğin "uygarlık getirici kahramanları" olarak nitelendirilen Hunahpu ve İxbalamque'ydi.

Mayalar'a göre, insan ve toplumun kusursuzluk idealine ancak özveriler ve özel inisiyatik çalışmalarla geçilebilir. İnsanın ulaşması gereken bu mükemmelliyete kavuşmadan önce katlanacağı acıların sembolik anlatımı, Popol Vuh'ta ikizlerin hareketli çocukluk dönemi ile ifade bulmuştur. İkizlerin cocuklukları binbir tehlikeler ve düş kırıklıkları ile dolu bir ortamda geçer.

İkizleri ormanda doğdurduktan sonra, onları anneleri aile ocağına getirir. Daha eve gelir gelmez, ikizlerin ağlamasına sinirlenen büyük anaları onların derhal kapı önüne koyulmalarını buyurur. Bununla da kalmaz onları karınca yuvasının üzerine koydurur. Bu onların karşılaşacağı ilk zorluklar yani ilk sınavlarıydı... Orada sakince uyumayı başaran ikizlerin bu sefer oradan alınarak, dikenli bir çalılığın üzerine konuldukları, Popol Vuh'ta uzun uzun anlatılmaktadır.

Mayalar için karınca işkencesi, inisiyasyon törenleri sırasında, inisiye adaylarının, tıpkı ikizlerin çektikleri gibi tabi tutuldukları bir sınav çeşitidir.

İnisiyasyonda geçilen safhaları sembolik bir dille anlatan Popol Vuh özetle şöyle devam eder...

Hunahpu ve İxbalamque, yoğun bir çalışma ve düş kırıklıkları içinde büyürler. Bilgelik yolunda ilerlerken aynı zaman soylarının nereden geldiğini de bilmekteydiler.

İKİZLER TANRISALLAŞIYOR

İkizler gelecekteki forksiyonlarını ve kökenlerinin gökyüzünden gelenlere bağlı olduklarını biliyorlar ve tüm zorluklara büyük bir sabırla katlanmaya çalışıyorlardı.

Anneleri ayrı olmakla beraber yine aynı soydan gelen, Hun Batz ve Hun Chouen isimli iki kardeşleri daha vardı. Kusursuzluğa erişme başarısını elde edememiş olan Hun Batz ve Hun Chouen, ikizlere karşı büyük bir kıskançlık duymaya başlamışlardı. Onlara her türlü haksızlığı yapıyorlardı. Fakat tüm bu haksızlıklara, Hunahpu ve İxbalamque sinirlenmiyor kendi duygularına hakim olmayı başarabiliyorlardı. Soylarını

"GİZLİ SIRLAR ÖĞRETİSİ"

ve geleceklerini bildikleri için, kendilerine yapılan haksızlıkla-
ra sessizce katlanıyorlardı. Bu tutumları, Hun Batz ve Hun
Chouen'i iyice çılgına çeviriyordu...

"Uygarlık Getirici Kahramanlar"ın belirlediği Maya karak-
terinin temel niteliği olan kendine hakimiyetin açık bir örneği-
ni, özetini aktardığım bu 'mit'te görmekteyiz. Aslında bu mit,
inisiyasyonun en önemli safhalarından birini gayet manidar
bir biçimde ortaya koyması bakımından da ayrı bir öneme sa-
hiptir. Sizlere daha önce aktarmış olduğum gibi, kendisine ha-
kim olmayı başaramayan bir inisiye adayının, girmiş olduğu o
yolda daha fazla ilerleyebilmesi mümkün değildi.

Dünyaca tanınmış büyük inisiyelerden biri olan Buda ko-
nuyla ilgili şunları söyler:

"Eğer bazı insanlar savaşta bin kere bin kişiyi yenerlerse
ve bir başkası kendini yenerse, o, galiplerin en büyüğüdür."

"İnsanların arasında ırmağı geçip hedefe ulaşanı azdır.
Büyük çoğunluk kıyıda bir aşağı bir yukarı koşuşur durur. Fa-
kat yolculuğunu bitiren için ıstırap yoktur."

"Düşünceni zevk veren şeylere yöneltme ki, yandığın za-
man bu acıdır diye bağırmayasın."

Görüldüğü gibi farklı kültürlerde anlatım üslupları farklı da
olsa, anlatılmak istenen gerçek hiç değişmiyor...

Maya yerlileri, ikizlerden örnek alarak; yaşamlarındaki
zorlukları ve aksilikleri sabırla karşılamayı kendilerine ilke
edinmişlerdi. Onlara öyle öğretilmişti. Onlar da öyle yaşama-
ya gayret ederlerdi.

Popol Vuh ikizlerin devlerle daha sonra da Hun Batz ve
Hun Chouen ile olan mücadele ve savaşlarını anlatarak de-
vam eder. İkizler bu mücadelelerden galip çıkarlar. Bütün bu
mücadelelerin sonunda, gittikçe saflaşmaya başlayan ikizlerin
tanrısallaşmaya doğru olan yükselişleri, Popol Vuh'ta işlenen
en önemli sembollerden biridir.

DEVLER VE CANAVARLAR

Tüm dünya mitolojilerinde işlenen ortak temalardan bir diğeri daha Popol Vuh'ta karşımıza çıkar: *"Devlerle savaş..."*
Bazı toplumların mitolojilerinde devler, bazılarında ise, ağzından alevler saçan canavarlarla mitoloji kahramanlarının mücadeleri, ilk başta hayal ürünü bir masalmış gibi görünürse de, bu temanın çok önemli bir sembol olduğu yapılan araştırmalar sonucunda ortaya çıkmıştır.

Kitabımızın başında değindiğimiz bir konu vardı. Şöyle demiştik:

"İnsanın muhtelif yaşamları boyunca, maddeye bağlanmasından dolayı getirmiş olduğu bir tortu vardır. İç potansiyalinin ortaya çıkmasına engel teşkil eden bu tortu herkesde mevcuttur. Arınmak için bu tortunun mahiyetine nüfuz etmek, derinliklerine inmek gerekir. İnisiye, böyle bir tecrübeyle karşılaşmak ve muzaffer çıkmak zorundadır."

Artık konuları yavaş yavaş birbirine bağlamaya başlıyoruz...

Mitolojilerde sürekli olarak karşımıza çıkacak olan devlerle ya da canavarlarla mücadele motifi, işte bu tortunun temizlenme çalışmasının sembolik bir dille anlatılmasından ibarettir.

Bakın aynı mesele Türk Mitolojisi'nde nasıl anlatılır...

SUSUZ KALAN ÜLKE

"Bir zamanlar Kafdağı'nın ardında bolluklar içinde yaşayan zengin bir ülke varmış. Fakat bir gün hiç beklenmeyen bir şey olmuş. Ülkeye bolluk ve bereket getiren ırmak kurumuş. Ülkenin tam ortasından geçen bu ırmağın kurumasıyla da bir anda her şey kötü gitmeye başlamış. Önce büyük bir kuraklık arkasından da, büyük bir kıtlık ülkeyi sarmış, perişan etmiş.

"GİZLİ SIRLAR ÖĞRETİSİ"

Aradan günler, haftalar, aylar geçmiş bir türlü soruna çare bulunamamış. Nice kahramanlar yollara dökülmüş, hepsi nafile. Tüm çarelerin tükendiği düşünüldüğü bir anda genç bir kahraman çıkar. Ve ben der, bu çaresizliğe çare bulacağım. Kuruyan nehir yatağından başlar yürümeye. Yürüye yürüye nehrin ilk çıkış kaynağına ulaşır. Bir de bakar ki, büyük bir canavar, nehrin çıkış yatağında uzanmış yatıyor. Canavarı öldürürse nehrin yeniden akmaya başlayacağını farkeder. Genç kahraman ağzından alevler saçan 7 başlı canavarla kılıcıyla büyük bir mücadeleye tutuşur. Ancak kılıcıyla her kestiği başın yerine yeni bir baş çıkmaktadır. Gücünün bitmek üzere olduğu bir anda, ak sakallı bir dede ortaya çıkıverir. Genç dövüşçünün yanına gelir ve canavarın göğsündeki belli bir noktayı gösterir. İşte der: Oraya kılıcını saplarsan, kestiğin başların yerine yenileri çıkmaz. Genç dövüşçü de ak sakallı ihtiyarın dediğini yapar. Böylelikle kesilen başların yerine yenileri çıkmaz ve kahramanımız canavarı öldürmeyi başarır. Cesedini kaldırıp nehir yatağından atar ve böylelikle nehrin suları yeniden susuz kalan ülkeye doğru akmaya başlar. Suların ülkeye ulaşmasıyla birlikte kıtlık ve felaket son bulur."

Mitolojideki sembolleri teker teker açacak olursak, burada aktarılmak istenen bilgi de kendiliğinden ortaya çıkacaktır:

Ülke: İnsanı sembolize eder.

Ülkenin Susuz Kalması: İnsanın iç potansiyel gücünü dünyada kullanamaması, bir başka ifadeyle şuursuz yaşamasıdır. Doğduktan sonra mevcut bilgilerini unutan insanın sembolüdür.

Genç Kahraman: İnisiye adayını sembolize eder.

Canavar: Az önce sözünü ettiğimiz tortuyu sembolize etmektedir.

Kesilen Başların Yeniden Yerine Gelmesi: Bu tortuyu özel bir bilgi olmadan temizleyemeyeceğimizi bildirmektedir.

Ak Sakallı İhtiyar: İnisiyatik sırları bilen bir bilgeyi ya da bizzat inisiyatörü yani öğretmeni sembolize etmektedir. **Suların Yeniden Ülkeye Gelmesi:** İnisiye adayının kendi iç potansiyel gücüne yeniden kavuşmasını yani şuurlanmasını sembolize eder.

Bu bilgiler ışığında mitolojiyi yeni baştan ele alacak olursanız artık onu masal olmaktan çıkartıp içinde gizlediği anlamları çok daha kolay anlayabilirsiniz. Bir de bu gözle inceleyin bakalım başka neler bulacaksınız...

... Evet. İkizlerin devlerle olan mücadelesinden söz açılmıştı, konu bizi buralara getirdi. Yeniden Popol Vuh'a geri dönelim.

AYDINLIK VE KARANLIK SAVAŞLARI

Popol Vuh'ta iç temizliği sembolize eden, ikizlerin tarlayı ekim için hazırlamaları, yabani otlardan ve zararlı hayvanlardan temizleme çalışmalarından sonra iş cehenneme inişe gelir.

Cehenneme inişleri sırasında Xibalbalı Cameler, bir sürü zorluklar çıkartırlar. Amaçları ikizleri öldürmektir. İkizleri yenmek için çeşitli yollar denerler. Sonunda çareyi top oyununda bulurlar. Bu top oyunu, ritüellerde "Devler Dansı" olarak gösterilir ve Siyah Dev'le Beyaz Dev'in mücadelesi olarak sergilenir.

Bununla ifade edilmek istenen şey ise, iyiliğin kötülüğe, uygarlığın yozlaşmaya, bilginin cahilliğe ve aydınlığın karanlığa karşı olan mücadelesidir.

ATEŞ VE SU

Sıra mağara sınavlarına gelmiştir. İkizler bu sınavları da başarıyla atlatırlar. Anadolu'da çok eskilerde söylenmiş olan bir Sufi sözü vardır. *"Nara (Ateşe) giren nur (ışık) olur"* der-

"GİZLİ SIRLAR ÖĞRETİSİ"

ler. Bu sözün içinde barındırdığı bilginin bir başka yansımasını da Popol Vuh'ta görüyoruz. Mağara sınavının hemen ardından kendilerini ateşe atarlar. Popol Vuh bu olayı özetle şöyle anlatır:

Kendilerini ateşe atan ikizlerin kemiklerini Xibalbalılar değirmende öğüterek nehrin sularına atarlar. Öğütülmüş kemikler, suların dibinde toplanır ve orada küllerden yeniden doğarak, ikizlere benzeyen iki güzel gence dönüşürler. Beşinci gün yeniden gözüktüklerinde, insanlar onları suyun içinde insan - balık şeklinde görürler.

İkizlerin kendilerini ateşe atmalarını, inisiyatik sırların yakıcı ve aynı zamanda yapıcı özelliği olarak ele almak mümkündür. İşte bir taraftan eski birikimleri ve tortuları yakarken, bir taraftan da inisiye adayının iç potansiyal gücünün ortaya çıkmasına zemin hazırlayan bir bilginin sembolü olarak Popol Vuhta ele alınmıştır. İnsanın egoizmasıyla olan mücadelesindeki savaşı kazanması ve özellikle arınmasıyla ilgili kendi üzerinde yapa geldiği zorlu çalışmaların bir sembolü olmaktadır. Nitekim, Popol Vuh'ta, ikizlerin kendilerini ateşe atmalarından sonra, balık - insan şeklinde suyun içinden tekrar doğmaları, eski realitede ölüp, yeni realitede gözlerini açan inisiye anlatılmaya çalışılmıştır.

İkizlerin öyküsü burada bitmiyor. Ama bizim üzerinde durmak istediğimiz diğer konulara da kitabımızda yer kalması için ikizlerin öyküsünü burada bitiriyoruz...

Görüldüğü gibi mitolojik anlatımlar belli bir ezoterik bilgiyle incelendiğinde, inisiyatik bir öğretiye dahil olan bir insanın geçirdiği safhaları ve şuur halleri derhal gözlerimizin önüne serilivermektedir. Tabi bunları görebilmek için bunları açabilmek gerekir. Aksi takdirde anlatılan bütün mitolojik hikayeler, bizler için hiç bir şey ifade etmeyen bir sürü karmaşık sembollerden öteye geçemeyecektir.

VI. BÖLÜM

ERGENEKON

"Yerle gök arasında, bir kutsal kapı varmış,
Çift başlı büyük kartal, bu kapıyı tutarmış."

İslameyet öncesi Orta Asya bozkırlarında yaşamış olan Gök - Tanrı kültü, binlerce yılın sırrını bünyesinde saklıyordu. Onbinlerce yıl önce Amerika Kıtası'nda ve Mısır'da yaşanan, daha sonra da büyük bir sır olarak saklanan olayların bir benzerinin de, Orta Asya'da yaşanmış olduğunu gösteren belgeleri İslamiyet öncesi Eski Türk kültüründe buluyoruz.

İslamiyet öncesi Türk Kültür izlerinin en önemli özellikleri Eski Türk Mitolojisi'nde yer alır...

Genel olarak ele alındığında Türk Mitolojisi'nde geçen sembolleri 13 ana başlık altıda toplayabiliriz.

* Gök - Tanrı
* Gök - Kurt
* Mağara ve Kutsal Dağlar
* Demir , Demirci ve Ergenekon
* Gökyüzünden yeryüzüne inen ışıklar
* Rüyalar
* Ağaçlar
* Irmaklar

"GİZLİ SIRLAR ÖĞRETİSİ"

* Ok ve Yay
* Kırklar
* Canavarla mücadele
* Baba öldürme
* Ateş, Güneş ve Ay

Yukarda saydığınız motifler Türk Mitolojisi'nin başlıca unsurlarını ve sembollerini oluşturur. Ve herbirinin içinde derin bilgiler ve sırlar saklıdır.

...Ve her şey Kurt'la başlar...

BOZKURT

Dogon kabilesin'den Mısır'a varıncaya kadar dünyanın birçok eski toplumlarının kültürlerinde önemli bir yer işgal eden Kurt burada da karşımıza çıkar. Hem de Türk Mitolojisi'nin belki de en önemli sembolü olarak... Evet bütün Türk Mitolojileri Kurt'la başlar.

Kurt Türkler'in atasıdır... Evet böyle söyler efsaneler ve mitler... Bu nasıl bir kurttur? Kurt neyin sembolüdür? Ne yazık ki bunun üzerinde hiç ama hiç durulmamıştır... Hiç bir araştırma yapılmamıştır... Yıllardır o kurt bizim için meçhul bir sır olarak kalmıştır... Eski Türkler'in Gök - Kurt'u çoktan unutulmuş, geriye kala kala dağlarda dolaşan dört ayaklı bozkurt kalmıştır...

GÖK - KURT OĞUZ HAN'A YOL GÖSTERİYOR

Oğuz Kağan Urum illerine akın yapmadan önce bir yerde konaklamış ve derin bir uykuya dalmıştı...

Çadırları kurdurup, derin uykuya daldı.
Tam tan ağırıyordu, çadıra bir nur daldı.
Bir erkek kurt göründü, ışıkta soluyarak.
Bir kurt ki, gök yeleli.

Bir kurt ki, göm gök tüylü.
Bakıyordu Oğuz'a ışıkta uluyarak.
Döndü bu Kurt Oğuz'a tıpkı bir insan gibi.
Ağzından sözler döküldü, tıpkı bir lisan gibi.
Dedi:
'Ey! Ey! Ey! Oğuz ey. Bilirim ne dilersin. Urum'un illerinde, savaş uğraş istersin. Ey Oğuz! Askerini, ben kendim güdeceğim. Ordunun en önünde, kendim yön vereceğim.'
Toplattı çadırını Oğuz bunu duyunca.
Ordusuna gidince hayretle gördü şunu:
Bir büyük erkek bir kurt, askere öncü gibi!
Gök tüylü, gök yeleli, yol veren izci gibi!
Yürür durur önlerden.
Nihayet durdu Gök Kurt nice sonra günlerden.
Duruverdi Oğuz'un ordusu da ardından.
Bir nehir vardı. İdil - Müren adında.

Oğuz Kağan destanını binlerce yıl önce yazanlar Işık halesi içinde ortaya çıkan "Gök Yeleli", ve "Gök Tüylü" erkek kurtla acaba binlerce yıl sonrasına nasıl bir mesaj ulaştırmak istemişlerdi? Bilinen hiç bir hayvanın ışıklar içinde görünmesi mümkün olmadığına göre, bu kurtla anlatmaya çalıştıkları sır neydi?

Binlerce yıl öncesinin gizemleri arasında dolaşmaya devam edelim...

Büyük Hun İmparatorluğu kurulurken, Hunlar'dan başka Orta Asya'da güç sahibi olan başka devletler de vardı. Bunlar arasında Yüe Çiler ve Wu - Sunlar, önemli bir yer tutuyordu. Çin tarihlerinde anlatılan *"Kurt"* ile ilgili en eski efsane Wu - Sunlar'a aittir. Bu efsanede az sonra ayrıntılarıyla göreceğimiz Uygur ve Gök-Türkler'in kurtla ilgili efsanelerindeki tüm özellikler aşağı yukarı büyük bir benzerlik taşıdığı için, Wu-Sunlar'la değil, Uygur ve Gök-Türkler'le devam ediyoruz...

"GİZLİ SIRLAR ÖĞRETİSİ"

UYGURLAR'IN KURTAN TÜREYİŞLERİ

Büyük bir Hakan varmış, Gök - Tanrı'ya taparmış.
Üç güzel kızı varmış, hep evine kaparmış.
"- Benim kızlarım" dermiş, "çoktan Tanrı'ya ermiş, nasıl
bir insanoğlu, bu kızlara değermiş."
Kızları almış, gitmiş yüksek bir dağa çıkmış.
Kızları hayran kalmış, burada gök çok açıkmış.
Demiş:"- Burada bekleyin. Tanrı'ya dua edin. Eğer Tanrı
almazsa, başka illere gidin."
Kızlar çok beklemişler, "-Tanrı gelmez" demişler.
Bir erkek kurt görünmüş, kurdu benimsemişler.
Kurt dağın etrafında, dolanmış her yanında.
Küçük kızın kaynamış, bir aşk, sevgi kanında.
Küçük kız demiş: "- Budur. Tanrı'nın şekli Kurt'tur."
Kardeşleri: "- Gel" demiş. "- Bu kurt seni yer" demiş.
Fakat kız dağdan inmiş, kurt: "- Elini ver" demiş.
Kurt kızı eve almış, bir mağaraya dalmış.
Orada yaşamışlar, soyları da ün salmış.

Türk Mitolojisi'nin hemen hemen her yerinde "Kurt" sembolüyle, "Mağara" sembolleri bir arada kullanılmıştır. Aktarmış olduğum efsanede "Kurt"tan Tanrı'nın şekli olarak bahsedilmesine dikkatlerinizi çekmek istiyorum. Burada anlatılan "Kurt"tan, biz bildiğimiz kurdu anlarsak, şimdiye kadar olduğu gibi, işi arap saçına çevirmemiz kaçınılmaz olacaktır. Burada sözü edilen "Kurt" bildiğimiz kurt değildir. Maalesef bu güne kadar bu sembolün açılımıyla ilgili tek bir araştırmaya şahit olmadım. Hatta ünlü araştrmacı yazar Eric Von Daniken'le yaptığım bir röportaj sırasında aynı soruyu kendisine yöneltmiş ve kendisinden bu konuyla ilgili bir açıklama istemiştim. Ne yazık ki, bu konuda bir araştırmasının olmadığını söyledi. Halbuki araştırmış olsaydı eminim ki bu mesele, Eric Von Daniken'ın ortaya koymaya çalıştığı tezlere büyük oranda

ışık tutacaktı.
Evet bu bilmecenin çözülmesi gerekir...
Bu kurt neyin sembolüydü?

Bu büyük sırrı çözebilmek için efsaneler arasında biraz daha dolaştıktan sonra, Fransız araştırmacıların Afrika'da ortaya çıkarttıkları ve konumuzla ilintili inanılmaz bir sırrı sizlerle paylaşacağım.
Ama önce efsaneler...

GÖK-TÜRKLER'İN KURT'TAN TÜREYİŞLERİ

Gök - Türkler'in kurttan türeyiş efsaneleri; Türk Mitolojisi'nin önemli bölümünü oluşturur. Türk Mitolojisi'nde genel olarak: *"Bir millet düşmanları tarafından yok edilir ve geriye yalnızca bir çocuk kalırdı."* Türk özelliği taşıyan pek çok efsanede aşağı yukarı bu motifi bulmak mümkündür.

Çin tarihlerinden karşılaştırma yolu ile özetlenerek çıkartılan meşhur Gök - Türk efsanesi'nde de bu temayı görüyoruz:

Mete'nin Hun Devleti, tarihe karışmıştı,
Fakat büyük milleti tarihle yarışmıştı.
Bir soyu sayılırdı, Gök-Türkler de Hunlar'ın,
Adları anılırdı, bu büyük budunların.
Gök-Türkler müstakilmiş, düşmanları hiç yokmuş,
İnsanları gamsızmış, malları da pekçokmuş.
Komşu bir millet varmış, Türkleri ezip almış,
Bir kişi bırakmamış, küçük bir çocuk kalmış.
Çocuğa acımışlar, henüz on yaşındaymış,
Bataklığa atmışlar, aklı da başındaymış.
Boşalmışmış kursağı, acıkmış, ezilmişmiş,
Ama bir kurt türemiş, ağzında et getirmiş,
Sürünerek yürümüş, eti ona yedirmiş.
Zamanla evlenmişler, etlerle beslenmişler,
Kurt bir gün gebe kalmış, uluyup seslenmişler.

"GİZLİ SIRLAR ÖĞRETİSİ"

Oğlan yaşıyor diye, düşmanlar korka kalmış,
Taşıyor kurtlar diye, insanlar şaşa kalmış,
Düşman ordu göndermiş, oğlanı bulun demiş,
"Fakat kutsal bir kurt var, uyanık olun!" Demiş.
Kurt anlamış, kutsalmış, oğlanı hemen almış,
Turfan'ın kuzeyinde, mağaralara dalmış.
Mağara çok derinmiş, içi de çok serinmiş,
Kurt şöyle bir gerinmiş, sonra da dibe inmiş.
Kurt gelmiş bir ovaya, ova geniş güzelmiş,
Ovanın etrafından, dağlar göğe yükselmiş.
Kurt konmuş bu ovaya, vatan demiş oraya,
On erkek çocuk doğmuş, kavuşmuş bir yuvaya.
Çocuklar beslenmişler, büyüyüp eğlenmişler,
Dışardan on kız almış, onlarla evlenmişler.
On çocuk, "On boy" olmuş, boylar da bir soy olmuş,
Türemiş çoğalmışlar, bu ova insan dolmuş.
Dağları eritmişler, Dünya'ya erişmişler,
"Demirci" olmuş kalmış, bu işe girişmişler.

Çin tarihçileri'nin yazdıkları Gök-Türkler'in "Türeyiş Efsanesi" burada bitiyor. Çinliler bundan sonra daha neler olduğunu açık olarak yazmıyorlar. Bu efsanenin son bölümlerini de, çok sonraları Cengiz Han çağında anlatılan "Ergenekon Destanı"ndan duyup öğreniyoruz.

EFSANENİN DÜŞÜNDÜRDÜKLERİ

Büyük Hun Devleti'nde, bizzat Hun hükümdarının başkanlık ettiği bazı törenler vardı. Bu törenlerden en önemlisi, yılın belirli günlerinde devletin ileri gelenlerinin toplanarak *"Ata Mağarası"* na gitmeleri, bu mağaraya saygı göstermeleriydi. Gök-Türk Devleti'nde de aynı törenlerin yapıldığı bilinmektedir. Eski Türk Devletleri'nin hemen hepsinde "Kutsal Mağaraları" ve bu mağaralar için yapılan resmi törenler; inançlarında önemli bir yer tutmuştur.

İşte bir başka örnek:

Bir dağ var yükselmişti, başı göğe ermişti,
Çadır direği gibi, gök kubbesin germişti.
Bazen demirden idi, bazen bakırdan idi,
Kökünü yere salmış, kapısı yerde idi.
Demirdenmiş çatısı, mağaraymış kapısı,
Altında "cennet" varmış, yerin buymuş yapısı.

Türk Mitolojisi'nde geçen "Kurt" sembolünü incelemek amacıyla verdiğimiz örnekler bizi ister istemez *"Mağara"* sembolüyle karşı karşıya getirdi. Kurt sembolüne yeniden dönmek kaydıyla "Mağaralar"ın gizemini biraz açmaya çalışalım...

GİZLİ YERALTI MERKEZLERİ

Lobsang Rampa "Üçüncü Göz" adlı eserinde, inisiyasyonun son aşamasına ulaştıktan sonra, üç Lama'nın kılavuzluğu ile Lhasa'da, toprağın derinliklerinde yer alan bir mahzene indirildiğini anlatır.

Arkeolojik kazılarda bulunan, Hindistan ve Tibet kaynaklı bazı gizli yazıtlarda Orta Asya'nın altındaki, son derece ileri seviyeli bir uygarlığın varlığından sözedilmektedir. Bu bilgileri efsaneler de doğrular... Günümüze kadar gelebilen bütün ezoterik bilgilerde de bu konu dile getirilmiştir. Himalayalar'ın kuzeyinde, Hindukuş Dağları'nın altında bazı yeraltı kentlerinin bulunduğu açıkça ifade edilmiştir. Bu kente yeraltı cenneti adı verilmiş olması da hayli ilginçtir. Çünkü az önce sizlere aktarmış olduğum Altaylılar'a ait efsanede de dikkat ettiyseniz aynı sözcük kullanılmıştı:

Demirdenmiş çatısı, "mağara"ymış kapısı,
Altında "cennet" varmış, yerin buymuş yapısı.

"GİZLİ SIRLAR ÖĞRETİSİ"

Elde edilen bilgilere göre, bu yeraltı cennetini, dünyanın yüzeyi ile nadiren irtibat kuran altın insanlar ırkı iskan etmektedir. Zaman zaman, bir çok yönlerden yukarıya doğru uzanan tünellerden geçerek dış dünyaya çıktıkları ve bazı kişileri özel olarak eğitmek için yanlarına aldıkları söylenir. Tünellerin girişlerinin, Doğu'nun kadim kentlerinin bazılarında saklı olduğu tahmin edilmektedir.

Sovyet bilginleri, bundan yaklaşık 20 sene önce Azarbeycan'da bulunan "Dipsiz Kuyu" ile bir hayli ilgilenmişlerdi. Çevre sakinlerinin belirttiklerine göre, bu kuyudan, insan seslerinin yanı sıra, gök gürültüsüne benzer sesler çıkmakta ve zaman zaman da duvarlarında yeşilimsi - mavi bir ışık görülmüktedir. Konuyla ilgili olmak üzere, Peter Kolosimo "Zamansız Dünya" adlı kitabında akıllara durgunluk veren bir gelişmeden söz eder:

"İlk başta bilginler bu gibi belirtilerin sık sık görüldüğünü ve doğaüstü bir yanı olmadığına inanıyorlardı. İçlerinden birkaçı, kuyuya indiyse de sonunu göremediklerinden, çevreyi incelemeyi tercih ettiler. Çevredeki yarıkları incelerlerken, kuyu ile herhangi bir bağlantı bulmayı umuyorlardı. Nitekim beklemediklerinden de fazlasını buldular. Burada, Gürcistan'da bulunan ve Kafkaslar boyunca uzanan, daha başka tünellerle bağlantılı olduğu ortaya çıkan, akıl almız bir tüneller şebekesi mevcuttu."

Tünellerin çok eski dönemlerde, son derece ileri seviyeli zeki bir uygarlık tarafından yapılmış olduğuna şüphesi olmadığını söyleyen Peter Kolosimo, aynı kitabında, bu tür yapay galeri şebekelerine, daha sonra yapılan araştırmalar sırasında Gürcistan'da ve tüm Kafkas bölgesinde de rastlandığına değinmiştir.

Bu yeraltı galeriler şebekesinin bir başka ilginç örneklerinden biri olan Türkistan'daki mağaralı tapınaklar vahası, Tun-Huang'daki "Bin Buda Mağarası" diye bilinen yapay mağaralar topluluğudur. Bu konuyla ilgili Peter Kolosimo, "Bu Dünya'dan Değil" adlı kitabında şunları söyler:

"İlk mağaraların Budist keşişler tarafından değil de, buraya onlardan birkaç bin yıl önce gelmiş olan birileri tarafından kazıldığı; bu mağaraların, Orta Asya'nın geniş bölgeleri altında uzanan ve bir dünya dışı ırkın hayal bile edilemeyecek bilim sırlarını koruyan efsanevi Şambala ve Agarta uygarlıklarının tünelleri olan galeriler labirentine bağlandığını; hatta galerilerin ilk bölümünün kimi Budist rahipler tarafından aşağıda gizlenmiş hazineleri, haydutların eline geçmesin diye çökerttikleri söylenmektedir."

Asya'daki tünellerin benzerleri, hatta tıpa tıp aynıları Amerika Kıtası'nda da bulunmaktadır. Özellikle İnkalar tarafından bu tüneller kullanılmaktaydı.

İşin bir başka ilginç yönü de, yüzlerce kilometrelik alanlara yayılan bu tünellerin ve yeraltı galeriler şebekelerinin Anadolu'nun muhtelif yörelerinde de bulunmuş olmasıdır. (Bunların yerleri ve ayrıntılarıyla ilgili bilgilerin burada açıklanması, Milli Güvenlik açısından uygun bulunmayacağı düşüncesiyle kitabımızdan çıkartılmıştır.)

Yeraltı galeriler şebekeleriyle ilgili örneklerden biri de, Brezilya ormanları altında, Amazon bölgesinde birçok araştırmacıların belirtmiş olduğu labirentler, yapay mağara sistemleri tüm görkemiyle uzanmaktadır. Bölgedeki yerlilerin inançları ise, bize ilginç çağrışımlar getirmektedir: Yerlilerin efsanelerine göre: *"Çok uzaklardan gelen Tanrısal varlıklar, buralara sığınmış, dehlizlerle Yer'in kaynayan merkezine kadar inmişler ve orada yerleşmişlerdir..."*

Mayalar'da da buna benzer efsanelere rastlıyoruz... Bir Maya efsanesine göre: *"Yukatan'da dünyanın merkezine varan bir kuyu vardır."*

Tibetliler'e göre bu yeraltı galerileri; meçhul bir halkın, müthiş bir felaketten hayatta kalan son temsilcilerine sığınak olan kentlerdir.

Bundan binlerce yıl önce Sanskrit dilinde yazılmış metinlerde, yeraltında yaşayan bilge kişilerden sözedilmesi de, konunun ciddiyetle ele alınması gerektiğini gözler önüne sermesi bakımından ayrı bir öneme sahiptir.

Avusturalya UFO Araştırma Derneği Başkanı Andrew Thomas "Şambala" adlı kitabında: *"Değerli taşlarla aydınlatılmış görkemli mağaralarda yaşayan, 'Yılanlar Irkı'ndan olan Nagalar'ın varlığı, Hindistan'ın eski bilgi kaynaklarında kesin bir biçimde belirtilmiştir"* demektedir.

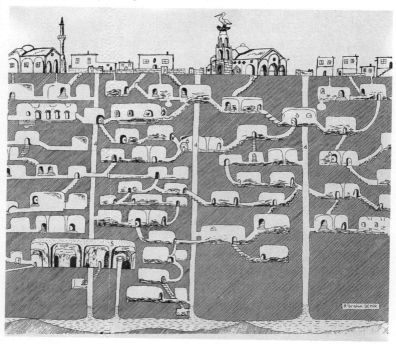

Nevşehir'de bulunan Derinkuyu Yeraltı Kenti'nin tespit edilebilen sadece çok küçük bir kısmıdır. Kilometrelerce uzaklıktaki başka merkezlerle de bağlantıları bulunduğu tespit edilen Derinkuyu Yeraltı Kenti Anadolu'nun başlı başına büyük bir gizemidir.

EZOTERİK BİLGİLER VE MİTOLOJİLER BİZİ AYNI YERE ÇIKARTIYOR

Mitolojilerde geçen mağaraların niçin kutsal sayılmış olabileceğini ortaya çıkartabilmek için yaptığımız bu açıklamaların ışığında bazı ezoterik bilgileri de gözönüne alırsak, sanırım bu mesele hepimizin zihninde iyice aydınlanmaya başlayacaktır.

Kitabımızın daha önceki bölümlerinde de dile getirmiş olduğumuz gibi, şu andaki bizim uygarlığımızdan hem teknolojk, hemde psişik alanda çok daha ileri seviyeli bazı uygarlıkların (Mu ve Atlantis) daha sonraları bizim kıtalara göç eden kolları bulunduğuyla ilgili kanıtlar, konuya bilimsel bir açıklama getirecek niteliktedir. İşte bu uygarlıklardan gelen bazı temsilcilerin özellikle Orta Asya'nın içlerinde yeraltında oluşturdukları kentlerde hâlâ yaşamaya devam ettikleriyle ilgili çok ciddi iddialar ve kanıtlar bulunmaktadır. Agarta adı veriler bu uygarlığın, zaman zaman bazı kişileri özel olarak eğittikleri de bilinmektedir. Nitekim bu husus birçok toplumun geleneksel kültürlerinde ve inançlarında günümüze kadar yaşayarak gelmiş durumdadır. Bu bir...

Mağaraların kutsal sayılmasının bir ikinci nedeni de, bir zamanlar inisiyatik çalışmaların gözlerden uzak yerlerde, örneğin bazı dağlardaki doğal veya yapay mağaralarda gerçekleştirilmiş olmasıdır. Bunun böyle olması, buralara daha sonraları halk tarafından özel bir anlam, yani kutsiyet yüklenmiş olabileceği ihtimalini arttırmaktadır. Bu da iki...

Görüldüğü gibi Eski Türkler de dahil olmak üzere, dünya üzerinde bir zamanlar yaşamış olan birçok toplum, bu hatıraları sembolik bir dille mitolojilerinde yaşatarak günümüze kadar ulaştırmışlardır. Diyelim... Ve biz yine yarım bıraktığımız Kurt sembolüne geri dönelim...

KURT'UN SAKLADIĞI BÜYÜK SIR

Eski Türk Kültürü'nü araştıranların yakından bildiği bir özelliğin altını çizerek, konuyu açmaya çalışalım...

Verdiğimiz örneklerden de görüleceği üzere Eski Türkler kurdu bazen soylarının kökeninde, bazen de tanrıyla insan arasında görmüşlerdir. Hatta kurdu tanrının yeryüzündeki şekli olarak bile ifade eden metinlere rastladığmızı hatırlarsınız. Türk Kültürü'nde "kurdu" Tanrı'nın bir elçisi gibi de gören anlayışın oldukça hakim olduğu bilinmektedir. Prof. Dr. Bahattin Ögel, Milli Eğitim Bakanlığı Devlet Kitapları Yayınları'ndan çıkan "Türk Mitolojisi" adlı kitabında bunu ayrıntılarıyla ele almıştır.

Kurt'un kutsal sayılması sadece Türkler'e özgü değildir. Örneğin, Roma Mitolojisi ve Mısır Mitolojisi "kurt" ya da kurda çok benzeyen dik başlı "siyah köpek" sembolleriyle aynı temaları kendi üslupları içinde işlemişlerdir. Dünya üzerinde birçok toplumda kurt sembolünün karşımıza çıkması onun evrensel bir sembol olduğu gerçeğiyle bizi karşı karşıya getirir.

Birçok toplumun inançlarında ve mitolojilerinde yer alan bu sembolün içinde gizlediği sırrın ne olduğunun ortaya çıkması, hiç umulmayan bir toplum tarafından gerçekleştirilmiştir diyebilirim. Evet, birçok yerde kurt sembolüyle karşılaşılıyordu ama bu sembolle anlatılmak istenen gerçek, hiç bir yerde açık bir tarzda dile getirilmiyordu. Bu sır, Afrika'daki bir kabilenin inisiyatik bilgilerinin içinde bulunmuştur. Bu kabilenin adı Dogonlar'dı...

DOGON KABİLESİ'NDEKİ SIRRIN ORTAYA ÇIKIŞI

Dogonlar, Afrika'nın Mali Cumhuriyeti'ne bağlı sayıları 300.000 civarında bulunan bir kabiledir. Afrikanın ücra bir köşesinde, siyah kıtanın tarım ve hayvancılıkla uğraşan milyonlarca zencisi gibi sade bir yaşantı sürdüren, kendi halinde bir kabile olan Dogonlar hiç bir teknolojik imkana sahip değildir.

Çadırlarda yaşayan ve hiç bir gelişmeden yararlanamayan bu kabileyi ilk araştırmak isteyenler; ilkellerin dünyasını, Avrupa'ya ve Amerika'ya tanıtmak için oraya gitmişlerdi... Evet... Bu ilkel kabile insanları nasıl yaşıyorlardı... İlkellerin dünyasına gidip geçmişe bir yolculuk yapalım diyerek bazı araştırmacılar balta girmemiş ormanların derinliklerine dalmışlardı...

Bu amaçla yola çıkılmıştı ama kendilerini orada hiç akıllarına bile getiremeyecekleri ve insanın tüylerini ürperten bir takım şeyler bekliyordu... Orada karşılaştıkları şeyleri, birçok bilimadamı günümüzde hâlâ açıklayamamaktadır!...

Oraya giden araştırmacılar ilk olarak onların mitolojik bilgilerini gözden geçirmeye başladılar. İşte her şey ondan sonra başladı...

Çadırlar içinde yaşayan ve avcılıkla beslenen bu ilkel insanlar!, Dünya gezegeninin hareketlerini, Güneş'in hareketini, Jüpiter'in uyduları olduğunu, Satürn'ün halkası olduğunu, Ay'da kraterler bulunduğunu bilmekteydiler...

Bunları nereden öğrendikleri sorulduğunda ise verdikleri cevap insanın kanını donduruyordu:

"...Atalarımızdan öğrendik..."

Bu bilgileri teleskop gibi yüksek bir teknolojinin ürünü olan, araç gereçler olmadan bilebilmek imkansızdır. Oysa Dogonlar ne teleskoba, ne de gözlem evine sahip değillerdi...

Dogon Kabilesi'ndeki bu gizem perdesiyle karşılaşan araştırmacılar, bu konunun ciddi bir şekilde ele alınması gerektiğine dair bir rapor hazırladılar.

Bunun üzerine çeşitli uzmanlardan oluşan bir ekibin Etnografik incelemelerde bulunması için derhal Afrika'ya yollanma-

"GİZLİ SIRLAR ÖĞRETİSİ"

sına karar verildi.

1930 yılında Fransız bilgin Prof. Marcel Griaule ve Prof. Germaine Dieterlen denetiminde çalışmalarına başlayan ekibin ilk incelemelerinin sonunda, Fransa Milli Egitim Bakanlığı konuya el attı. Çalışmaların sürdürülmesi için Prof. Marcel Griaule ve Prof. Germaine Dieterlen'e her türlü desteğin verilmesine karar verildi.

Araştırmalar ilerledikçe konunun üzerindeki esrar perdesi de büyümeye başlıyordu... Belli bir noktadan sonra araştırmacılar işin içinden çıkamaz bir hale geldiler... Dogonlar'ın evren bilgileri Güneş Sistemi'nin dışına taşıyordu. İşin içinde büyük bir sır vardı. Ve bu, bir çırpıda çözülebilecek gibi değildi. Nitekim araştırmalar yıllarca devam etti...

Prof. Marcel Griaule, Dogon rahiplerince inisiye edilmeye başlandı. 1956 yılına kadar devam eden bu çalışmalar sürekli olarak Fransa'ya raporlar halinde sunuldu. Ortaya çıkan gerçekler karşısında, bilim adamları ne diyeceklerini bilemez bir hale geldiler.

Prof. Marcel Griaule ve Prof. Germaine Dieterlen'in elde ettikleri belgeler Fransız Etnoloji Enstitüsü'nce "Soluk Tilki" adlı bir kitapla yayınlanarak tüm kamuoyuna duyuruldu. Kitap geniş yankılar uyandırdı.

Herhangi bir yazı çeşidi kullanmayan Dogonlar, atalarından öğrendikleri sırları, kendilerine özgü sembolik şekillerle muhafaza etmişler ve bu sembollerin anlamlarını kuşaktan kuşağa sözel olarak aktarmışlardı.

Dogonlar'ın evren hakkındaki binlerce yıldır bildikleri bilgiler; bugünkü astronomi bilgilerimizle hemen hemen aynıydı. Örneğin 8.6 ışık yılı uzaklıkta bulunan Sirius Yıldızı'nın çift yıldız sistemi olduğunu, Akcüce olan bileşeni Sirius - B'nin çok ağır bir yıldız olduğunu, spiral galaksimizin dışında, başka spiral galaksilerin de bulunduğunu da bilmekteydiler. Şunu da unutmamak gerekir ki, Galaksiler'in spiralliği konusundaki ilk kanıt, Mont-Wilson gözlemevinden Astronom Hubble tarafından 2.5 m'lik bir teleskopla Andromeda Galaksisi'nin fotoğrafının çekilmesiyle 1924'de elde edilebilmişti... Burada hemen ilave edelim, Dogonlar'ın bildirdikleri, bildiklerinin sadece bir kısmıdır. Dogon rahiplerinin tüm sırlarını açıklamadıkları konusunda araştırmacılar fikir birliği etmişlerdir.

Gerekli hiç bir teknik araç gerece sahip olmayan ve uygarlığımızın ancak 1930'larda temasa geçtiği Dogonlar bu kadar bilgiyi nereden elde etmişlerdi? Bu soru, 1930'dan beri birçok bilimadamının kafasını kurcalayan ve Dogonlar'ın bilgilerinde Dünya-Dışı bir köken görmek istemeyen bilim adamlarınca, halen açık bir cevap verilememiş bir sorudur...

Buna karşılık, Dogonlar'ın bilgilerini Dünya-Dışı bir kökene bağlayan birçok araştırmacı, Dünyamız'ın geçmişte Sirius Sistemi'ndeki bir gezegenden kalkan ve ışık hızına yakın bir hızda yolculuk yapan bir uzay gemisince ziyaret edildiği görüşünde birleşmiş bulunmaktadırlar.

Bu görüşü Dogonlar'ın da desteklediği görülmektedir. Çünkü Dogonlar, uzay gemisiyle inen mitolojik bir atalarının soylarından geldiklerini söylüyorlardı. Ve bu uzaylı atalarının geldikleri yıldızı da açıkça iffade etmekteydiler:

SİRİUS -B...

Ve işin en ilginç tarafı da, bu yıldızı Mitollojik sembollerinde bir *"Kurt"* başıyla sembolleştirmişlerdi.

Şimdi sıkı durun...

İşin bir başka ilginç yanı da, günümüz Astronomi Bilimi'nin, Sirius Yıldızı'nın bağlı bulunduğu takım yıldızına, gökyüzündeki görünümünden dolayı "Büyük Köpek Takım Yıldızı" adını vermiş olmasıdır!...

Ne dersiniz bütün bunlar sadece basit bir tesadüf mü?

Türkler'in Uzaydan gelen bir ışık huzmesinin içinden çıkan Gök-Kurt'u binlerce yıl önce ataları olarak göstermeleriyle,

"GİZLİ SIRLAR ÖĞRETİSİ"

Dogonlar'ın ellerindeki bu sırlar arasında büyük bir benzerliğin ve paralelliğin olduğu açıkça ortada değil midir?. .Ne ilginçtir ki; ne Dogonlar Türkler'den, ne de Türkler Dogonlar'dan haberdar değillerdi. Hatta ömürleri boyunca bir birlerini hiç bir zaman görmemişlerdi.

Aslında bu benzerlik sadece Dogonlar'la Türkler arasında değil, diğer birçok toplumun mitolojisinde ve kültürlerinde de de bulunmaktadır. Örneğin Roma Mitolojisi'nin en temel sembollerinden biri, iki küçük çocuğu emziren "Kurt"tur.

Eski Mısırlılar'a göre de Sirius gökteki en önemli yıldızdı. Hatta takvimleri bile Sirius Yıldızı'nın hareketlerine göre düzenlenmiştir.

Kur'an-ı Kerim'de de Sirius yıldızı ile ilgili ayetler bulunmaktadır. Başka bir konuda buna değineceğimiz için sözü daha fazla uzatmayalım ve Türk Mitolojisi'nde geçen Gök-Kurt sembolünü burada bırakıp yolumuza devam edelim...

BABALARINI ÖLDÜREN KAHRAMANLAR

Türk mitolojisi'nde işlenen önemli motiflerden bir diğeri de "Baba Öldürme" sembolüdür...

Çin tarihçilerinin verdikleri mitolojik bilgilere göre, Büyük Hun İmparatoru Mete, Oğuz Han gibi kendi babasını öldürmüştü.

Diğer toplumların mitolojilerinde de karşımıza çıkan bu motif üzerinde de maalesef yurdumuzda hiç bir ciddi araştırma yapılmamıştır. Bu yüzden de tatmin edici hiç bir açıklama getirilememiştir. Hatta bir Türk kahramanının babasını öldürmüş olması, milliyetçi birçok araştırmacıyı rahatsız etmiş ve bu konu üzerinde fazla durmamayı tercih etmişlerdir. Oysa ki mesele onların zannettikleinden çok farklıydı. Ama diğer sembollerde olduğu gibi, bu sembol üzerinde de, karşılaştırmalı bir araştırma yapılmadığı için, konu binlerce yıl öncesinin karanlıkları arasında sıkışıp kalmıştır...

Baba Öldürme Motifi üzerine yapılan dünya üzerindeki ilk araştırmalardan çıkan sonuç; erkek çocukların şuuraltlarında saklı bulunan hislerin masallardaki birer görüntüleri olarak kabul edilme istikametindeydi. Yunanistan'da da Kral Odip babasını öldürmüştü... Daha sonraları Psikoloji üzerindeki tezleriyle tanınan Freud'un "Odipus Kompleksi" adıyla ortaya koymaya çalıştığı fikirlerini, bu olayın bir izahı tarzında görmeye çalışan bazı mitoloji araştırmacılarının açıklamaları bir müddet doğru olarak kabul edildi. Ancak dünya üzerinde yapılan en son araştırmalar, bu açıklamaların gerçeği yansıtmadığı sonucunu ortaya çıkartmış durumdadır.

***

Manas Han'ın oğlu Semetey doğmuş ve epeyce de büyümüştü. Ama ona hiç kimse bir ad bulamıyordu. Günün birinde ansızın *"Gök-Sakallı"* bir ihtiyar ortaya çıkar ve onu kucağına alarak kendisine Semetey adını verir. Daha sonra da bir şiir okumaya başlar:

"...Semetey öyle büyük,
öyle korkunç bir bahadır olacak ki,
babasını bile öldürecek..."

Bilinen anlamda bir çocuğun babasını öldürmesi hiç de arzu edilen bir sonuç olamayacağına göre, bu konunun ardında yatan gerçek neydi? Çünkü baba öldürme adeta gurur duyulan bir mesele olarak mitolojilerde gündeme getirilmiş durumdadır.

İslam'ın kitabı Kur'an-ı Kerim'de aktarılan yeni bilgilerle ilk defa karşılaşan insanlar, *"Bize anamız babamız ne öğrettiyse biz onu biliriz, öyle hareket ederiz"* tarzında sözler söylemişler ve bu durum bazı ayetlerde dile getirilmiştir. Aslında burada anlatılmak istenen mesele, isanların eski bir realiteyi terk edip, bir üstüne çıkabilmelerinin gerektiğidir. Burada ana ve baba eski anlayışları sembolize etmektedir. Çocuk ise yeni

"GİZLİ SIRLAR ÖĞRETİSİ"

anlayış ve yeni bilgilerin sembolüdür.

Kısaca toparlayacak olursak, Türk Mitolojisi'nden verdiğimiz örneklerde karşımıza çıkan "Baba Öldürme" motifi eski realitenin yani eski anlayışların terk edilmesinin bir ifadesi olduğunu söyleyebiliriz. Bu açıklama inisiyatik öğretilerde konu edilen *"Mürşidin (hocanın) Öldürülmesi"* sembolüyle de benzerlik gösterir. İnisiyasyonun sonlarına doğru öğrenci belli bir noktada öğretmeninden yani mürşidinden ayrılarak kendi ayakları üzerinde yürüyebilecek bir konuma gelmesi gerekmekteydi. O ana kadar tüm bilgi ve tesirleri öğretmeninden alarak beslenen öğrenci, artık kendi kendine beslenmek yani kendi de bir öğretmen olmak zorundadır. Aynen uçması için yuvadan kendini boşluğa bırakan yavru kuşlar gibi kendisini gökyüzüne teslim etmeliydi. İnisiyasyonnun bu safhasına *"Mürşidin Öldürülmesi"* adı verilmiştir. İnisiyasyonun bir yansıması olan mitolojilerde ise bu husus, *"Baba Öldürme"* sembolüyle anlatılmıştır.

GÖKLERİN SESİ HALA DUYULUYOR

Türk Mitolojisi'nin diğer motiflerine geçmeden önce önemli gördüğüm bir noktanın altını çizmek istiyorum...

O ilk devirlerde ortaya çıkan Oğuz Kağan Destanı ve diğer benzerleri, daha sonra gelen Türk toplumları tarafından, İslami düşünceye uymuyor gerekçesiyle tahrip edilip, sözüm ona fazlalıkları ve olağanüstü tarafları, akla uymayan yanları değiştirmemiş olsaydı, bugün belki de elimizde çok daha kapsamlı ve "Gökler'in Sesi"ni çok daha derinden hissedebileceğimiz kaynaklar olabilirdi. Ama bu haliyle bile "Gökler'in Sesi" yüzyılların ardından kendini hissettirmeye devam etmektedir...

***

"Gök mavisiydi sanki, bezi bu oğlancığın,
Ağzı kıpkızıl ateş, rengi bu oğlancığın,
Al, al idi gözleri, saçları da kapkara,
Perilerden de güzel, kaşları var ne kara."
Türk Mitolojisi, Oğuz Kağan'ın doğuşunun kutsal bir şekilde olduğunu söyler. Nitekim Oğuz Kağan daha doğumunun ilk anından itibaren bir dizi normal ötesi olaylarla iç içe yaşamaya başlar...

"...Gök mavisiydi sanki, bezi bu oğlancığın..."
Hemen şunu söyleyelim: Yüz, Eski Tükler'e göre insanın en önemli yeriydi. Utanç, kötülük, iyilik ve hatta kutsallık bile insanın yüzüne akseden özelliklerdi. Bu sebeple kötülerin yüzü kara, iyilerin yüzleri ak, kutsal insanların yüz rengi ise "Gök Mavisi" olarak mitolojide sembolleştirilmiştir.

Eski Türkler, Oğuz Kağan'ın doğarken yüzünün gök renginde olmasını, onun gökten geldiğini ve Tanrı'nın rengini taşıdığını gösteren bir belirti olarak saymışlardır.

Gelelim Oğuz Kağan'ın ağzının ateş rengine benzetilmesine...

ATEŞ SEMBOLÜ YİNE KARŞIMIZA ÇIKIYOR

Eski bir Altay Efsanesi'nde konumuza örnek olacak bir bölüm vardır:
"Ak Han avlara gitmiş, çok geyik hayvan yıkmış,
Küçük bir çocuk, Ak Han'a karşı çıkmış.
Çocuk ağzını açmış, ağzından alev saçmış,
Gökteki bulut yanmış, Hakan da hemen kaçmış."
Türk Mitolojisi'nde buna benzer örneklerle oldukça sık karşılaşılır.

Çocuğun ağzından ateşler çıkması ve Oğuz Kağan'ın ağzının ateş rengine benzemesi neleri ifade etmektedir? İlk bakışta yine hayal ürünü bir masala benzetilebilecek motif gibi görün-

131

mektedir.

Bu meseleyi biraz açalım...

Daha önceki bölümlerimizde de söylemiş olduğum gibi, eski inisiyatik çalışmalarda mürşidin müridi öpmesinin çok önemli bir yeri vardı. Bu, temeli çok eskilere dayanan, tesirin nefes yoluyla aktarılabileceği bilgisinin bir uygulamasıydı. Mürşit kendi bilgilerinden doğan kendi manyetik tesir alanını, henüz daha o olgunluğa ulaşmamış olan müridine aktarmakla görevliydi. Bunu yapmanın yollarından bir tanesi de onu öpmesi yani nefesiyle kendi enerjisini müridine geçirmesiydi.

Nitekim, belirli zamanlarda insanların birbirlerini kutlamak ya da saygı ve sevgilerini göstermek amacıyla birbirlerini öpmelerinin ardında yatan gerçek de, bu bilgiye dayanmaktadır. Fakat zamanla bu köken unutulmuştur.

Ayrıca yeri gelmişken hemen belirtelim ki; bir hastalığın iyileştirilmesi amacıyla okuyup üflemenin de altında yatan gerçek, yine şimdi ifade etmeye çalıştığım bu inisiyatik kökenli bilgiye dayanmaktadır. Ancak gerçek kıymetini günümüzde kaybetmiş durumdadır. Çünkü bu da köken itibariyle unutulmuş bilgiler arasında yerini almış ve batıl bir inanç olarak ya da dinsel majik bir uygulama gibi görülmeye başlanmıştır. Oysaki kökeni görüldüğü gibi ne dinsel majik bir uygulamaya, ne de batıl, boş bir inanca dayanmaktadır. Altında yatan ilk gerçek bambaşkadır...

Konuyu biraz daha açarak ilerleyelim...

GERÇEK HER YERDE AYNIDIR

İncil'de Vaftizci Yahya'nın bir sözü şöyle aktarılmıştır:

"Gerçi tövbe için su ile ben sizi vaftiz ediyorum; fakat benden sonra gelen, benden daha kudretlidir; onun çarıklarını taşımaya ben layık değilim; o sizi Ruhülkudüs ile ve ateş ile vaftiz edecektir. Onun yabası elindedir ve harman yerini bütün

bütün temizleyecektir; buğdayını ambara toplayacak, fakat samanını sönmez ateşle yakacaktır." (Matta 3/11-12)

Ateş sembolünün ilk bakışta aktarmak istediği bilgiyi; pislikleri yok etme olarak ele alabiliriz. Ateş fiziksel olarak yakıcı özelliğiyle mikropları yok eder. Bu fiziksel olarak böyle olduğu gibi, manevi temizlenmede de, sembol olarak "ateş" seçilmiştir. Daha önce değinmiştik...

Hemen hemen bütün toplumlarda arınmanın sembolü olarak ele alınan "ateş", o denli önemli bir sembol olmuştur ki, daha sonra gelenler, o insanların adeta ateşe taptıklarını zannetme hatasına bile düşmekten kendilerini alamamışlardır.

Asıl köken unutulsa da, tüm tarih kitapları Türkler'in ve Şaman dinine bağlı bulunan o devirdeki toplumların ateşi kutsal saydıklarını söyler... İşte bunlardan birkaç örnek:

Yakut Şamanları çakmak taşıyla yaktıkları ateşi kutsal sayarlar ve ayinlerde kullanırlardı.

Altaylılar'ın ateşe karşı yaptıkları dualarda ateşi güneş ve aydan ayrılmış bir parça olarak görürlerdi. Ayrıca ateşin Tanrı Ülgen tarafından gönderildiğine inanırlardı. Ateşi su ile söndürmek, ateşe tükürmek, ateşle oynamak kesin olarak yasaktı.

Orta Asya Türkleri'nde çok yaygın olarak, ateşe bakarak kehanette bulunma adetinin varolduğunu da biliyoruz. Örneğin Manas'ın babası Cakıp Han ateşe bakıp, gelinlerinin geleceklerini anlatırdı.

Yine bir başka Şamanist inanca göre; ateş her şeyi temizler ve kötü ruhları kovalardı.

VI. yüzyılda Batı Gök-Türk hakanına gelen Bizans elçileri ateşler arasından geçirildikten sonra görüşmeye kabul edilmişlerdi.

Başkurtlar ve Kazaklar yağlı bir paçavrayı tutuşturup hastanın çevresinde "alas... alas..." diyerek dolaştırırlardı. Buna "alaslama" derlerdi ki, bu kelime Anadolu Türkçesi'nde "alazlama" şeklinde muhafaza edilerek günümüze kadar gelebilmiştir. Ateşte temizlenme anlamına gelen bu kelime Altay Şa-

"GİZLİ SIRLAR ÖĞRETİSİ"

manları'nın dualarında çok sık geçerdi.

Son olarak Şamanistler'in yaptığı her törende muhakkak ateşin bulunduğunu söyleyerek, tekrar Oğuz Kağan destanındaki bahsedilen Oğuz'un ağzıyla nelerin ifade edilmek istendiğini düşünecek olursak, bu motifin Oğuz Kağan'ın kahramanlığını ve gücünü gösteren bir sembol olduğunu söyleyebiliriz. Bu güç, -inisiyatik bir eğitimden geçenlerde ortaya çıkanonun ruhsal ve manyetik gücüdür.

Burada bizim dikkatimizi çeken bir başka nokta da, Altay Efsanesi'ndeki çocuğun ağzından bu ateşin ve alevlerin çıkmasıdır. Yani bu kudrete sahip olan hiç belli değil. Hiç ummadığınız biri olabiliyor. Burada çocuk motifiyle, aynı zamanda inisiyasyonda çocuklar kadar saflaşma hali de anlatılmak istenmiş olabilir. Eski ezoterik öğretilerde bu ayrıntılarıyla ele alınmış olan bir meseledir. Çocuk saflaşmanın ve sadeleşmenin yani ayrıntılardan kurtularak birliğe doğru gidişin de bir sembolü olarak kullanılmıştır. Buna en iyi örneklerden biri de İsa peygamberin söylemiş olduğu sözdür:

"Çocuklar kadar saf olmadıkça melekuta giremezsiniz."
Demek ki ne kadar saflaşabilirsek, astral tortularımızdan ne kadar kurtulabilirsek; manyetik enerjimiz o kadar kuvvetlenmektedir.

ŞEYTANIN İZLERİ

Oğuz Kağan'ın vücudunun, efsanede tüylerle kaplı olduğu söylenir. Bununla ilgili olarak, Eski Türkler'in kültür ve inançlarını anlatan tarihi kaynaklarda, ilk insanın tamamıyla tüylü olduğuna inanıldığı anlatılır.

Altaylar'da yaşayan birçok efsanede, bu konu ile ilgili sayısız örneklere rastlanır:

"Tüylerle kaplı olan ilk insan, Tanrı'ya karşı günah işlemiş ve bundan dolayı da tüyleri dökülmüştü. Tüyleri dökülünce de

insanoğlu, bir türlü hastalıklardan kurtulamamış ve ölümsüzlüğü elinden kaçırmıştı."

İnsanlığın mükemmelliyetten uzaklaşmakta olduğunu yani aşağı inişini anlatan bölümleriyle efsane devam eder:

"Tanrı insanı yaratırken, şeytan gelmiş ve insanın üzerine tükürerek, her tarafını pislik içinde bırakmıştı. Tanrı da insanın dışını içine, içini de dışına çevirmek zorunda kalmıştı."

Bu suretle insanın içinde kalan şeytanın pisliği, insanoğlunun ruhunu ve ahlakını olumsuz yönde değişikliğe uğratmıştı. İnsanın dışı gerçi Tanrı yapısıydı ama içi şeytan tarafından kirletilmiş ve şeytana benzer bir özelliğe bürünmüştü.

Burada, "Tüy"ün gerçeğin sembolü olduğu hatırlanırsa, gerçekle irtibatını kaybeden günümüz insanının durumunun son derece ince bir üslüpla anlatılmakta olduğu anlaşılacaktır.

Bu efsane günümüz insanının temel özelliği olan, bilgisizliğini ve egoizmasını anlatması bakımından da, ayrı bir öneme sahiptir.

Gerçekten de öyle değil miyiz, ne dersiniz?... İçimizden gelen egoistçe haykırışlardan kendimizi, bu Eski Türk inancının üstünden binlerce yıl geçmesine rağmen kurtarabilmiş durumda mıyız? Hala içimizde, o şeytanın izlerini taşımıyor muyuz?

FETHEDİLECEK ÜLKE İNSANIN KENDİSİDİR

İnisiyasyonun tüm safhalarını sembollerle anlatan efsanelerden biri olan Oğuz Kağan Destanı'nın daha sonraki bölümlerinde, Oğuz Kağan'ın korkunç bir canavara benzeyen gergedanla mücadeleleri ele alınır. Canavarla mücadele motifinin ne anlama geldiği üzerinede daha önce durmuştuk. Bu mücadeleden galip çıkan Oğuz Kağan daha sonra:

"Gökten inen göğün kızı ve yerdeki bir ağaç kovuğundan çıkan, yerin kızları ile evlenmiştir."

"GİZLİ SIRLAR ÖĞRETİSİ"

İnisiyasyonla ilgili bölümlerimizde, sırlar bilgisine eren kişilerin "Yerin ve Göğün Oğulları" adı verilen bir grubun üyeleri sayıldıklarından söz etmiştim. İşte burada da açıkça görüldüğü gibi, Oğuz Kağan'ın "Göğün ve Yerin Kızları"yla evlenmesi; "Yerin ve Göğün Oğulları" grubuna dahil olmasının mitoljik anlatım tarzından başka bir şey değildir. Demek ki Oğuz Kağan aynı zamanda inisiyasyondan geçerek, sırlara ermiş olan bir kişiyi de sembolize etmektedir. Eğer bu bilgiler ışığında Oğuz Kağan Destanı'nı bir kez daha okursanız, inisiyasyonun nasıl sembollerle, masalımsı bir hava içinde anlatılmış olduğunu daha net görebilirsiniz.

Türk Mitolojisi'nde Oğuz Kağan efsanevi bir Türk hükümdarı olarak ele alınmış ve yeryüzünü zaptederek büyük bir devlet kurduğu söylenmiştir. Daha önce bazı sembol açılımlarından örnekler verirken "Susuz Kalan Ülke" motifinde, ülkenin aslında insanı sembolize ettiğini söylemiştim. Bu bilgiden hareket edersek, zaptolunacak en büyük ülkenin insanın kendisi olduğunu söyleyebiliriz.

Burada yeryüzünün zaptedilmesiyle, Ezoterizm'de sıkça geçen "dünyayı yenmek" meselesi anlatılmak istenmiştir. Mitolojilerde karşılaşılan "Kayıp Bir Ülkenin Aranması" ya da "Kaybomuş Bir Sevgilinin Peşine Düşülmesi" motifleri hep aynı bilginin sembolleri olmuşlardır.

Fethedilecek ilk ülke insanın kendisidir... Mitoloji kahramanı, hazineyi ya da sevgiliyi ararken bir de bakar ki, kendi benliğini bulmuştur. Bir değişime uğramıştır. Mitolojide, kayıp olan şeyin aranması sırasında, bir takım büyük sınavlardan geçerken kendisine bazı hedefler gösterilir, yardımlar yapılır. Bütün bu uğraşmaları ve çalışmaları, kendisinde bazı değikliklere sebep olmuştur. En son ulaştığı şuur haliyle, olaylara girmeden önceki şuur hali arasında büyük bir fark olduğunu kendisi de sezer.

Artık elde ettiği hazinenin, kavuştuğu sevgilinin, keşfettiği bir yerin önemi kalmamıştır. Öyle bir değişikliğe uğramıştır ki, maddi değerler kendisince silikleşir gider. Çünkü o artık en büyük hazineyi, yani kendi sırrını bulmuştur. Asıl amacına ulaşmıştır...

GÖKYÜZÜNDEN GELEN ELÇİLER

Söz dışında kalmasın, bilsin herkes bu işi,
Oğuz Han'ın yanında, vardı bir koca kişi,
Sakalı ak, saçı boz, çok uzun tecrübeli.
Altın'dan bir yay gördü, uyur iken uykuda,
Yayın bulunuyordu, üç gümüşten oku da,
Ta doğudan batıya, altın yay uzanmıştı.
Üç gümüş ok kuzeye, sanki kanatlanmıştı.
Anlattı Oğuz Han'a uyanınca uykudan,
Rüyayı tabir etti, içindeki duygudan.
Dedi: Bu düş sana, dirlik düzenlik versin,
Rüyamda ne gördüysem, Gök-Tanrı'nın sözüyle,
Seni de öyle yapsın, Tanrı kutsal özüyle.

Ak sakallı bilge ermiş kişilerin Türk Mitolojisi'nde önemli bir yeri olduğu bilinen bir gerçektir. Bu bilge kişiler sürekli karşımıza çıkar. Bazı sırları bildikleri için zaman zaman mitoloji kahramanlarına yardımda bulunurlar. Burada da sakalı ak, tecrübeli bir ihtiyar Oğuz Kağan'a üstü kapalı bir şekilde bazı sırları aktarmaktadır. Bunu da rüyasında gördüğü ok ve yay sembolleriyle yapmaktadır.

Haberci rüyalar Türk Mitolojisi'nde çok etkin motiflerden biridir. Türk Mitolojisi'nde bazı sırların rüyalar kanalıyla alındığı tüm açıklığıyla anlatılır.

Parapsikoloji üzerinde yapılan en son araştırmalar, gerçekten de rüyalar kanalından bazı bilgilerin alınabileceğini kanıtlamış durumdadır.

Rüyada sözü edilen altın yay ve üç gümüş oka gelince...

"GİZLİ SIRLAR ÖĞRETİSİ"

Yay: Türkler'de hakimiyet sembolüydü. Hatta Büyük Selçuklular'da devlet sembolü olarak bile kullanılmıştır. Oğuz Kağan Destanı'nda yayın, gökyüzünü baştan sona kapladığı söyleniyor. Burada yay, bir devletin değil, onun da üstünde, gökyüzünün sembolü olarak karşımıza çıkmaktadır. Gerçekten de yapılan araştırmalar, Türkler'in yayı aynı zamanda gökyüzünün sembolü olarak kullanmış olduklarını ortaya çıkartmıştır.

Ok: Türkler'de elçilik sembolü olarak kullanılmıştır. Örneğin, bir yerden bir yere giden elçiler, yanlarında kendi hükümdarlarına ait oklar taşırlardı.

Konuyu biraz toparlamaya çalışalım...

"Altın Yay" göklerin sembolü olduğuna göre, *"ok"* un da göklerin elçilerinin sembolü olabileceğini düşünmek hiç de zor olmayacaktır. Nitekim, Eski Türk geleneklerinde, Kağanlar'ın, Tanrı'nın elçileri oldukları inancı hayli yaygındı. Bu inaçları da, az önce yaptığımız yorumu doğrular niteliktedir.

Eski Türkler'de yeri ve göğü yaradan Tanrı'ya Kang Tengri denilmekteydi. Tengri: Gök-Tanrı, Kang ise: Baba ve Ulu Ata anlamına gelmektedir.

Büyük Hun İmparatorluğu'nun meşhur hükümdarı Mete'nin ünvanı da "Tengri'nin Oğlu" idi. Buna pek şaşmamak gerekir. Çünkü eski devirlerde, devleti yöneten hükümdarlar, aynı zamanda ruhani lider olarak da görev yapmaktaydı. Bu görevlerini başarıyla yerine getirebilmeleri için ise yoğun bir inisiyatik öğretiden geçirilir ve halkın bilmediği geleneksel ezoterik sırlar kendilerine rahipler tarafından öğretilirdi. Yani inisiyasyondan geçirilirdi. Mitolojiler bunların sayısız hikayeleriyle doludur...

"Tanrı'nın Oğlu" olma sembolü başlı başına kapalı bir sırdır. En kısa açıklamasıyla, bazı ezoterik sırlara sahip kişi anlamına gelir. Hiç bir zaman putperestliğin bir ifadesi olmamıştır.

"Tanrı'nın Oğlu" olmak, aynı zamanda belli bir vazifeyle yeryüzüne doğmuş bulunan bir elçiyi de ifade eder. Bu bilgi birçok yerde karşımıza çıkar. Örneğin İsa Peygamber'in insanlara söylediği ilk sözlerden biri, kendisinin "Baba'nın Oğlu" olduğudur. Bu uzun bir süre anlaşılamamıştır. Hatta başka dine mensup olanlar onu putperestlikle suçlamışlardır.

Ancak görüldüğü gibi bu sembolü sadece İsa Peygamber değil ondan çok önceleri de kullananlar vardı. Bunlardan biri de Eski Türkler'di.

Burada gözleri gören ve kulakları işitenlere hitap eden çok köklü bir bilgi aktarılmıştır. Anlayan anlamış, anlayamayanlar ise anlayabilecekleri zamanı beklemektedirler... Şunu hemen ifade etmeliyim ki, insanlık hiç bir zaman, bilgiden uzak bırakılmamıştır. Üstü kapalı da olsa, ihtiyacı olanların alabileceği bilgiler tüm heybetiyle etrafımızda dolanıp durmaktadır. Bunu herhalde gönüllerdeki perdeler teker teker açıldıkça daha iyi anlayabileceğiz.

Demiştik ya... Şimdilik uyku baldan tatlı geliyor...

ERGENEKON'DAN ÇIKIŞ

Mükemmeliyetten uzaklaşan ve birçok bilgiden bu nedenle mahrum kalan günümüz insanlığının halihazırda içinde bulunduğu devir, birçok gelenekte *"demir çağ"* olarak adlandırılmıştır.

Dünya üzerinde yaşamış tüm toplumların geleneksel ezoterik bilgilerinde yer alan bu husus, Türk Mitolojisi'nde en canlı olarak Ergenekon Destanı'nda karşımıza çıkar.

Destan, demirden meydana gelmiş büyük dağların, kurulan birçok körükle eritilmesinden ve bir "kurt"un yol göstericiliğiyle oradan uzaklaşabilen insanların yaşadıklarını anlatır. Bu çizilen motif, demir çağının bir gün sona ereceğini ifade eder. Eriyen demir dağ, demir çağının bitişinin sembolüdür. Eriyen

"GİZLİ SIRLAR ÖĞRETİSİ"

demir dağdan insanların çıkışı sırasında "Kurt"un yol göstermesi ise, Siriusyen bilgilerin yeniden açıkça ortaya çıkışıyla, insanların yeniden mükemmeliyete doğru yükseleceklerini anlatan son derece gizli bir bilgidir. Ergenekon'dan çıkış o devirde yaşanan bir olayı değil gelecekte yaşanacakları anlatan bir motiftir. Ve Türk Mitolojisi'nde çok önemli bir yeri vardır. Bu gelecekle ilgili bir kehanet özelliği de taşır. Bir taraftan içinde yaşadığımız devri, bir taraftan da bu devrin bitişinin nasıl olacağını mitolojik bir üslupla anlatır.

Söz konusu ettiğimiz Siriusyen bilgiler nasıl tekrar ortaya çıkacaktır?

Bunun cevabını zamanın akışına bırakarak, konuyu şimdilik burada noktalayalım...

VII.BÖLÜM

ANTİK YUNAN SIRLARI'NA GİRİŞ

"Sırların amacı, ruhları prensiplerine,
ilk ve son hallerine yeniden getirmektir.
Yani kendisinden aşağı inmiş oldukları
gerçek hayata, Tanrı'ya, Diyonizos vasıtasıyla
onları yeniden geri döndürmektir."

Olimpiodor

İnsanlar nasıl yeryüzüne inmişlerse, günün birinde de tekrar Olimpos'a çıkabilmeleri gerekiyordu...

Bu cümle Antik Yunan'ın "sırlar bilgisini" ve buna bağlı olarak da Yunan Mitolojisi'nin temelini oluşturur. Yunan Mitolojisi kendine has uslubu içinde, insanların nihai hürriyetlerini elde etmek ve gelmiş oldukları yere yeniden dönebilmek için inisiyeler tarafından kullanılan çeşitli metot ve yolların toplamını oluşturmaktadır. Yunan Mitolojsi temel olarak Mısır'ın sırlarına dayanır. Pekçok eski Yunan filozofunun eski Mısır mabetlerinde, Osiris rahiplerince inisiye edildiklerinden daha önce söz etmiştik. Bununla ilgili yurtdışında yayınlanan çeşitli kitaplar bulunmasına rağmen, nedense konunun bu yönü üzerinde de, yurdumuzda çok fazla durulmamıştır. Kim bilir, belki de durulmak istenmemiştir...

MISIR, HİNT VE YUNAN GELENEKLERİ

Ezoterizm özellikle üç büyük gelenekle çok yakından ilgilenmiştir: Mısır... Hint... ve Yunan... Bu üç gelenek diğer toplumların geleneksel bilgilerine önemli katkılarda bulunmasından dolayı, dünya üzerinde ayrı bir öneme sahiptir. Birçok dine, felsefeye ve mitolojiye öncülük etmiş olan Mısır, Hint ve Yunan gelenekleri, her ne kadar bazı uygulamadan doğan şekilsel farklarla birbirlerinden ayrılmışlarsa da, aslında üçü bir bütünlük oluşturur.

Çok genel hatlarıyla özetleyecek olursak:

Mısır, sırlar dünyasına majiyle...

Hint vicdani muhasebe, kayıtsızlık, meditasyon ve konsantrasyonla...

Yunan ise, sırlar dünyasının kapılarını aralayabilmek için dövüşü tercih etmiştir. Bu dövüşme, insanın bizzat kendisine karşı göğüs göğüse dövüşmesidir...

Her üç geleneğin de yöntemleri farklı olsa da, amaçları aynıydı: *Sırlar kapısını aralamak...*

Bu üç büyük gelenekten günümüze kalan en önemli belgeler, mitolojilerden ibarettir.

Şimdi çok genel hatları ve özellikleriyle, dünya kültür tarihe yön vermiş olan bu üç büyük geleneği sırasıyla takip etmeye çalışalım...

ANTİK YUNAN'IN MİTOLOJİK SIRLARI

Yunan Mitolojisi'nde adeta bir şiddetin ifadesi gibi görünen dövüşme motifleri aslında, insanı teslim almış bulunan alışkanlıklara, ön yargılara, peşin fikirlere, arzu ve tutkulara karşı girişilen bir mücadelenin öyküsüdür...

Bu savaşların, ölümlü insanların ölümsüzlüğe kavuşması için insani kisveden kaynaklanan her şeyi atmaktan başka gayesi yoktu... Antik Yunan Sırları; insanların ölümlü ilahlar, ilahların ise ölümsüz insanlar olduğunu söyler. Bu sözlerle de sırlar kapısı aralanmaya başlar...

Ezoterizm ve İnisiyasyonla ilgili bölümümüzde, insanın içinde gizli bulunan bir potansiyel güçten bahsetmiş ve bu gücün ortaya çıkartılması, inisiyatik çalışmaların özünü oluşturur demiştik. İnisiyatik çalışmaları sembolik bir dilde anlatan mitolojilerde ise insanın içindeki bu potansiyel güce, *"İçteki Uyuyan Tanrı"* adı verilmiş ve uyuyan bu tanrının uyandırılması da tüm mitolojilerin ana temasını oluşturmuştur. "İçteki Tanrı'nın Uyandırılması" inisiyatik çalışmalarda "insanın uyanmasıyla" eş anlamındadır.

Yunan Mitolojisi de işte bunu anlatır: *"İçteki Tanrı'nın Uyandırılması"*

"İçteki Tanrı"nın uyandırılabilmesi için yapılan inisiyatik çalışmalar, Yunan Mitolojisi'nde hikayeleştirilerek anlatılmıştır.

BİLGELİĞİN İLAHİ ÇEKİCİLİĞİ

Mitolojik hikayeler, tüm kahramanların Zeus'un kızı Helen ile evlenmek istediklerinden bahseder. Bu tüm kahramanların en büyük arzusu ve hedefiydi. O ise, birinden diğerine gidiyordu. Menelaos'la olduğu gibi ya biriyle evleniyor ya da onu terk ediyordu. Ona sahip olmak neredeyse imkansızdı...

"Helen'in amacı kahramanları cezbetmektir. Theseus onu bir gün kaçırır. Ancak daha sonra kardeşlerinin onu almasına izin verir. Helen de daha sonra Menelaos ile evlenir. Ancak Menelaos sahip olduğu şan ve şöhretten dolayı sürekli uyuyurdu. Hiç bir gelişme göstermiyordu. Bunun üzerine Paris Helen'i kaçırarak Truva'ya götürmek istedi."

Burada geçen hikayeleştirilmiş motiflerin hepsi birer sembolden ibarettir. Tüm bu evlenme ve kaçırma hikayeleri tama-

"GİZLİ SIRLAR ÖĞRETİSİ"

men mitolojik bir kurgudur. Bu kurgunun anlatmak istediği gerçek ise bambaşkadır. Sözü edilen kurguyu anlayabilmek için Helen'in neyi sembolleştirdiğinin bilinmesi gerekir. Çünkü asıl sır, onun çevresinde dönmektedir.

Zeus'un kızı olduğu için onun bilgisini taşır. İşte bütün kahramanların peşinde koştukları da aslında bu bilgidir...

Helen: Bilgeliğin ilahi çekiciliğinin sembolüdür. Ve o sadece arınmış kişilere verilir.

Gothe konuyla ilgili şunları söyler:

"Helen'i görmüş olan kişi asla bir daha kendisine gelemez ve eski halini bulamaz."

Ezoterizm'de ise; O, küçük sırlardan büyük sırlara geçme gayretini gösterenlere vaat edilmiş ilk mükafatı sembolize eder. O tanrısal olanla - insani olan arasında bir köprüdür. İlk kaynağa geri dönüş hattı üzerindeki birinci aşamadır.

Evet gözden uzak tutulmaması gereken bir noktaya gelmiş bulunuyoruz. O her ne kadar ilahi bilgeliğin, çekiciliğini sembolize etmekteyse de, yine de sadece bir köprü vazifesi görmektedir. Yani o nihai hedef değildir. Nitekim mitolojilerde Güzel Helen'in sürekli başkalarıyla evlenmesi de bunu gayet açık bir şekilde dile getirmektedir. Ne zaman bir kahraman (mist, mürit, inisiye adayı) Helen ile evlenmeye muvaffak olursa, daha yukarıya tırmanmak için onu aynı zamanda terk etmek de zorundadır.

Bu anlatılmaya çalışılan mesele, "İnisiyatik Çalışmalar"ın ve "Ezoterik Öğretler"in en önemli noktalarından biridir. Büyük araştırma ve çabalardan sonra belli bir sadeleşmeyle birlikte elde edilen anlayışların da, belli bir süre sonra terk edilme mecburiyeti vardır. Aksi takdirde inisiyatik öğretide ilerleyebilmek mümkün değildi. Çünkü o bir yoldu. Ve o yolda karşılaşılan bilgilerin yerine, ilerde çok daha ileri seviyeli bilgiler adayı beklemekteydi. Eğer aday belli bir bilgiye takılıp kalırsa ilerleyebilmesi mümkün olamamaktaydı.

Elde edilen her bir realitenin bir üstü bulunduğu hiç bir zaman unutulmaması gerektiğini anlatan Güzel Helen"in maceraları bu nedenle ayrı bir değer taşır. Oysa ki günümüz insanı çok rahatlıkla edinmiş olduğu birkaç bilgiyi, ulaşabileceği en son gerçek zannetme yanılgısına çok rahat düşebilmektedir. Hatta bundan gurur bile duymaktadır.

NEHİR GEÇİRİCİLER

Hint Mitolojisi'nde gerçeğe ulaşabilmek için, eski realitelerin mutlak surette terk edilmesi gerektiği son derece ilginç bir örneklemeyle anlatılır. Hint Mitolojisi'ndeki Titankaraların öyküsü işte bunun hikayesidir...

"Nehrin karşısına geçilecektir. Nehrin hemen kıyısında bulunan Titankaralar yolcuları kayıkla karşıdan karşıya geçirmektedir. Ancak kimi yolcular karşı kıyıya geçtikten sonra, kayığı bir türlü terk etmek istemezler. Sırtlarına kayığı alarak dağları tepeleri bu şekilde geçmeye çalışırlar. Tabii kısa bir süre sonra, yorgunluktan yürüyemez bir hale gelerek oldukları yerde çöküp kalırlar. Buna karşılık kayıklarını nehir bitince terk edebilenler, rahatlıkla yollarına devam ederler. Ve varmak istedikleri hedefe ulaşırlar."

Çok kısa bir özetini sunduğumuz bu mitolojik hikaye, anlayışlarını sürekli yenileyemeyenlerin ve karşılaştıkları bilgileri yeri ve zamanı geldiğinde daha üstün bilgilerle değiştiremeyenlerin halini anlatması bakımından son derece büyük bir öneme sahiptir.

Üstünde uzun uzun düşünülmesi gereken bu hikaye bir türlü değişemeyenlerin durumunu anlatır. Az önce değindiğimiz konuya bir örnek teşkil ettiği için sizlere kısaca aktarmak istedim.

***

145

"GİZLİ SIRLAR ÖĞRETİSİ"

SAVAŞAN TANRILAR - EZOTERİK SIRLAR

Uranos çocuklarını doğdukça yerin derinliklerine atıyor, oraya hapsediyordu. Gaia kocasından yaptıklarının öcünü almaya karar verdi. Kronos da annesine yardım edeceğini söyledi.

Kronos geldi. Tırpanla babasını hiç acımadan biçti. Vücudunun kanlı parçalarını denize attı. Babasına ilk tırpanı attığı zaman açılan müthiş yaralardan sızan siyah kan damlaları yere damlayınca yenilmez Erinyesler (hiddetler), korkunç Geantsler (devler) doğdular.

Uranos düştükten sonra, Kronos kainatın efendisi oldu. İlk iş olarak Titanları (Şeytani Devler) zindandan çıkardı. Onun saltanatı zamanında yaradılış devam etti: Baht, uyku, düş, alay, acı, şikayet, öç, hile, kızgınlık, nifak, fenalık, şüphe meydana geldi.

Mitolojinin bu bölümü, mükemmeliyetten aşamalı bir şekilde uzaklaşılışı anlatır. Bizim devremiz insanlığının içinde bulunacağı devre nasıl aşamalı bir şekilde gelindiği hikayeleştirilerek burada ele alınmıştır. Uranos'un yerin derinliklerine çocuklarını atmasıyla başlayan ve devam eden bir aşağı iniş yani düşüş teması işlenmiştir. Yunan Mitolojisi'nde anlatılan bu hikaye iki anlama gelir.

Birincisi bizim devremiz insanlığının içinde bulunduğu özellikler.

İkincisi ise inisiyatik bir çalışmaya girecek olan adayın terk etmek zoruda bulunduğu duygu ve düşünceleri.

Mitolojide kullanılan bir inceliğe daha dikkatlerinizi çekmek istiyorum. Kronos: Zaman Tanrısı'dır. Kainatın idaresini Kronos'un ele almasıyla birlikte aşağı inişin şiddetlenerek devam ettiği görülmektedir. Yani zaman ilerledikçe mükemmeliyetten uzaklaşıldığı bilgisinin, mitolojik bir anlatımıyla karşı karşıya bulunmaktayız.

146

Ateş'in niçin kutsal sayıldığını daha önce görmüştük. Arınmanın sembolü olarak ele alınan ateş sembolü burada da aynı işlevi görmektedir. İnsanlardan yasak edilmesi, insanların şuursuz yaşayacakları bir devrin başlangıcı demektir. Yani arınma imkanı bulamadan, çeşitli alışkanlıklar ve bağımlılıklarla yaşanılacak bir devir kastedilmektedir.

Mitolojik hikayemize devam edelim...

Olimpos tanrılarından Prometheus ilk insanı balçıktan yarattı. Daha sonra Hephaistos'un alevler fışkırtan ocağına yaklaştı, kızgın ateşinden bir kıvılcım aldı, elindeki sopanın içine sakladı. Ve onu ilahi bir armağan olarak insanlara götürdü. Ateşe kavuşan insanlar zavallılıklarını unutarak gurura kapıldılar. Tanrılarla kendilerini eşit tuttular. Onlara karşı olan ödevlerini unuttular. Zeus bu şımarık mahlukların böyle yapacaklarını bildiği için kutsal ateşten onları mahrum bırakmıştı. Zeus Prometheus'a çok kızdı. Onu Kaf Dağı'nın en tepesine gönderdi. Ayaklarına kollarına zincir geçirtti.

Dünya üzerindeki mitolojilerin ve dinlerin kullandıkları ortak temalardan bir tanesi de "İnsanın Balçıktan Yaratılması"dır. İnsanın balçıktan yaratılması, insanın bedensel olarak dünya üzerinde mevcut olan temel maddelerden özel olarak bir laboratuvarda meydana getirilmesi kastedilir. Yani Karbon, Hidrojen, Azot ve Oksijen... Bu sembol aynı zamanda insanın ikili yapısının da bir ifadesidir. Bu yapısı Ruh ve Madde"den oluşmaktadır. Bir yanıyla dünyaya ait ama bir yanıyla göklere ait...

Kur'an-ı Kerim'de de aynı sembol kullanılmıştır. Burnuna nefes üflenmesi ise dünya maddesinden oluşturulan fiziki bedenin, ruhsal bir enerjiyle canlılık kazanması anlatılmıştır.

TANRILAR VE İNSANLAR

Yunan şairi Pindaros: *"Tanrılar ve insanlar hepimiz aynı*

"GİZLİ SIRLAR ÖĞRETİSİ"

ailedeniz. Hepimizi aynı ana doğurmuştur" derken ne anlatmaya çalıştıysa, aslında *"En el Hak"* diyen Hallac-ı Mansur da aynı şeyi anlatmaya çalışıyordu... İnsanlığın ilahi bir kökene sahip olduğu...

Sık sık vurguladığımız başlangıçların mükemmelliyeti mitosu Yunan'da da kendisini göstermektedir. Yunan Mitolojisi'nde insanların sonsuz bir saadet içinde yaşadıkları dönemlerden bahsedilir. Bu devir "Altın Devir"di. O devirde insanlar keder, üzüntü nedir bilmeden, yorgunluğu tatmadan yaşarlardı. Onlar daima genç, çevik ve neşeliydiler. Ölüm saati gelince hastalığın acı ıstıraplarını bilmeden gülümseyerek tatlı bir uykuya dalar gibi yaşama gözlerini kaparlardı. Kronos saltanatının ilk dönemlerinde yaşanan bu altın devirde tanrılarla insanlar aynı sofraya oturur, aynı yemekten yerlerdi. Burada aynı yemekten beslenmek, aynı tesirlere muhatap olmak demektir. Fakat Zeus Olimpos'ta krallığını ilan ettikten sonra iş değişti.

Altın devrini gümüş devri takip etti. Daha sonra Tunç ve nihayet bizim devremiz olan *"Demir Devri"* başladı...

OLİMPOS DAĞI TANRILARI

12 büyük Tanrı'nın oturduğu söylenilen Olimpos Dağı mitolojik bir semboldür. Daha sonraları Makedonya ile Tesalya arasında oldukça heybetli sıra dağlarının en yüksek tepesine de bu ad verilmiştir.

Mitolojide Olimpos Tanrıları olarak geçen bu tanrılar şöyle sıralanmaktaydı:

Baş Tanrı: *Zeus*
Güneş Tanrısı: *Apollon*
Harb Tanrısı: *Ares*
Ateş Tanrısı: *Hephaistos*
Tanrıların Habersici: *Hermes*

Deniz Tanrısı: *Poseidon*
Zeka Tanrısı: *Athena*
Güzellik Tanrıçası: *Afrodit*
Ocak ve Aile Tanrısı: *Hestia*
Avcılar Tanrıçası: *Artemis*
Toprak Tanrıçası: *Demeter*
ve sonradan Olimposa alınan Şarap Tanrısı: *Diyonizos*

Nasıl ki Olimpos başlı başına bir sembolse, Olimpos'ta oturduğu ifade edilen bu 12 Tanrı'nın da her biri ayrı bir semboldür. Bunların hiç biri *"Yaradanı"* ifade etmez. O devirde yaşayan insanların çok tanrı inancı birden fazla Yaradan'a taptıkları anlamına da gelmez. Bütün bu Tanrılar, İnisiyastik Bilgilerin halka şifrelendirilerek anlatılmasında kullanılan araçlardan ibarettir. Yani bir senaryonun oyuncularıdır. Bunların her birinin ifade ettikleri anlam başkadır.

Bunların içinden birkaç tanesini ele alalım ve gerçekte neyi ifade ettiklerini ve neyin sembolü olduklarını, Ezoterik Bilgiler ışığında ortaya çıkartmaya çalışalım...

TANRILARIN VE İNSANLARIN BABASI: ZEUS

Dünyanın sahibi, tanrıların ve insanların babasıydı. "Yıldırımlar Saçan Tanrı" diye de anılan Zeus'un yıldırımları haksız olarak hiç bir ölümlüyü inciltmiyordu.

Olimpos Tanrıları, bir meselenin anlatılmasında birer oyuncudur demiştik. İşte bunun en canlı örneklerinden biri olan Philemon ile Baucis'in hikayesiyle konumuza devam edelim...

Zeus ölümlü bir insan kılığına girerek Firigya'da oğlu Hermes ile beraber dolaşıyordu. Fakat burada iyi karşılanmadılar. Bütün evlerin kapılarını çaldılar ve Tanrı misafiri olarak kabul edilmelerini rica ettiler. Ne var ki bütün kapılar yüzlerine kapandı...

149

"GİZLİ SIRLAR ÖĞRETİSİ"

Burada insanların gerçekleri açık olarak kavrayamadıkları anlatılmak istenmiştir. Yani bazen gerçekler insanların burnunun dibine kadar gelse de, ona sırt çevrilebilmektedir. Nitekim mitoloji bunu sembolik bir üslupla ortaya koymaktadır. İnsanların ilahi bir kökene sahip olduklarını unutmaları da bu bölümün bir diğer mesajıdır. Devam edelim...

...Sadece kenarda üstü kamışlarla örülmüş değersiz bir kulübede oturan iki ihtiyar karı koca, kimsesiz yolcuları içeri aldılar. Philemon ile Baucis adlı bu iki ihtiyar oldukça fakirdi. Köleleri ve hizmetçileri yoktu. Ev işlerini kendileri görüyordu. Kulübeleri temiz ve her şeyleri yerli yerindeydi. İyi kalpli ihtiyarlar kulübelerinde ne varsa hepsini konuklarına ikram ettiler...

"Philemon ile Baucis": Bilgisiz ama iyi niyetli insanı sembolize eder. Aynı zamanda inisiyasyona yeni girmiş adayın da sembolüdür. Ev, insanın yaşadığı bir mekandır. Ezoterizm'de ise ev: İnsan anlayışının seviyesini gösteren bir sembol olarak geçer. Burada da dikkat edilirse ev, eski ama her şey yerli yerindedir. Burada eskilik bilgilerinin eski realiteye ait olduğunu gösterir. Aynı zamanda dünya nimetlerine aşırı bağlanmamış olmalarını da ifade eder. Her şeyin yerli yerinde olması da sahip oldukları bilgilerini yerli yerinde kullanabilmelerinin sembolüdür. Fazla bir bilgileri olmayan ama vicdan ölçülerinde yaşama başarısını gösteren insanın da sembolüdür. Her şeylerini konuklarına ikram etmeleri de, dünya nimetlerine aşırı bağlı bulunmadıklarını anlatır.

...Sonunda konuklar kendilerini tanıtırlar: "-Biz Olimpos'ta oturanlardanız. Komşularınız kalpsizliklerinin cezalarını çekecekler. Yalnız siz kurtulacaksınız. Kalkınız ve bizim izlerimizden yürüyerek peşimizden geliniz." dediler.

İhtiyarlar ellerine birer baston aldılar. Ağır ağır yürümeye başladılar. Bir ok atımı kadar uzaklaşmışlardı ki, bütün ovayı sular kaplamaya başladı. Kendi kulübelerinin kocaman

150

bir tapınak haline geldiğini hayretle gördüler. Bunun üzerine Tanrı Zeus: "İyi kalpli ihtiyarlar ne dilerseniz, dileyin benden" dedi. İhtiyar karı koca biraz kendi aralarında konuştuktan sonra kendilerinin tapınak haline gelen evlerinde bekçi olarak kalmayı arzu ettiklerini söylediler. Ve istedikleri oldu. Onlar mabedin bekçileri oldular...

"Hep kendini seyrettikçe tanrını göremezsin." Ezoterizm'de geçen bu söz birçok inisiyatik merkezde kullanılmıştır. Sufiler de kullanmıştır. Bu sözle her şeyden önce dikkatini kendi egoizmandan kaydırman gerekir; aksi takdirde gerçeklerle yüz yüze gelmenin mümkün olmadığı anlatılmak istenmiştir. Mitolojide geçen ihtiyarların hikayesinde de bu bilgi verilmek istenmiştir. Vicdani yaşamanın önemi vurgulanmış ve bu şekilde bir yardım görmeye hak kazanmışlardır. Zeus burada inisiyatörü sembolize eder. Yanındaki Hermes ise Mısır İnisiyasyonunda geçen Thot'un karşılığıdır. Yani Kökeni Atlantis'e dayanan bilge rahiplerden birini sembolize eder. Bu bilgelerin verdikleri bilgiler vasıtasıyla ihtiyarların evi mabede dönüşür. Suyun "Bilgi"nin sembolü olarak Ezoterizm'de geçtiği dikkate alınırsa, her yeri suların kaplamasının ne anlama geleceği açıkça ortaya çıkacaktır.

...Aradan yıllar geçer... Senelerin yükü altında ezilmiş bir hale gelmiş olan bu ak saçlı ihtiyarlar, mabetlerinin kutsal basamakları üzerinde oturmuş, vaktiyle buralarda olup biten olaylardan bahsediyorlardı... Birden bire Baucis, Philemon'un yapraklanarak ağaç haline gelmeye başladığını şaşırarak izlemeye başladı. Philemon da aynı şeyi Baucis'te görüyordu. Onların ikisi de şaşkın şaşkın birbirlerine bakarlarken süratle ağaç haline geliyorlardı...

Bir inisiyatik çalışmanın sonunda insanın uğrayacağı büyük değişim, her halde ancak bu kadar güzel tasvir edilerek anlatılabilirdi. Burada her anlatılan mesaj sembollerle adeta hem gizlenmiş, hem de bu semboller anlatılan hikayeye güzel bir örgü motifi oluşturmuştur. Ağaç, Ezoterizm'in en genel sembollerinden biridir. Tüm mitolojilerde ve tüm dinlerde kullanılmıştır. Toprağa uzanan kökleri ve gökyüzüne çıkan dallarıyla tüm geleneklerde yeryüzüyle gökyüzünün evliliğini yani vuslatı sembolize eder. Yeryüzü ile gökyüzünün birleşmesini anlatır. Yani yeryüzü ile gökyüzü arasıda kurulan irtibatın simgesidir. Ağaca dönüşme teması ise: Uyanmanın ve şuurlanmanın bir ifadesi olarak karşımıza çıkar. Ağaca atfedilen kutsallığın kökeni de işte buna dayanır...

GÜNEŞ TANRISI APOLLON

Gün ışığının parıldayan tanrısı Apollon, Mitoloji'de Güneş Tanrısı olarak geçer. Mısır'daki Güneş Tanrısı Ra'nın, Eski Yunan Mitolojisi'ndeki karşılığıdır.

Apollon daha kundaktayken: *"Bana ahenkli sesler çıkaracak bir lir getiriniz. Bir elime de ok ve yay veriniz. Mucizeler göstermek isitiyorum"* demişti.

Doğumundan dört gün geçince Apollon kuvvetini göstermek istedi. Bundan sonrasını bakın Mitoloji nasıl anlatıyor...

Parnassos Dağı'nda bir mağarada büyük bir ejderha yaşamaktaydı. O bölgeyi kasıp kavuran ejderha insanları parçalıyor, sürüleri yutup yok ediyordu. Apollon memleketini bu beladan kurtarmak istedi. Bir gün yanan meşalesini, yayını ve okunu aldı. Yavaşça bu korkunç ejderin ini bulunan mağaraya doğru ilerledi. Oraya gelince elindeki reçineli meşaleyi havada salladıktan sonra inin tam ağazına attı. Dumanın zoru ile canavar inden dışarı çıktı. Bunun üzerine Apollon hızla uçan ve her şeyi delip geçen okunu fırlattı. Havada süzülen ok gitti ejdere saplandı. 'Ey güneşin oklarıyla yere serilen Python orada olduğun gibi kal. Artık insanlara fenalık yapamayacaksı' dedi.

Burada geçen sembolleri daha önce ele aldığımız için sanırım, mitolojinin aktardığı inisiyatik mesaj siz okuyucularımda belli bir anlam kazanmıştır. Sembollerin evrensel olduğundan basetmiştik. "Canavarla Mücadele", "Ateş", "Ok" ve "Yay" gibi sembollerin farklı toplumlarda aynı tema içinde kullanıldığı konusuna dikkatlerinizi çekmek isiyorum...

Ejderi öldürmesi Tanrı'nın kirlenmesine sebep oldu. Tanrıların töresine göre bu kirden temizlenmek gerekti. Bu yüzden Apollon Tanrılar'ın sahip olduğu bütün ayrıcalıklardan vazgeçti. Ve basit ölümlü bir insan gibi Tesalya Kralı Admetos'un hizketçisi oldu. Tam 9 sene bu kralın atlarını otlattı. Öküzlerini güttü.

İnisiyasyonun belli bir derecesinde yaşanan önemli bir olay burada mitolojik bir üslupla aktarılmak istenmiştir. Bir zamanlar özel bir eğitime tabi tutulan kişilerde Telepati, Durugörü, Telekinezi, Astral Seyehat gibi bazı yetenekler ortaya çıkardı. Bu yetenekler belli bir aşamaya gelindeğinde kasıtlı olarak belirli bir süre terk edilirdi. O süre içinde mürit bu yeteneklerini kullanmazdı. Bu da inisiyasyonun bir parçasıydı. İşte mitoloji bu meseleyi kendine.has anlatımıyla aktarmaya çalışmıştır.

"Atların otlatılması" da ezoterik bir semboldür. Ezoterizm'de "At": Duyguları temsil eder. İnisiyasyonun en temel hedeflerinden biri de, yine daha önce belirtmiş olduğumuz gibi bu duygulara hakim olmaktı. Burada geçen "Atlar'ın Otlatılması": Duygulara hakimiyeti sembolize eder. "Çoban" motifi de birçok toplumda bu amaçla kullanılan evrensel sembollerden biridir. Duygularına hakim olma aşamasına ulaşan inisiyeyi ifade eder. Bu sembol aynı zamanda İsa Peygamber tarafından da kullanılmıştır.

EŞEK KULAKLI KRAL MİDAS

Bir gün Maryas kırda dolaşırken Athena'nın icadettiği ve

153

daha sonra çalmaktan vazgeçip kaldırıp attığı fülüdü buldu. Ve çalmaya başladı... Bir Tanrı'nın elinden çıktığı için güzel sesler çıkaran bu fülüt ile övünmeye; kendini Apollon'a rakip saymaya başladı. Bir gün Apollon'a kendisiyle yarışmasını istedi. Apollon da "kazananın yenilene istediğini yapabilmesi" şartıyla yarışmayı kabul etti.

Frigya Kralı Midas yarışmada hakem olarak bulunanlar arasındaydı. Yarışmanın sonunda Maryas , Apollon gibi çalamadığını itiraf etmek zorunda kaldı. Apollon da onu ağaca bağladı. Diri diri derisini yüzdü.

Kral Midas'a gelince... Yarışmada Maryas'ın tarafını tutmuş ve doğru hakemlik yapamamıştı. Bu adamın da cezalandırılması gerekti. Apollon çaldığı liri anlamayan Kral Midas'ın kulaklarını uzattı, uzattı ve içlerini kıllarla doldurdu.

İnisiyatik bir çalışmada, müride verilen bazı bilgiler, onun kendisini büyük görmesine neden olabilirdi. Birçok kimsenin bilmediği bilgileri bilmesi ve bazı sırlara sahip olmaya başlaması, kendisinde bir büyüklük kompleksi yaratabilirdi. Bu şekilde egosuna yenik düşen adaylar, inisiyasyonu asla tamamlayamazlardı. Yarı yolda kalan bu adayların mabetten dışarı çıkmasına da izin verilmez ve mabedin hizmetkarı olarak geri kalan ömürlerini orada geçirmesine karar verilirdi. Tarih içinde bunun sayısız örnekleri vardır. Yunan Mitolojisi'ndeki Maryas da bunun sembolüdür.

Mitolojiler'de geçen "Krallar" ve "Kahramanlar" çoğunlukla inisiyeyi sembolize eder. Midas da Kral'dır, yani inisiyedir, ancak o da Maryas gibi yarı yolda kalmıştır...

Midas artık eşek kulaklı olmuştur. Eşek kulaklarını kimseye göstermemek için onları saçlarının arasına sakladı. Başına geniş bir kalpak giydi. Fakat kralın saçlarını kesen berber uzun kulaklarının farkına varır. Kral bu berberi ölümle tehdit ederek, sırrının etrafa yayılmasına engel olmak istedi. Sırrını içinde saklamak mecburiyetinde kalan berber sararıp solma-

ya, adeta patlayacak gibi sıkılmayşa başladı. Sonunda sırrını toprağa açmaya karar verdi. Issız bir yerde çukur kazdı. Oraya eğilerek yavaşça: "Kral Midas'ın kulakları eşek kulaklı" diye fısıldadı. İçi rahatlamıştı. Üzerinden büyük bir yük kalkmıştı. Fakat çukurun yanındaki kamışlar, onun fısıldadığı sözleri işitmişlirdi. Onlar rüzgarda sallandıkları zaman: "Haberiniz var mı? Kral Midas Eşşek kulaklıdır." diye sırrı her tarafa yaydılar.

Mitolojinin bu bölümü iki ayrı bilgi içermektedir. Birincisi herhangi bir sırrı saklamanın ne kadar zor olduğunu ve her kesin sır saklayamayacağı... İkinci anlatılmak istenen bilgiyi ise, çok eskilerde söylenmiş olan şu inisiyatik kökenli söz özetlemektedir:

"Yer ile Gök yeminlidir; hiç bir şey gizli kalmaz!..."

GÜZELLER GÜZELİ AVCILAR TANRISI ARTEMİS

Artemis'in, aşırı derecede kendi güzelliğini kıskanmasından sözedilir. Peki burada bahsedilen güzellik gerçekten fiziki güzellik midir? Bunun cevabını yine mitolojide arayalım...

Artemis bir gün sık ağaçlarla kaplı bulunan vadideki bir mağaraya rastlar. Mağarada büyük bir su kaynağı vardır. Günün yorgunluğunu gidermek için soyunup yıkanmak istedi. Ve öyle de yaptı. Yıkanmaya başladı...

Bu sırada Akteon adındaki bir avcı, şimdiye kadar görmediği yerleri keşfedebilmek için ormanda dolaşırken, Artemis'in yıkanmakta olduğu mağaranın önüne geldi. Ağzından berrak bir suyun aktığı mağara dikkatini çekti. Mağaraya girerek, bu suyun kaynağından içerek serinlemek istedi. Mağaraya girdi. Artemis ölümlü bir erkeğin bakışlarıyla kirlendiği için kıpkırmızı kesildi...

Ellerini akan suyun içine daldırarak, avcının yüzüne şiddetle su serpti. Birdenbire Akteon alnından geyik boynuzları

155

çıkmaya başladı. Geyiğe dönüşmeye başlamıştı. Yanı başındaki av köpeği ve etrafındaki diğer köpekler üzerine saldırarak onu parça parça ettiler.

Bu mitolojik hikayede geçen sembolleri teker teker ele alalım:

Mağara: Gizli inisiyasyonların yapıldığı yerlerin sembolü olduğunu daha önce görmüştük. Aynı sembol burada da kullanılmıştır.

Mağaradan Akan Su: Suyun bilgiyi sembolize ettiğini hatırlayacak olursak, mağaradan akan su, burasının inisiyatik bir merkez olduğunu ifade etmektedir. Aynı zamanda İnisiyatik merkezdeki bilgiyi sembolize eder.

Su ile yıkanmak: Bu bilgilere sahip olmak demektir. Aynı zamanda bilgiyle arınmanın ve sadeleşmenin de sembolüdür.

Akteon: Gerçeği aramak için yollara düşen inisiye adayını sembolize eder.

Artemis: İnsanlardan gizlenen bazı sırların sembolüdür. Başka bir ifadeyle; görülmemesi gerekenin, sır olarak saklanmasını gerektiğini ifade eder. Herkese açıklanmayan inisiyatik bilgilerin mitolojik bir anlatımıdır.

Köpekler Tarafından Öldürülmek: Akteon'un Artemis'i görmesiyle başlayan ve sonunda köpek tarafından parçalanarak ölmesi; sırrın ortaya çıkışıyla mutasyonun yani değişimin başlaması anlatılmak istenmiştir. Bu inisiyasyonda ikinci doğum olarak ifade edilmiştir. Eski realitede ölüp yeni realitede, yeni anlayışlarda doğmak demektir. Küçük Sırlar'dan Büyük Sırlar'a geçişin de başladığı andır.

İNSANLAR UYUMAKTADIR

İnsanların bilgiden ve gerçeklerden uzak bir hayat tarzını benimsediklerini anlatan bir mitolojik hikayeyle devam edelim...

Bir gün Baş Tanrı Zeus, dağlarda dolaşan bir çobanın yanına yaklaşır. Kendisinden istediği hayat tarzını seçmesinin mümkün olduğunu söyler.

Çoban da: Ölümden kurtulmak, asla ihtiyarlamamak, hiç güzelliğinden kaybetmemek şartıyla, sonsuz bir uykuya dalmayı diledi.

O günden itibaren çoban bir mağarada uyumaktadır...

Uykuda olan insana bazen gerçekler bu denli yaklaşsa da, çoğunlukla bunu farkedemez. Zira insanlar uyumaktadır. Ve uyku onlara baldan tatlı gelmektedir...

KAYBEDİLEN SEVGİLİ

Dünya üzerindeki hemen hemen bütün Mitolojiler'de ortak kullanılan temalardan bir tanesi de, kaybedilen sevgilinin aranması motifidir.

Sevgili: Peşinde koşulan hakikatin sembolüdür.

Yunan Mitolojisi'nde de bu motif işlenmiştir. Örneğin Leondros ile Hera'nın öyküsü buna çok güzel bir örnek teşkil eder:

Kalede kapalı kalan sevgilisinin peşine düşen Leondros binbir badireden geçerek, denizler aşırı kaleye doğru yola çıkar. Azgın sularda boğuşur. Fırtına ve şimşeklerle savaşır. Denizi yüzerek geçer. Ve sonunda sevgilisine kavuşur. Ancak ikisi de sonunda ölür.

Ölüm: Yeni realitede doğuşun ve inisiyenin sembolüdür. Aynı zamanda eski bilgilerin yerine yeni bilgilerin gelmesi yani eskinin ölmesi demektir. Bir başka yaklaşımla da hedeflenen amaca ulaşmanın sembolüdür. İnisiyasyonda büyük değişimi anlatması bakımından çok önemli bir semboldür. Amaçlanan hedefe ulaşmanın da bir başka ifadesidir.

***

KALPTE GİZLENEN TANRI DİYONİZOS

Kalpteki Tanrı, Truva Atı'nın içinden ikinci kez doğup Olimpos'a yükselecektir. Mısır'daki Kalpteki Tanrı Horus'un Yunan'daki karşılığıdır. İnsanın içindeki ilahi gücü ve insanın ilahi bir kökene sahip olmasını anlatır. İnisiyasyonda ortaya çıkartılması hedeflenen insanın içindeki ilahi gücün mitolojideki yansımasıdır. Bu nedenle, Zeus'un insandaki tezahürü olarak nitelendirilmiştir.

Ünlü Ezoterizm araştırmacısı - yazar Frithjof Schuon kalpteki tanrı motifinin İslam içinde de bulunduğuna dikkatleri çekmiştir.

Frithjof Schuon, "De L'Unité Transcendante Des Religions" adlı eserinde: *"Yere, göğe sığmam da, mümin kulumun kalbine sığarım."* *şeklindeki hadis-i kutsi işte bu hususu dile getirmektedir"* demektedir.

Diyonizos, Yunan Mitolojisi'nde bir tanrı olarak sembolize edilmiştir. Bu tanrının doğuşunu anlatan efsanenin bir başka ilginç yanı da, Kur'an-ı Kerim'de anlatılan Musa peygamberin tanrıyı görmesi sırasında yaşanan olayların bir birlerine olan inanılmaz benzerliğidir:

"Kral kızı olan Semele ile Zeus birbirlerine aşık olmuştu..." diye başlıyor efsane...

Semele, Zeus'u olduğu gibi bütün kudret ve ululuğu, parlaklığı ile görmek sevdasına düştü. Zeus'a yalvarmaya başladı: "Ey Ulu Tanrı... Ey sevgilim... Bana olduğun gibi görün. İlahi nurun ile gözlerimi aydınlat" dedi. Çok sevdiği için Zeus, onun duasını kabul etti. Fakat bunun, Semele için büyük bir tehlike olacağını bildiği için, onu bu arzusundan vaz geçirmek istedi. Ancak Semele ısrar etti...

Sevgilisinin yalvarmalarına fazla dayanamayan Zeus altın tekerlekli bir şara bindi ve Olimpos'tan aşağıya indi. O anda Kral'ın sarayı alevler içinde kalıverdi... Semele Zeus'un ihti-

şamının parlaklığına fazla dayanamadı. Ateşler içinde yandı.
Efsane, bize Diyonizos'un tabiatını anlama imkanı verir... Gerek mitolojilerde, gerekse dinlerde kullanılan sembollerin evrensel mahiyette bir ortaklık gösterdiğini sık sık vurguluyordum. İşte buna bir başka örnek... Yunan Mitolojisi'nde geçen bir temayı yukarda aktardım. Şimdi de Kur'an-ı Kerim'de geçen ve bu temaya son derece benzeyen bir ayeti aktarmak istiyorum...

Musa, tayin ettiğimiz vakitte gelip Rabbi onunla konuşunca, Musa: "Rabbim, bana kendini göster, sana bakayım" dedi. Allah: "Sen beni göremeyeceksin ama dağa bak, eğer o yerinde kalırsa sen de Beni göreceksin" buyurdu. Rabbi dağa tecelli edince onu yerle bir etti. ve Musa da baygın düştü. Ayılınca: "Yarabbi, münezzehsin, sana tevbe ettim, ben inananların ilkiyim" dedi. (A'raf 7/143)

Bu benzerliklerle ilgili olarak uzun uzun yorumlar yapmaktansa, genel olarak bu benzerliklerle ilgili ünlü Ezoterizm araştırmacısı Raul Emmanuel'in, "Les Floralies de L'esprit" adlı eserindeki sözlerinden bir kısmını sizlere aktarmak istiyorum:

"Mitolojilerin tabiatında zihinsel yoldan anlaşılmaya izin vermeyen bir karakter vardır. Mitolojilerin hepsi kutsal bilmecelerdir ve hepsi de şu iyi bilinmesi gereken "Ortak Gövde"den, "İlk Büyük Gelenek"ten kaynaklanmaktadırlar.

Her din, diğer dinlerle paralel olarak ele alınırsa daha iyi anlaşılır. Eğer her şey Tanrı'ya aitse, herkes için tek bir Tanrı vardır. Tüm gelenekler, mitolojiler ve dinler birbirlerini tamamlarlar, güçlendirirler ve aydınlatırlar."

Yeri gelmişken Raul Emmanuel'in "Les Floralies de L'esprit" adlı eserinin, son bitiş cümlesini aktararak konumuza devam etmek istiyorum:

"Şu cümleyi söylemiş olan din adamı ile tamamen hemfikiriz: 'Tek bir kitabı olan insana ne yazık'; çünkü tüm dinler tek

bir Tanrı'nın façetasıdırlar. (*) Çok geç olmadan bu gerçeği bir an evvel hatırlamaya çalışalım."

Biz de, Raul Emmanuel'in bu sözlerine sonuna kadar katılıyoruz...

HİPERBOREA VE APOLLON

Dünya tarihinin çok eski dönemlerinde, Mu ve Atlantis'ten de önce varolan son derece ileri seviyeli uygarlıkların bulunduğundan söz etmiş ve onların Galaktik Uygarlıklar'ın üyeleri olduklarını söylemiştik. Yunan Mitolojisi'nde bununla ilgili de anlatılan efsaneler vardır:

Kış gelince gökyüzü kara bulutlarla örtülür. Mavi sema görünmez olur. Güneş fersiz ışıklarını bize çok uzaklardan göndermeye başlar. Çünkü gezgin bir Tanrı olan Apollon her sene sonbaharda, kendi arzusu ile çok uzak ve nerede bulunduğu belli olmayan Hiperboreos ülkesine gider. Bu ülke karların ve buzulların bulunduğu diyarların çok ötesinde bulunan bir yerdi. Burada ilkbahar sonsuzdu. Buranın insanları gece nedir bilmezlerdi.

Tarif edilen yer Kuzey Kutbu'dur. Gerçekten de Ezoterik kayıtlarda bu bölgede Hiperborea adı verilen son derece ileri seviyeli bir uygarlığın bir zamanlar bulunduğundan sözedilir. Efsanede geçen küçük bir ayrıntı da son derece ilgi çekicidir. Bu bölgenin insanlarının gece nedir bilmemesi, iki anlama gelir:

Birincisi coğrafik özelliğinden dolayı, gündüz ve gecelerin uzun sürmesi ve aylar süren gündüz ve gecelerin yaşanması.

İkinci olarak da: Gecenin yaşanmaması, bilgisizliğin değil bilginin hakim olduğu bir yaşam biçiminin süregeldiğini anlatır.

(*) Façeta: Elmasın yüzeylarenden her biri.

NARSİS EFSANESİ'NİN PERDE ARKASI

Son derece geniş bir yelpazeye sahip olan Yunan Mitolojisi'nde geçen bütün efsaneleri burada ele almamızın imkansızlığını hatırlattıktan sonra; son bir efsaneyle bu bölümü bitirmek istiyorum...

Kahin Tiresias, Narsis'in ana babasına, onun kendi kendisini görmediği sürece uzun yıllar yaşayacağını bildirmişti. Efsane bize onun harikulade bir yakışıklılıkta olduğunu söyler. *Korularda dolaştığı bir gün, su birikintisine dökülen bir kaynağın yanı başına geldi. Su birikintisine doğru eğildi ve suda kendi yüzünü gördü. Yansıyan bu çehreye hemen oracıkta aşık oldu. Kendisini bu seyirden bir türlü ayıramadı. Giderek hissisleşti ve bulunduğu yerde kök salarak kendi ismini taşıyan çiçeğe (nergis) dönüştü.*

Daha sonraları kendini aşırı derecede beğenen egoist kişilere Narsis ismi takılmış ve Klasik Psikoloji'de buna "Narsizm" denmiştir. Bunun böyle olması efsanenin anlaşılamamış olmasından kaynaklanmıştır. Nitekim daha sonraları ortaya çıkan birçok araştırmacı, Psikoloji'de Narsizm anlayışının yanlış temellere oturtulduğu görüşünde birleşmişlerdir. Çünkü Yunan Mitolojisi'nde geçen "Narsis Efsanesi"nin altında yatan gerçekler bambaşkaydı... Bu kısa sürede ortaya çıktı.

Narsis'in kendisine aşık olması, kendisini beğendiği anlamına gelmemektedir. Burada fizik değil fizik ötesi bir durum söz konusuydu...

Efsanede Narsis kendisini bir su birikintisinde görmüştü. Su, durugörü yeteneğini harekete geçirmek için kullanılan yöntemlerden biridir. Ve çok eski çağlardan beri, bu yöntem kullanılır. Konsantrasyon araçlarından biri olan suya bakarak kehanette bulunmak, hemen hemen bütün toplumların geleneksel bilgilerinde mevcuttur. Günümüzde hala görücü medyomların bir kısmı durugörü yeteneklerini harekete geçirebil-

"GİZLİ SIRLAR ÖĞRETİSİ"

mek için bir bardak suya bakarlar.

Narsis'in üzerine eğildiği su birikintisi durugörü yeteneğini harekete geçirmiş ve suda gördüğü kendi yüzü değil, kalpteki tanrı Diyonizos'un çehresiydi ve bu onu aşktan çılgına çevirmişti. Görmüş olduğu Diyonizos ise kendi ilahi benliğinden başkası değildi. Böylelikle en büyük sırrın kendi içinde saklı olduğunu farketmişti...

VIII. BÖLÜM

DOĞU GİZEMLERİ

Mistik dünyanın kapıları işte burada aralanmaktadır.

Hint ve Tibet gizemleri yüz yıllardır insanoğlunun kafasını karıştırmış ama bu karışılık, Doğu ile ilgili birbirini izleyen araştırmaların yapılmasına sebebiyet vermiştir.

Bu araştırmalara öncülük eden ve ışık tutan en önemli kılavuz ise yine Ezoterik bilgiler olmuştur. Ezoterizm sayesinde Doğu'nun gizemleri günümüz insanının anlayışına sunulabilmiştir. Diğer Ezoterik çalışmalarda olduğu gibi, bu alandaki ezoterik çalışmalar da maalesef yurdumuzda yeteri kadar dile getirilememiştir. Dolayısıyla Doğu bizim için sadece mistik dünyanın bir kapısı olarak kalmıştır. Ama o aralanan kapıdan içeriye bakabilmek yurdumuzda pek mümkün olamamıştır.

İNİSİYASYONUN DİLİ DE DİNİ DE BİRDİR

Dünya üzerinde yapılan tüm inisiyatik çalışmalar, mevcut dinleri ve mitolojileri açıklayacak bir sisteme sahiptir. Çünkü mitolojilerde ve dinlerde geçen kapalı bilgilerin açık hallerine sahiptir. Sembollerin evrensel diliyle konuşan inisiyatik çalışmalar, her ülkede aynı gerçekleri haykırırlar. Bu nedenle inisiyasyonun din ve dil ayrımı yoktur. O tüm insanları ve tüm öğ-

"GİZLİ SIRLAR ÖĞRETİSİ"

retileri bir ve aynı görür.

Bu uygulamada da böyle olmuştur. Örneğin, meşhur Yunan inisiyeleri Mısır'da yetişmiştir. Mısır inisiyasyonun belli bir kısmı Tibet'te gerçekleştirilmiştir. Çin inisiyasyonları Hint'te geçmiştir. Hint inisiyasyonlarının yine büyük bir kısmı ise Kuzey Asya'da Şamanik inisiyasyonlar içinde sürdürülmüştür. Endülüs'teki inisiyatik okullar bütün Avrupa'yı geliştirmiştir.

HİNT EZOTERİZMİ'NE GİRİŞ

Günümüze kadar gelebilen dünya tarihinin en eski yazıtları Doğu'ya aittir. Bunların da başında Vedalar gelmektedir... Vedalar Hinduizm'in temelini oluşturur. Bunlar Hind'in kutsal metinleridir.

Veda: "Dini Bilgi" demektir. Dört büyük bölümden meydana gelir: Rig Veda, Atarva Veda, Sama Veda ve son olarak da Yajur Veda olmak üzere...

Rig Veda: Özel eğitimden geçen bilge kahinler tarafından ilhama dayalı ve medyomsal tekniklerle yazdırılmıştır. Destanlar ve lirik şiirler tarzında yazılmışlardır.

Atarva Veda: Majik ritüelleri ve majik sırları kapsayan yazıtlardır. Ezoterizm'de maji olarak geçen bu sözcük, günümüz Türkçesi'nde büyü olarak kullanılmaktadır. Ancak büyünün ne anlama geldiği ve gerçekte neyi ifade ettiği günümüzde tamaman saptırılmış durumdadır.

Atarva: "Ateş rahibi, büyücü" anlamına gelen bir sözcüktür. Çok eskiden Atarva sözcüğü, "Atarva Angirasah" olarak söylenmekteydi. O devirlerde Atarva sözcüğü majinin ak rahipler tarafından uygulanan olumlu tarafını ifade ederken; Angiralar ise majinin yıkıcı ve öldürücü kısmıyla uğraşan kara rahipler için kullanılmaktaydı.

Burada büyü meselesini biraz açmak yerinde olacaktır:

"DOĞU GİZEMLERİ"

"Büyü", günümüzde çoğumuz için batıl yani boş bir inancı ifade eden bir sözcük olarak kullanılmaktadır. Bir kısmımız için ise, ürkütücü bir takım ritüeller eşliğinde yapılan ve çoğunlukla da kötülük için, mezarlıklarda, karanlık odalarda kötü tesirleri bir başkasına yüklemek için baş vurulan bir uygulamadır.

Oysa ki, büyünün ilk ortaya çıkışı ve temel prensipleri, bunların dışında olan bir takım bilgilere dayanır. Büyüsel işlemlerin mevcut olduğu ve büyüsel teknikler kullanılarak eski toplumlarda pekçok uygulamaların yapıldığını yine çok eski devirlerden kalma yazılı belgelerden görüyoruz. O devirlerde büyü ve din bir arada işlevini sürdürüyordu. Hatta dinin önemli bir parçası konumundaydı. Bir örnek vermek gerekirse, Eski Mısır'ın Ölüler Kitabı'nda anlatılan bazı ritüeller tamamıyla majik yöntemlerin sembollerle anlatılmasından ibareti. Kökü Atlantis'e kadar dayanan bu uygulamalar daha sonra özellikle Mısır'daki rahiplere de öğretildi.

Bu bilgiler daha sonra Mısır'daki mabetlerde büyük bir özenle korunurken, aynı zamanda buralarda eğitimden geçenlere de bu bilgiler öğretildi. Yine bir örnek vermek gerekirse, bu bilimi öğrenenlerden biri de, Musa peygamber olmuştur. Musa peygamberin bu bilgiler vasıtasıyla ortaya koyduğu majik yöntemler ve sonuçları gerek Tevrat'ta gerekse de Kur'an'da mucizeler tarzında insanlara kısmen de olsa aktarılmıştır.

Maji'nin yani büyünün ayrıntılı açıklamalarına burada girmek istemiyorum. Bu başlı başına, başka bir kitap konusu. Yurdumuzda yayınlanmış olan birçok kitap konuyu gerçek mahiyetiyle ele almaktan son derece uzaktır. Büyü konusu yurdumuzda çok fazla istismar edilen bir mesele haline getirildiği için yeri gelmişken birkaç söz söylemeden de geçmek istemiyorum.

BÜYÜ'NÜN SIRRI BİLİNMEYENDE GİZLİDİR

Majinin esası, evrende mevcut olan fakat açıkça herkes tarafından bilinmeyen bazı gizli kanun ve prensiplerden doğmuştur. Konuyu biraz açmaya çalışalım...

Bu gün evrende klasik bilimin aletlerinden ve gözlemlerinden kaçan bir çok kuvvetler ve enerjiler vardır. Çok eski çağlardan beri insanlar bunların hiç değilse bir kısmını sezebilmişlerdir. Esasında maji ile uğraşmak; çok büyük bir sabır, büyük bir yetenek, büyük bir irade, hassasiyet ve konsantrasyon isteyen oldukça güç bir meseledir. Böyle bir işle uğraşanların delirdiği, felç geçirdiği, ağzının ve yüzünün çarpıldığı hep anlatılan örneklerdendir.

Her önüne gelenin evrendeki bu gizli güçler ve pisişik yeteneklerle cahilane uğraşmaması gerektiğini yaşanan bu istenmeyen olaylar gayet iyi örneklemektedir.

Bu gizli güçleri kullanabildiğiniz, onun şartlarına göre hareket edebildiğiniz sürece size yararlı olabilir. Aksi takdirde yapılan en küçük hata sizi imha edebilir. Bir ters tepki ile karşılaşıp insan kendi kendisine her zaman için zarar verebilir.

İşte Atarva Veda'da anlatılan büyüye ait kuralların esası bizim anladığımız anlamda kaba, bayağı bir büyücülük tarzında değil, evrende mevcut olan bazı güçlerin olumlu anlamda kullanılması amacını gütmüştür. Bu bilgilerin Hint Ezoterizmi'nde üstatlar tarafından öğretilmesi gerektiğinin ısrarla vurgulanması, konuya bilgisizce yaklaşılmasının doğuracağı tehlikelerden insanları korumak içindir. Bilinçsizce yapılan uygulamaların ters sonuçlar doğurup çevreye zararlar getireceği çok eskiden beri bilinmekteydi.

Atarva Veda tam anlamıyla majik yasalar bütünüdür. Ancak bu bilgiler her önüne gelene verilmezdi. Çünkü büyük bir sorumluluk işiydi. Çocuğun eline dolu bir tabanca vermekten daha tehlikeli görüldüğü için, çok özel eğitimlerin sonunda seçilen bazı kişilere bu sırlar öğretilirdi.

M.ö. 3000 yıllarından itibaren majik çalışmalar Mısır'da ve Kalde'de altın çağını yaşadı. Mezopotamya, Sümer Dini'nin de etkisiyle yaygın bir maji uygulamasına sahne oldu. Eski Yunan'da Elözis ve Orfe tarikatlarında bu uygulamalar hayli boldu. Tesalya, majisyenlerin yoğun olduğu bir bölge konumundaydı. Homeros'un, Teokritus'un, Apollonius'un eserlerinde bunların geniş anlatımları mevcuttur.

Eski Roma'da maji çalışmaları M.Ö. 451 yılından itibaren yasaklandı. Ancak majik çalışmalar gizliden gizliye sürdü. Zaman ilerledikçe majik uygulamalar kara majiye doğru kaymaya başlamıştı.

Hristiyanlığın doğuşundan itibaren, 3-4 asır boyunca devam eden maji çalışmaları gittikçe daha da yozlaştı. Majisyenlerin büyük bölümü kara majiyle uğraşır oldu. Ak majiyle uğraşanların sayısı gittikçe azaldı. Tüm Ortaçağ boyunca büyücüler ve kilise arasında büyük bir mücadele sürdü. 13. yüzyıldan 18. yüzyıla dek binlerce kişi yakılarak idam edildi. Tabii bu yakılanlar arasında ak majiyle uğraşanlar da nasibini aldı. Böylelikle kurular arasında yaşlar da yandı. Yani karalar arasında aklar da bilinçsizce katledildi...

Majik uygulamalar Müslümanlık'ta da yasak edildi. Zaten maji de o ilk zamanki konumundan bir hayli uzaklaşmış, insanların egosal çıkarlarına alet edilmeye başlanmıştı.

Günümüze yakın bir dönemde yapılan, ilginç bir maji töreninden örnek vermek istiyorum:

Büyük okültistlerden Papüs, Çar II. Nikola'nın huzurunda büyük bir maji ritüeli gerçekleştirmişti. Bu maji ritüelinde, Papüs Çar'ı ölen babasıyla görüştürmüştü. 5-10 dakika süresiyle babasının mataryalize olmasına vasıtalık etmişti. Yani ölen babası, yaşamındaki görünümüyle 10 dakikaya yakın bir süre görünür bir hale gelmiş ve oradakilerle kısa bir konuşma yapmıştı. Bir çok kişinin şahit olduğu bu olay dünya Parapsikolo-

"GİZLİ SIRLAR ÖĞRETİSİ"

ji Literatörü'ne girmiş en ilginç olaylardan biri olarak kabul edilir.

Bu olaydan sonra Paris'e geri dönen Papüs, kendisine sorulan soruları cevaplarken, bu olayın arkasında parapsişik yeteneklerin kullanılmasının önemli bir rolü olduğunu uzun uzun anlatmıştı. Böylelikle konu Parapsikoloji'nin araştırma sahasına girmiş ve konuyla ilgili daha sonraları yapılan araştırmalar, Parapsişik yeteneklerin eski devirlerde yapılan majik çalışmalardaki önemini gözler önüne sermiştir.

Kısaca özetleyecek olursak, eski devirlerde sözü edilen büyüsel çalışmalarda birinci derecede önemli olan şey düşüncenin konsantarasyonu ve bu konsantrasyonla pisişik güçlerin de yardımıyla ayrıntılarına özellikle girmediğim evrende mevcut bulunan bazı perinsip ve kanunları harekete geçirmektir diyebiliriz.

Burada düşünce enerjisinin çok önemli bir fonksiyonu vardır. Siz düşüncelerinizle karşınızdaki bir kişiye olumlu etkilerde bulunabileceğiniz gibi, olumsuz etkilerde de bulunabilirsiniz. "Düşüncelerinizden de sorumlusunuz" denmesinin bir diğer sebebi de işte budur. Dua, bir konsantrasyon aracı olarak, sizin düşüncelerinizin belirli bir noktaya kitlenmesine yönelik bir uygulamadır. Dolayısıyla duanın da kökeni, esasında basit anlamda majik bir uyglamaya dayanır.

Konuyu daha fazla dağıtmadan Vedalar'a geri dönelim... Ancak majik yöntemler burada da karşımıza çıkacak.

***

Sama ve Yajur Vedalar: Kurban ritüellerine ait bilgiler içerir. Bunlar da temelde majik kökenlidir. Sama ve Yajur Veda'da anlatılan ibadetin nasıl yapılacağı, ne yenip, ne içileceği, eşyaların nasıl tanzim edileceği, kurbanın nasıl kesileceği, ritüellerde nasıl ateş yakılacağı ve bunlara benzer birçok kural daha sonraları Tevrat'ta da yer almıştır. Tevrat ile Vedalar'da geçen anlatımların benzerliği son derece ilginçtir. Tevrat'ta bu

"DOĞU GİZEMLERİ"

konularla ilgili anlatılanların, çok daha önceleri Sama ve Ya-jur Vedalar'da da anlatılmış olması Ezoterik bilgilerin birliğini gözler önüne sermesi bakımından da ayrı bir öneme sahiptir.

BİR TÜRLÜ ÇÖZÜLEMEYEN TANRILAR MESELESİ

Diğer eski toplumların kültürlerinde olduğu gibi, Veda-lar'da da birçok ilahla karşılaşırız. Bu ilahlar onların putperest olduklarını hiç bir zaman göstermez. İlah demek yaradan de-mek değildir. Eski devirlerde yaşayan insanların inançlarını ve kültürlerini tam anlamıyla anlamak istiyorsak başta bu me-seleyi açıklığa kavuşturma mecburiyetimiz vardır. Aksi tak-dirde bu kültürlere nüfuz edebilmemiz imkansız bir hale gele-cektir ki, günümüzde böyle bir sıkıntının özellikle yurdumuz-da yaşanmakta olduğunu söylemek istiyorum. Nedense bir türlü bu konu açıklığa kavuşturulmamıştır.

İlahlar, tanrılar ya da tanrıoğulları olarak geçen ifadelerin hepsi kullanıldığı yere göre değişik anlamlar ifade eder.

Bunları başlıca 3 grupta toplayabiliriz.

1- Bilgeleri ve Büyük İnisiyatörleri İfade Eder: Bunlar çoğunlukla Atlantis'te yaşamış olan bilge rahiplerdir. Mitoloji-lerde ilahlar olarak ele alınmıştır. Thoth ve Hermes bunlar içinde en çok bilinenleridir. Bu grupta ele alınan ilahlar ve tanrılar aynı zamanda bazen inisiyasyondaki öğretmenleri ba-zen de bu inisiyasyondan mezun olan öğrencileri de ifade eder.

2- Kozmik Yasaları İfade Eder: Evrende mevcut olan ba-zı yasaları ve prensipleri ifade eder. Yunan Mitolojisi'nde ge-çen Zaman Tanrısı: Kronos, Ateş Tanrısı: Hapehistos bu sınıf-ta ele alınan ve kozmik yasaları ve prensipleri ifade eden sem-bollerden sadece bir kaç tanesidir.

3- Ruhsal İdare Mekanizması'nı Anlatır: Fizik dünyala-rın görüp ve gözeticiliği fonksiyonunu belirli bir plan dahilin-

"GİZLİ SIRLAR ÖĞRETİSİ"

de yürüten ve ruhsal potansiyalleri son derece gelişmiş yönetici varlıkların sembolik anlatımlarıdır. Dinsel öğretilerde sözü edilen "Rab" ve "Baba" sözcükleri bu grupta değerlendirilmesi gereken sembolleri içerir. Konunun bu yönü yüzyıllardır büyük bir sır olarak saklanmıştır. Ancak konunun bu yönü tüm mitolojilerde ve dinlerde kısmen açık bir şekilde insanlara anlatılmıştır. Araştırıldığında herkesin karşısına çıkmaya hazır beklemektedir.

"Kutsal Ruh", "Büyük Ruh", "Baba", "Rab", "İndra", "Zeus", "Ruhül Kudüs", "Yehova", "El İlah", hep bu grupta geçen önemli sembollerdir.

Bunların hiç biri, Kadir-i Mutlak Yaradan anlamında kullanılan isimler değildir. Bu iki hususu kesin olarak birbirinden ayırmak gerekir.

İşte eski devirlerde yaşayan insanların inançlarını ve kültürlerini anlatan mitolojik ve dinsel metinlerde geçen ilahlar ve tanrılar sözcükleri kısaca özetlemeye çalıştığım bu üç gurupta ele alınmıştır. Hangi sembolün hangi gurupta işlendiğini ortaya çıkartmak için karşılaştırmalı araştırmalara gerek vardır. Burada sadece konuya kısaca bir giriş yapabilmek için bu ön bilgileri vermekle yetiniyorum.

Tekrar Vedalar'a geri dönelim...

ATEŞ İLAHI AGNİ VE CEHENNEM

Vedalar'ın yazarları, evrenin bir takım kuvvetlerle dolu olduğunu daima anlatmaya çalışmışlar ve bunu hissettirmişlerdir. Bunu yaparlarken de, görünenin ardındaki görünmeyen prensiplere ve gerçeklere dikkatlerimizi çekme hünerini gayet sanatsal bir üslüpla başarmışlardır. Bu semolik anlatımları çözebilirsek anlatılmak istenen gerçeğe ulaşabiliriz. Aksi takdirde anlatılan semboller bizim için kapalı kalmaya mahkum olur. Ve onları sadece tabiatın bilinen kanunlarını anlatan semboller olduklarını zannedebiliriz.

Örneğin, Vedalar'da bir Agni'den bahsedilir. Agni, ikinci derecede bir ilah olarak karşımıza çıkar. Çünkü ondan önce İndra ve Vişnu vardır. Vedalar'da Agni bir ateş ilahı olarak sembolleştirilmiştir. Günahları temizleyen ve insanlara tanrıların yeniden yönelmesini sağlayan bir ilah olarak anlatılmıştır.

İslam'da da buna benzer ifadeler vardır: Cehennem ateşi, esasında insanların günahlardan arınması için konulmuş bir ateştir. Yani insanları kurtaran bir ateştir. O şekilde sembolleştirilmiştir. Ateş'in arınmayla olan ilgisi, İslam'da cehenneme giden herkesin sonunda cennete gideceği inancında kendisini gösterir. Yani hiç kimse sonsuza dek cehennemde kalmayacaktır inancı bu ilintiye işaret eder. Burada cehennem ateşiyle sembolleştirilen bilgiyle, Vedalar'da geçen Ateş İlahı Agni'nin fonksiyonları ve insanlara ilettiği mesaj arasında büyük paralellikler bulunmaktadır. Anlatılmak istenen bilgi her ikisinde de aynıdır. Her ikisinde de kullanılan sembol aynıdır: *Ateş...*

Vedalar'ın önemli sembollerinden bir diğeri de *"İlahi İçki"* sembolüdür. İslam'da da ilahi içkilerden sözedilen semboller vardır. Cennette olanlara "Kevser Şarabı"nın ikram edilmesi, aynen Vedalar'da anlatılan "İlahi İçki Soma"ya benzemektedir. Bu içki öncelikle tanrılara kuvvet ve cesaret veren bir içkidir. Bu ilahi içkinin kudreti sınırsızdır. İnsanlar onun sayesinde tanrıların merhametini kazanır.

Kur'an'daki Kevser ve Vedalar'daki Soma ezoterik semboller olup *"Ruhsal İdare Mekanizması"* nın şuurlandırıcı ve bilgilendirici tesirlerini anlatır.

HİNT EZOTERİZM'İNİN KOZMOGONİK SIRLARI

Hind'in Evren ve Dünya ile ilgili kozmogonik inançları da

"GİZLİ SIRLAR ÖĞRETİSİ"

yine sembolik bir dille Rig Veda'da karşımıza çıkar. Dünyanın başlangıcına dair bilgiler veren ilahilere göre, Evren'in bir yapı gibi mekanik olarak meydana getirildiği anlatılır. Rig Veda'nın 10. Bölümü'nün 90'ıncı ilahisine göre; Evren, Tanrılar'ın kurban ettiği ilk insan Pruşa'nın vücudundan çıkmıştır.

Başı gök, burnu hava, ayakları dünya olan bu varlığın anlatımı da, insanı mikro kozmos, kainatı ise makro kazmos olarak anlatan İslam Ezoterizm'i ile büyük bir benzerlik gösterir.

Rig Veda Evren'in oluşumunu bir başka ilahide şöyle anlatır: Hararet neticesi, önce deniz ve su meydana geldi. Sonra yaratıcı tanrı sırası ile güneş, ay, gök, yer, hava ve esiri yarattı. Yine Onuncu bölümün 121nci ilahisi tanrılar arasındaki hiyerarşiyi ve hepsinin üstündeki yaratıcı tanrı anlayışını açıkça gözler önüne serer.

HİNT GELENEKLERİNDE ÖLÜM VE ÖLÜM ÖTESİ

Ruh'un ölümden sonra da varlığını devam ettirdiğine inanılmıştır. Ruh'un fizik bedene bağlanabilmesi için kullandığı yarı maddesel esiri bir bedenden sözedilir. Bu bedene Hint Gelenekleri "Astral Beden" ismini verirler. Astral Beden ruhun adeta eli ayağıdır. Ruh, onunla fizik bedene girer ve onunla birlikte ölüm esnasında fizik bedenden ayrılır. Dünyaya her doğuşunda yine aynı "Astral Bedeni"yle fizik bedene bağlanır. Geçirdiği tüm yaşamların bilgisi yine bu bedende saklanır. Bu beden aynı zamanda büyük bir hafıza görevi de görür. Daha sonra gelen toplumlar "Astral Beden" ismini aynen kullanmışlardır.

Hangi isimde anılırsa anılsın, tüm ezoterik öğretiler; ruh enerjisiyle, fizik enerjinin birlikteliğini sağlayan bu tür yarı maddesel esiri bir bedenin bulunduğundan hep söz etmişlerdir.

Ölüm hadisesinden sonra, fizik bedenini terk ederek Spatyom'a geçen varlık, "Astral Bedeni"ni oluşturan maddelerin titreşimsel özelliğine uygun bir ortamda, kendine bir yer bulur. Bu nedenle tüm inisiyatik öğretilerin temelinde olan çalışma, Hint İnisiyasyonu'nun da temelini oluşturur. Bu temel çalışma da "Astral Beden"in temizlenme çalışmasıdır. Hint geleneklerinde ifade edilen Agni'nin görevi buydu. Ateşle sembolleştirilen Agni yüksek seviyeli enerjiler demektir. Bu yüksek seviyeli titreşimlerle "Astral Beden"in temizlenmesi hedeflenmişti. Yani mitolojik anlatımlarında ifade ettikleri bir safhadan, diğer bir safhaya geçecek kimsenin ateşle temizlenmesi, cehennemden geçmesi bunu anlatır. Yüksek seviyeli enerjilerle astralin temizlenmesi... Ateş ve Agni işte bunun sembolüydü...

Hint geleneklerine göre, ölünün ruhu, yukarı, havaya doğru, babaların geçtiği yoldan "Ezeli Aydınlıklar Ülkesi"ne gider. Ölünün cesedinin yakılışına Agni rehberlik eder. Göğe gelen ruh, öte alemde astral bedenleriyle varlıklarını sürdüren başka ruhlarla karşılaşır. Ölü bu dünyayı bırakınca, günahkârları yakan fakat iyilerin geçmesine müsade eden iki ateş arasından geçer. İyiler yollarına devam ederler. Kendi benliğini bilemeyenler ise, fena ruhların karanlık dünyasına giderler.

Bu bize İslam Ezoterizm'indeki Sırat Köprüsünü hatırlatmaktadır. Sevap işleyen iyilerin cennete, günahkar kötülerin cehenneme gidişi...

İslam Ezoterizm'i ruhların tekrar doğuşlarını açıkça ifade etmez. Üstü örtülü bir şekilde dile getirir. Bu, tekrardoğuş bilgisinin Kur'an'da üstü kapalı bir şekilde verilmiş olmasından dolayıdır. Tekrardoğuş sadece Sufi tarikatları gibi özel eğitime alınmış müritlere çok sonraları açıklanırdı.

Hint geleneklerinde ise bu bilgi, İslam Ezoterizm'ine oranla daha açıktır.

Hint gelenekleri, öte dünyada iyilerin yollarının daha sonra ikiye ayrıldığını söyler. Bu inanç Upanişatlar'da özetle şöyle

"GİZLİ SIRLAR ÖĞRETİSİ"

anlatılır:

"İyilerin karşısına daha sonra iki yol daha çıkar. Biri Ulu Ruh'u bilenlerin yoludur. Bu yol Brahma'ya gider. Bilgisi noksan olan iyiler ise göğe giderler. İyi işlerinin karşılığını görüp tükenince, tekrar dünyaya doğmak için geri dönerler."

Ruhların tekrar doğdukları açıkça belirtilmiştir. Ne var ki burada kullanılan bazı semboller, daha sonraki toplumlar tarafından bir türlü anlaşılamadığı için, *"tenasüh"* denilen yanlış bir anlayışın ortaya çıkmasına sebebiyet vermiştir.

Yurdumuzda da yapılan bazı tartışmalarda insanın kötü davranışlarından dolayı bir sonraki yaşamında tilki, köpek, fare gibi hayvanlara enkarne olması fikri şiddetle eleştirilmekte ve kabul edilmemektedir. Ve böyle bir anlayışa sahip olanlar da, tekrardoğuş inancının reddedilmesi sonucuna ulaşmıştır. Oysa ki insan bedeninde yaşayan bir ruh varlığının bir sonraki yaşamında herhangi bir hayvan bedenine girmesi diye bir şey söz konusu değildir. Ve Hint geleneklerinde böyle bir anlayış yoktur. Böyle bir anlayışın ortaya çıkması tamamen sembolik bir anlatımın anlaşılamamış olmasından kaynaklanmıştır.

Hint geleneklerinde sözü edilen hayvanların neyi sembolize ettiği anlaşılamadığı takdirde böyle bir karmaşanın yaşanması kaçınılmaz olarak devam edecektir. Bu sembolleri çözmek lazımdır. Burada sözü edilen hayvanlar tüm Ezoterizm'de ortak kullanılan şifreli sembollerdir. Bu nedenle, Ezoterizm'de: Atın, timsahın, kartalın, tilkinin ve benzeri hayvanların her birinin ayrı bir sembolik anlamı vardır.

Örneğin daha önce de söylemiş olduğum gibi, "At" duygusallığı temsil eder. Eğer Hint geleneğinde bir insanın at bedeninde dünyaya geleceğinden söz edilmişse bu duygularına ve duygusallığına hakim olamayan bir insanın yeniden bu eksikliğini tamamlamak için dünyaya doğacağının sembolik bir anlatımından başka bir şey değildir.

Gerek Hint geleneklerinde, gerekse Tibet geleneklerinde

bu semboller bolca kullanılmıştır. Kısaca toparlayacak olursak, burada sözü edilen hayvanların hepsi, insandaki telafi edilmesi gereken eksikliklerin birer sembolü durumundadır. Doğu Ezoterizmi'ndeki bu anlayış böylelikle yanında yeni bir anlayışı daha getirmiştir. Özellikle Upanişadlar'da açıkça belirtildiği gibi, bir kimsenin dünyada yaşadığı müddetçe yaptığı iyi veya fena işlere göre, öte alemdeki yaşamın niteliğinin belireceği fikri ortaya konmuştur. Buna Doğu Gelenekleri'nde "Karma" ismi verilir. Her varlığın "Karma"sına göre yeni yaşamları belirlenir. Nerede ne şekilde, hangi şartlarda, ne tür bir yaşam çizgisinin oluşturulması gerektiği ortaya çıkar. Böylelikle varlık karmasının durumuna göre eksiklerini gidermek için hazırlanan şartlar içinde tekrar dünyaya doğar.

Sözünü ettiğimiz bu "Karma" inancı Hint geleneklerinin en belirgin özelliklerinden biridir. Her insanın karmik yükü, geçirdiği tüm yaşamlarının sonucu olarak, ya ağırlaşmakta ya da hafifleşerek artık bu dünyaya doğmasına gerek kalmayacak bir noktaya gelmektedir. Bu noktaya Budist gelenekler "Nirvana"ya ulaşmak ve dünyaya tekrar doğma zaruretinden kurtulma adını vermişlerdir. Ancak her varlık bu noktaya gelemez. Bazı durumlarda varlık artık içinden çıkılması olanaksız bir karmik tortuyla yüklenebilir. Yani telafi edeyim derken, telafisi mümkün olmayan yükler birbiri arkasına eklenerek, varlığın karması olumsuz yönde artıp çoğalabilir.

Bunun çözüm şekli üstü kapalı bir şekilde Kur'an'da karşımıza çıkar:

"...Bizim emirlerimize karşı gelmekte ısrar edenleri biz helâk ederiz..."

Burada sözü edilen helak etmek: Yok etmek anlamına gelir. Peki yok edilen şey nedir? Burada ortadan kaldırılan şey ruhun bizzat kendisi değil, özel bir tesirle astral bedenin hafifletilmesi, astral bedende birikmiş olan karmik tortunun ortadan kaldırılmasıdır. Buna Astral'in yakılması denir. Bu işlem,

"GİZLİ SIRLAR ÖĞRETİSİ"

o varlık için büyük bir rahmettir. Bu ameliyeden sonra varlığın önü açılır ve gelişimini başka bir sistemde sürdürme imkanına ulaşır. Ancak bu temizlik sırasında, dünyadaki tüm yaşamların anıları da yok olma kaderiyle karşı karşıya kalır. Böyle bir durumla karşılaşılmaması için Hint gelenekleri büyük bir çalışma içine girmişler ve özel meditasyonlar, zikir çalışmaları ve ağır inisiyatik çalışmalarla astralin temizlenmesine büyük bir önem vermişlerdir. Bu nedenle dünya nimetlerinin bir çoğundan belirli bir süre vaz geçip, onları terk ederek uzun süren perhizlere girişmişlerdir. Bütün bu çalışmalar da dünya üzerindeki en geniş felsefenin ortaya çıkışına sebebiyet vermiştir.

İşte bu yüzden Hint Felsefesi çok gelişmiştir. Dünyada en iyi felsefi dil olarak Sanskritçe'nin kabil edilmesi de yine buna dayanır. Tek amaç bu dünya okulunu bitirerek daha kapsamlı dünyalara ulaşmaktı... Bu yolda girişilen büyük çabalar, sonunda Buda'nın söylemiş olduğu gibi ıstırabı ve bilgisizliği ortadan kaldırmaya yönelikti...

Bu dünyanın her türlü tuzaklarından kurtulup, yüksek varlıkla nihai birleşmeyi, kurtuluşu arayanlar için nefse hakim olmak, sevgi ve şefkat en esaslı faziletlerden sayılmıştır. Durmadan dönen tekrar tekrar doğuşlar çarkından kurtulup asıl orijinal ezeli kaynağa dönmek en büyük hedef olarak insanlara gösterilmiştir.

HİNT'İN KUTSAL SIRLARI

Doğu'da, Maya'yı, dünyanın ilk illüzyonu yani yanılsaması olarak kabul etmek ortak bir tavırdır. Dünyanın yanıltıcılığının ve göz aldatıcılığıyla ortaya çıkan insanların gerçeği görememesinin sembolü, Tanrıça Maya ile ifade edilmiştir.

Hem yaratılmış hem de yaratılmamış özelliğiyle tanınır. Hint Ezoterizmi, Maya'nın örtüsünü kaldırmadıkça sırra ulaşılamayacağından bahseder. Çünkü Tanrıça Maya dünya gerçekliğini örterek, insanların gözlerini bağlamıştır.

İslamiyet inancında sözü edilen *"insanların kalplerinin mühürlü, gözlerinin bağlı olması"*, Hint'te Maya ile sembolleştirilmiştir.

Hint Mitolojisi'nin en üst Tanrısı Brahma'dır. O yaratıcı özelliğiyle Tanrılar hiyerarşisinin başıdır. Daha sonra Vişnu ve Çiva gelir. Maya ise Çiva'nın eşi olarak karşımıza çıkar.

Brahma yaradılış öncesini, Vişnu da aktif yaradılışı ve sonrasını bilmektedir. Çiva ise bunlara ek olarak dünyasal alemin bilgisiyle de doludur. İnsanlarla direkt irtibatta olan odur. Bu yüzden Çiva ve Maya Hint Ezoterizm'inde üstünde en fazla durulan semboller olmuştur. Çünkü insanların kurtuluşu Çiva ve Maya'nın sembolleştirdiği sırlarda gizliydi...

Hint Mitolojisi'nde geçen bir efsane bize bu konuyla ilgili ilk ipuçlarını verir:

Günlerden bir gün, Brahma ile Vişnu denize girmişlerdi. Göklerdeki üstünlükleri hakkında tartışıyorlardı... Her biri kendisinin en yüksek tanrı olduğunu iddia ediyordu. Aniden önlerine dalgaları yararak bir tepenin çıktığını gördüler. Tartışmayı bırakarak, gözlerinin önünde giderek yükselen tepeyi izlemeye koyuldular. Tepe o kadar büyüdü ki, Brahma ile Vişnu şaşırmış bir vaziyette bu tepenin gerçek büyüklüğünün ne olabileceğini kendi kendilerine sormaya başladılar. Her iki ucunu saptayabilmek için aralarında anlaştılar. Brahma, zirvesine ulaşmak için göklere uçtu. Vişnu da görünmeyen tabanını bulmak için sulara daldı. Ancak, Brahma yükseldikçe tepe daha da yükseliyordu. Vişnu da taban kısmına gittikçe aşağıya doğru tepenin sürekli uzandığını görüyordu. Her iki tanrı da tüm çabalarına rağmen tepenin ne altını ne de en uç zirvesini göremediler. Çaresizlik içinde her ikisi de su yüzeyine geri döndüler. Tam o sırada Çiva onlara göründü. Onlara en büyük Tanrı'nın kendisi olduğunu söyledi. Çünkü Brahma

"GİZLİ SIRLAR ÖĞRETİSİ"

sadece yükselebiliyor, Vişnu ise sadece aşağıya inebiliyordu. O ise, her ikisini de birlikte yapabiliyordu. Brahma ne kadar yükseliyorsa Çiva da o kadar yükseklere uçabiliyor, Vişnu ne kadar aşağılara inse, O da o kadar inebiliyordu. Her iki Tanrı da gülümsediler. Ve O'nun doğru söylediğini kabul ettiler. Brahma ve Vişnu Çiva'nın iddiasını kabul etmişlerdi. Çünkü O, kendilerinin inemedikleri planlara inebiliyor, hakim olabiliyordu. Onların şiddetli titreşimleri maddeyi uçucu hale getiriyordu. Halbuki Çiva'nın daha az şiddetli titreşimleri kendisine maddi alemde daha aşağılara inme imkanı veriyordu. İşte bu yüzden Çiva onlardan üstündü.

Hint Mitolojisi'ndeki bu üstünlük meselesi olarak ortaya konan şey aslında bir başka sırrın anlatılmasına vesile olmaktaydı. Burada asıl anlatılmak istenen, bir üstünlük tartışması değil, Ezoterizm'de çok gizli tutulan bir bilginin sembolleştirilerek anlatılmasıydı.

Burada dünyanın görüp gözeticilik fonksiyonunu yürüten "Ruhsal İdare Mekanizması"nın mecazi bir anlatımı vardır. Mitolojilerde Tanrılar hiyerarşisinin altında yatan sır işte buydu. Gelişmişlik seviyesi bakımından, evrende ruhsal bir hiyerarşinin bulunduğu tüm toplumların geleneksel bilgilerinde ve Ezoterik çalışmalarında mevcuttur.

Ezoterizm'de "Ruhsal İdare Mekanizması" adı verilen bu hiyerarşik yapının plansal bir organizasyon içinde çalıştığı ve zaman zaman insanlara verilen şuurlandırıcı kozmik bilgilerin ve dinsel kökenli vahyin yine bu Mekanizma tarafından indirildiği söylenmektedir. Bu plansal organizasyonun üyeleri bizim anladığımız anlamda fizik bir bedene değil, yarı maddi astral bedene sahip oldukları yine Ezoterizm'in bilgileri içinde yer alır. Bu konuyla ilgili ayrıntılı bilgiler, henüz insanlara açıklanmış durumda değildir. Bu açıklanmayan büyük sır, bir zamanlar sadece özel eğitimden geçen sayılı insanların elinde bulunmaktaydı. Geniş halk kitlelerine ise, üstü neredeyse tamamen örtülerek mitolojik anlatımlarda sunulabilmiştir. Bu sır günümüzde hâlâ gizli tutulmaktadır.

Yurdışında yayınlanan bazı ezoterik kitaplarda bu meselenin üzerinde durulmuştur. Yurdumuzda ise bu sırrı ortaya çıkartabilmek için özelikle eski Sufi öğretilerinin çok iyi incelenmesi gerekmektedir. Eğer incelenirse bu sırrı buralarda da yakalayabilmek mümkündür.

Aslında bu sırla ilgili en büyük ipucunu Kur'an-ı Kerim'in bizzat kendisi verir. Ne var ki bu mesele üzerinde bilerek ya da bilmeyerek pek fazla durulmamıştır. Belki de birileri bu sırrın ortaya çıkmasını istememektedir...

KUR'AN'IN AÇKILANMAYAN SIRRI: BEN - BİZ - O

Kur'an-ı Kerim'i Türkçe olarak okumuş olanlar bilirler. Kur'an'da farklı hitap şekilleri vardır. Kur'an'daki ayetlerde en çok, "biz" şekilinde, birinci çoğul şahıs ağzından hitaplar yeralmaktadır.

"Hamd, Alemler'in Rabb'i, merhametli olan, merhemet eden ve Din Günü'nün sahibi olan Allah'a mahsustur. Ancak sana kulluk eder ve yalnız Sen'den yardım dileriz. Bizi doğru yola, nimete erderdiğin kimselerin, gazaba uğramayanların, sapmayanların yoluna eriştir." (Fatiha Suresi: 1/1-7)

Bu sure Kur'an'ın başlangıç suresidir. Ve yine bu sure, Kur'an'ın özü ve en önemli suresi olarak kabul edilmiştir. Ama surenin asıl anlam ve önemi hakkında geniş halk kitlelerine pek az objektif bir değerlendirme yapılabilmiştir.

Yedi ayetten oluşan bu sure dikkatlice okunursa, daha Kur'an'ın hemen başlangıcında, insanlara büyük bir sırrın ilk ipuçlarının verildiği dikkatlerden kaçmayacaktır.

Surenin başlangıcında konuşmaya başlayan varlık, yahut da "biz" olarak konuşan varlıklar grubu, Allah'a hamd etmekte, sonraki ayetlerde de dua ve dilekte bulunmaktadırlar. Bu anlatım özelliği "biz" olarak konuşan varlıklar topluluğu ile, Allah'ın ayrı ayrı anlamlarda kullanıldığını, en açık ve ince bir şekilde ortaya koymaktadır. Bu ayrılığa, başka ayetlerde de rastlanır.

"Doğrusu, Biz, Kur'an'ı kadir gecesinde indirmişizdir." (Kadir Suresi: 97/1)

"İşte bunlar, ey Muhammed, sana doğru olarak okuduğumuz Allah'ın ayetleridir. Allah hiç kimseye zulmetmek istemez." (Al-i İmran Suresi: 3/108)

"Ey Muhammed. İşte bunlar Allah'ın ayetleridir. Biz onları sana doğru olarak okuyoruz. Şüphesiz sen peygamberlerden birisin. İşte bu peygamberlerden bir kısmını diğerlerinden üstün kıldık. Onlardan Allah'ın kendilerine hitabettiği, derecelerle yükselttikleri vardır. Meryem oğlu İsa'ya belgeler verdik, onu Ruhü'l Kudüs'le destekledik..." (Bakara Suresi: 2/252-253)

Kur'an'la ilgili yapılacak en basit bir incelemede dahi, bunlara benzer sayısız ayetlerin bulunduğu görülecektir. Bir çok ayetlerde "biz" olarak konuşan varlıklar grubu yahut varlıklar grubunun sözcüsü ile Allah'ın aynı kavramlar olmadığı tüm açıklığıyla ortadadır. Biz olarak konuşan varlık, aynı ayette ayrıca Allah'tan bahsetmekte, onun emirlerini aktarmaktadır.

Eğer bir an için bu iki kavramın ortaklaşa Allah'ı ifade ettiğini düşünecek olursak; konuşan varlığın kendi kendine hamdettiği, kendi kendine dileklerde bulunduğu, kendi kendisinden kendisini doğru yola iletmesini istediği gibi mantıksız ve anlamsız sonuçlar çıkarılması gerekecektir.

Kur'an'da insanlara "biz" diye hitabeden varlıkların fonksiyonları nedir? Bu soruya da yine cevap Kur'an'dan gelmektedir. Aşağıdaki ayetlerin incelenmesinden de anlaşılacağı gibi, insanlar, Cebrail'in de üyesi bulunduğu, Kur'an'da kendisini "biz" olarak tanıtan, Allah'ın izni ve emri doğrultusunda çalışan yüce bir topluluk tarafından sevk ve idare edilmektedir:

"Cebrail Muhammad'e şöyle dedi: 'Biz, ancak Rabbinin buyruğuyla ineriz; geçmişimizi geleceğimizi ve ikisinin arasındakileri bilmek O'na mahsustur..." (Meryem Suresi: 19/64)

"... Bizim herbirimizin bilinen bir makamı vardır. Şüphesiz biz sıra sıra duranlarız. Şüphesiz biz Allah'ı tesbih edenleriz." (Saffat: 37/164-166)

Al-i İmrân Suresi'nde geçen bir ayet ise, belki de hepsinden daha ilginçtir:

"Allah, melekler, ve adaleti yerine getiren ilim sahipleri, O'ndan başka Tanrı olmadığına şahitlik etmişlerdir. O'ndan başka Tanrı yoktur, O güçlüdür, Hâkimdir." (Al-i İmrân Suresi: 3/18)

Allah'ın, meleklerin ve ilim sahiplerinin şahitlik ettikleri ve ayette "O" diye isimlendirilen Tanrı ile kasdedilen, Kadir-i Mutlak Yaradan'dır. İlginç bir başka benzerlik de, Mu Kültürü'nde Yaradan'dan "O"diye bahsediliyor olmasıdır. Mu Kültürü'nde Yaradan'ın isim ve sıfatı yoktur. Yaradan'dan sadece "O" diye bahsedilirdi.

Konumuzu yavaş yavaş toparlayabilmek için, üzerinde görüp gözeticilerin yaşadığını açıkça anlatılan bir yıldızdan bahseden Tarık Suresi'ndeki bir ayeti, son olarak sizlere aktarmak istiyorum...

"Göğe ve gece ortaya çıkana and olsun. Gece ortaya çıkanın ne olduğunu sen bilir misin? O, ışığıyla karanlığı delen yıldızdır. Üzerinde gözetici olmayan kimse yoktur." (Tarık Suresi: 86/1-4)

Kur'an'da, görüp gözetici özelliğiyle yüce bir topluluğun bulunduğu başka ayetlerde de geçer. Ancak burada ilginç olan, "Görüp Gözetici" özelliğindeki yüce topluluğun gece ortaya çıkan bir yıldız kastedilerek onun üzerinde olduğunun söylenmesidir. Ezoterizm'deki karşılığı ise "Ruhsal İdare Mekanizması"dır. Ve yine Ezoterizm'e göre bu yıldız Sirius Yıl-

"GİZLİ SIRLAR ÖĞRETİSİ"

dızı'dır. Böylelikle Sirius Yıldızı'nın gizemi Afrika'daki Dogonlar'dan sonra burada da karşımıza çıkıyor...

AŞKIN İKİ YÜZÜ

Tekrar Hint Ezoterizmi'ne geri dönelim. Çiva ile ilgili bir efsane bizi buralara getirdi. Az önceki Hint efsanesi aslında bir başka sırrın da kapısını aralamaktadır.

Efsanede karşılaşılan tepe, Hint efsanelerinde "lingam" yani erkeklik organı olarak ifade edilir. İçinde gizlediği anlam bambaşka olduğu halde, üstün körü yapılan bir inceleme sonucu, lingamın seks ile karıştırıldığı da ayrı bir gerçektir. Oysa ki, Fransa'da yayınlanan "Les Floralies de L'esprit" adlı kitabında Raul Emmanuel, yapmış olduğu geniş araştırmalarının sonucunda, lingam'ın seks ile hiç bir alakası olmadığını ifade etmiştir.

Emmanuel'in yaptığı açıklamalara biz de aynen katılıyoruz. Zira diğer ezoterik kaynaklarla kendisinin yaptığı açıklamalar arasında büyük paralellikler bulunmaktadır.

Peki lingam neyin sembolüydü?

O, insani değil, ilahi neslin sembolüdür. Bunun içinde her şey saflıktır. Işıktır, çıkarsız sevgidir. Lingam, gerçek aşkın, varoluşun pozitif kutbudur. İnsani sevgi ise bunun dünyaya olan yansımasıdır. Dünyada yaşanan sevgi onun negatif kutbudur. Genellikle geçici olan zevkleriyle beşeri aşk; beraberinde huzursuzluk, hayal kırıklığı, ahenksizlik, nefret getirebilmektedir. Yunan Mitolojisi'nde de bu ayrım dile getirilmiştir: İlahi aşkın sembolü, arabası beyaz kuğularla çekilen Tanrı Eros'tur. Buna karşılık, insani aşkın Tanrısı olan Cupido'nun arabasını kaplanlar çeker!...

Dünyasal aşk insanı hürriyete kavuşturacağına, tam tersine çoğunlukla zincirlere bağlar. Çünkü bu içgüdüsel bir tezahürdür. İnsanı yeryüzüne doğru çeker. Bu düşünce sistemi Hint azizlerinin yaşamlarına da yansımıştır. Böyle düşünürler ve böyle yaşarlardı... Ancak onların uyguladıkları bazı cinsel perhizler çoğunlukla yanlış anlaşılmıştır.

Hintli rahiplerin cinsel perhizleri, seksüel zevkten yoksunluk tarzında değil, bu gücün ruhsal bir enerjiye dönüşmesini sağlamaya yönelikti. Yani negatifi pozitife dönüştürmeye çalışırlardı. Yani lingama...

ÇİVA DANS EDİYOR

Mitoloji bize Çiva'nın büyük bir dansçı olduğunu söyler. O dans kralıdır. Çizilen resimlerde, Çiva dört kollu ve bir cücenin üstünde dans eder vaziyette sembolleştirilmiştir.

Sağ eliyle, akıp giden zamanın işareti olan bir kum saati tutar. Ayrıca bir de davulu vardır. Davul, sesin amblemidir. Kutsal Kelam'ın, ilahi gerçeğin ve vahyin sembolüdür.

Sol eliyle aydınlanmanın ve arınmanın sembolü olan ateşi tutmaktadır.

İkinci sağ eli yeri işaret etmektedir. Barışı ve koruyuculuğu gösterir.

İkinci sol eli ayağını göstermektedir. Kutsal dansına işaret eder. İkinci sağ eli oğlu Ganeça'ya doğru uzanmıştır. Ganeça'nın mitolojide önemli bir görevi vardır. Ganeça insanların hürriyet ve kurtuluş yolu üzerindeki engelleri ortadan kaldıran olarak anılır.

Çiva'nın üzerinde dans ettiği cüce ise, bilgisizliğin ve cahil insanın sembolüdür.

İlahi dansçı Çiva, bir alev çemberi ile de ayrıca çevrilmiştir. Bu da yaşamların tekrardoğuşlar vasıtasıyla yenilenmesinin sembolüdür.

Çiva'nın bedeninin her tarafı dans eder. Ancak yüzü duygusuz ve hareketsizdir. Adeta yüzünde bir maske var gibidir. Bu maske, sırları açık olarak anlatmadığının işaretidir. Yüzünün donuk ve hareketsiz durması, sırları ancak bir maskenin arkasında gizleyerek açıkladığının sembolüdür.

Saçlarının ve kıllarının bolluğu bir güç işaretidir. Çiva'nın el sürülmemiş ve başının tepesinde bir topuz halinde yükselen saçları vardır. Bu ilahi güçlerin kendisinde tezahür ettiğinin bir göstergesidir. Aynı zamanda bu, vücudundaki manyetik ışımanın da bir işaretidir. Parapsikoloji'de "aura" olarak isimlendirilen bu manyetik güç, belli bir gelişmişlik sürecinden sonra, gözle görülür bir şekilde, bazı insanların başlarının üzerinde ışıktan bir hale tarzında ortaya çıkabilmektedir.

Bunun tarihte çeşitli örneklerini görmek mümkündür. Örneğin Buda'nın yapılan bütün resimlerinde, başının üzerindeki altın rengindeki hale dikkatlerimizi çekmiştir. Yine İsa peygamber'de de bu özelliği görmek mümkündür. Onun da resimlerinde bu ışık huzmesi net bir şekilde gösterilmiştir.

Baş üzerinde ortaya çıkan bu ışık huzmesi efsanelerde saçların kutsal sayılmasını beraberinde getirmiştir. Hakikaten de tüm ulusların mitolojilerinde saçlar bir güç sembolüne dönüşmüş durumdadır. Hatta dinsel efsanelerde bile...

Musa peygamberin öğretilerinde geçen Samson efsanesi buna güzel bir örnektir: *"Samson, gücünü saçlarından alan kahramandır. Ve saçları Dalila tarafından kesildiğinde, zapt edilemez güçleri onu terk etmiş ve dünyasal şartların getidiği felaketlere maruz kalmıştır."*

Buna karşılık Hint geleneklerinde oldukça değişik ve ilginç bir uygulama karşımıza çıkar. Hintli rahipler saçlarını kazıtırlar. Bu kendilerinin henüz tanrısal değil, insana özgü özelliklerle çevrili olduklarını göstermek içindir. Ne kadar kendilerini geliştirmiş olurlarsa olsunlar yine de eksik olduklarını anlatan bir uygulamadır. Aynı zamanda alçak gönüllülük mesajı taşır...

Saçlarını kazıtmalarının altında yatan bir başka unsur da, Hint geleneklerinde "kıl"ın aynı zamanda hayvanın da bir işareti olarak görülmesinden dolayıdır. İç güdüsel yaşama baş kaldırışlarının bir göstergesi olarak da saçlarını kazıtırlar. Bu aynı zamanda onların cinsel perhizde bulunduklarının da sembolüdür.

İLLÜZYON DÜNYASINA GİRİŞ

Çiva'nın eşi olarak mitolojide geçen Maya sembolü, en genel açılımıyla; dünyada yaşayan bizim devremiz insanlarından örtüsüyle gerçekleri kapamasıdır.

Buda'nın yaşam hikayesi bunun ezoterik bir izahını bize verir:

"Babasının büyüleyici sarayında kalırken, Maya, genç delikanlının ebediyet susuzluğunu kolayca uyutmasını biliyordu. Ama babasının sarayının dışına yaptığı dört kısa gezinti ona, Maya'nın örtüsünü atmak ve dünyanın gerçeğini kavrayarak tekrardoğuşlar tuzağından kurtulma imkanını verdi. Bilgisizler ise Maya'nın örtüsüyle oynamaya devam etti."

Maya'nın kocası Çiva ise, tüm Hint Mitolojisi boyunca dansını sürdürdü. Onun dansı aynı zamanda bir savaştı. O savaş tanrısı gibi her türlü kötü güçlerle karşı savaşan bir kahramandı. Cücelere, bilgisiz cahillere ve kötü - karanlık güçlere karşı aydınlığın savaşçı dansçısıydı. Bu dansı sırasında dünyada yaşanmakta olan aşağı inişin devam etmesi gerektiğini de gayet iyi bildiği için, Maya'nın karısı olmasına da göz yumdu. Çünkü o gayet iyi biliyordu ki, düşüş esnasında insanların gözlerinin önünden bütün sırlar yokedilmesi gerekmekteydi. Aksi takdirde insanlar ilahi kökenlerini unutarak aşağı seviyelere doğru olan yolculuklarını sürdüremezlerdi. İşte, bu düşüş sırasında dünyayı örtüleri ile kaplamak, insanları dünyasal deneyler alanına daldırmak suretiyle onların kendi ilahiliklerini görmelerini engellemek, insanı tanrısallığa bağlayan köprüleri yok etmek, karısı Maya'nın göreviydi. Ve o görevini yapmak mecburiyetindeydi. Başlangıçta sözleşilen *"Büyük Kozmik Anlaşma"* böyleydi... Herkes üzerine düşen görevi yapacaktı. O, "Aden" bahçesindeki elmanın etiydi...

"Büyük Kozmik Anlaşma"ya göre insanlığın aşama aşama, basamaklarla yavaş yavaş aşağılara doğru ineceği kesindi. Ama kesin olan bir başka şey daha vardı. İnsanlık bir gün kaybetiği mükemmelliyete yeniden geri dönecekti. Nasıl iniş kaçınılmazsa çıkış da kaçınılmaz olacaktı. Bu yüzden o savaşını sürdürmeli ve bir taraftan da çıkışı hazırlamalıydı. Yani savaşmalı ve dans etmeliydi. O da öyle yaptı. Savaştı... Ve dans etti... Günümüzde hâlâ Çiva'nın dansı sürmektedir.

Hint Ezoterizm'i bu düşüş devrine Kali-Yuga adını verir. Yani demir çağ. Bu düşüş sırasında Hint Mitolojisi'nde sahneye başka dansçılar çıkar. Bu dansçının adı: Kali'dir. O da ölüm dansı yapmaktadır.Hem de gözleri kapalı, uyuyan insanların üzerinde dansını sürdürmektedir. O kapısı bilgisizliğe açılan ölümün dansçısıdır ama her bir ölüm, sonunda yeni yaşamları da beraberinde getirecektir. O demir çağın düşüş dansçısıdır. Ve onun da dansı günümüzde tüm heybetiyle devam etmektedir.

Bu büyük iniş süreci, çok öncelerden beri tüm eski yazıtlarda, geleneklerde, mitolojilerde, efsanelerde, dinlerde ve tabii ki son olarak da tüm ezoterik kaynaklarda bazen açık, bazen de üstü örtülü bir şekilde dile getirilmişti.

İşte bir örnek: Vişnu Purana, Demir Çağı'nın başlangıcından şu ifadelerle söz eder:

"Toplum: Refahın tek amaç edinildiği, maddi zenginliğin ise faziletin yegane kaynağı haline geldiği, karı ve koca arasındaki tek bağın tutku olduğu, sahte tavırların, takiyeciliğin, ikiyüzlülüğün yaşamdaki başarının kaynağı olduğu, cinsellik ticaretinin yegane zevk vasıtası olduğu bir safhaya gelirse; Kali-Yuga'nın (Demir Çağı) içindeyiz demektir..."

Ne dersiniz? Tarif oldukça uymuyor mu?

MAYMUNLAR CENNETİ'NDEN KAÇIŞ

Hint Gelenekleri'nin en büyük sırlarından biri de, maymun Hannuman için inşa edilmiş tapınaktır. Bir maymun için tapınak inşa edilmiş olması, Hindistan'ı ziyaret eden ilk turistleri bir hayli şaşırtmıştı. Bunun altında da binlerce yıl öncesine dayanan büyük bir sırrın olduğu daha sonra anlaşıldı.

Ezoterik kaynaklarda "maymun", ilkel formdaki insanın ilk halini sembolize eder. Ve yine ezoterik kaynaklar, Atlantis döneminde Atlantisliler tarafından genetik çalışmalarla ortaya çıkartılan maymunumsu hayvanlardan söz eder. Daha sonraları maymun sembolü şuursuz ve bilgisiz bizim devremizin insanının sembolü haline gelmiştir. Böylelikle mitolojilerde ve ezoterik çalışmalarda bu sembol yaygın bir şekilde kullanılmıştır.

187

"GİZLİ SIRLAR ÖĞRETİSİ"

Hint'teki maymun Hannuman'ın hikayesi aslında bizzat insanın hikayesidir. İnsanın ilahilikle kesilen irtibatının sonucunda ortaya çıkan, şuursuz ve bilgisiz yaşamını sembolize eden Hannuman'ı Hintliler çok sever. Çünkü o bütün zorluklara göğüs gerebilmek için ışığını karartan, kendisini kurban eden insanın sembolü olarak Hint inançlarında yaşatıla gelmiştir. Bu özelliğiyle O, maymunlar cennetinden kaçışın da sembolü olmuştu...

Doğada yaşayan maymunun en önemli özelliklerinden biri onun taklitçi olmasıdır. Hannuman da taklitçidir ama o sonunda tanrısını taklit ederek, tanrısına benzer bir hale de gelebilecektir. Hint Mitolojisi'ndeki Hunnuman'ın şu sözü yaptığımız yorumları destekler mahiyettedir:

"Siz şu anda beni sadece şimdilik aldığım boyutlarla görebilmektesiniz. Ama ben bunları dilediğimce arttırabilirim."

Hint'in sakladığı bu sırlar bizlere başlıca şu sonuçları vermektedir: 1- İnsanların hayvani tabiatlarına rağmen, içlerinde ilahi bir kökenin gizli olduğunu. 2- Binlerce ıstıraplı ölüme ve tekrardoğuşa maruz kalarak, sonunda insanların muzip Maya tarafından kurulan tuzaklara yakalanmaktan kurtulacaklarını. 3- Hunnuman gibi Tanrıları'na olan inançlarını ve kendilerinin de ilahi kökene sahip oldukları bilgisini muhafaza ettikleri takdirde, doğum ve ölümlere mecbur kalmayacaklarını. 4- Bu dünyanın gerçeğine ulaşarak, bir gün insanların sırlar kapısını aralayabileceklerini.

Konu bizi öyle bir noktaya getirdi ki yine küçük bir parantez açmadan geçmek istemiyorum...

KÜÇÜK GİBİ GÖRÜNEN BÜYÜK SIR

Bizi böyle bir parantez açmaya iten, maymun Hannuman'ın şuursuzluktan kurtuluşu sırasında uyguladığı ilginç bir uygulamadır. Hint Mitolojisi Maymun Hannuman Tanrıyı taklit ederek bu başarıya ulaştığından bahseder. Bu insanlığın 2000'li yıllarda ulaşacağı bir hedeftir. Ancak dikkatlerden kaçmaması gereken nokta, bunu taklitle başarmış olmasıdır!... Bu, inisiyatik öğretilerde kullanılan metotlardan biridir. İnisiyasyonun ilk aşamalarında öğrenciden, öğretmenini taklit etmesi istenirdi. Onun gibi yaşadığı, onun gibi düşündüğü, hatta onun gibi oturup, onun gibi kalktığı taklit ettirilirdi. Bu uygulama tüm inisiyatik öğretilerde uygulanan bir teknikti. Amaçlanan hedef ise, bu taklitle benzer enerjilerin öğrencide yer etmesiydi. Çünkü evrensel bir kanun, bu şekilde harekete geçirilebilmekteydi. Peygamberler'in yaşarken yaptıkları işleri taklit etmek, İslam Dini'nde "Sünnet" olarak geçer. Bu uygulamanın kökeni de yine bu prensibe dayanır.

Benzer bir işlemin, hedeflenen benzer sonuçları doğuracağı bilgisi çok eski çağlardan beri biliniyordu. Daha sonraları bu uygulama, majik bir yöntem olarak da kullanılmıştır. Örneğin Anadolu Halk İnançlarında yaşayagelmiş olan pekçok gelenek ve görenek, bu majik uygulamaların sonucunda ortaya çıkmıştır. Anadolu'da kökeni taklit büyüsüne dayanan çeşitli gelenek ve görenekler mevcuttur. Anadolu'da doğumu kolaylaştırmak için, kilitli sandıkların, kilitli kapıların ve pencerelerin açılması hep bu, "benzer bir işlemin benzer sonuçlar doğracağı" yasasının halk arasında uygulanan pratik sonuçlarından ibarettir.

Yapılan Etnolojik ve Folklorik araştırmalar bütün bunları ortaya çıkartmış durumdadır. Daha sonraları köken unutulmuş geriye sadece halk inançlarındaki örf ve adetler kalmıştır. Ve bunların bir kısmı da batıl inançlar çerçevesinde ele alınmıştır.

Halk arasında taklit büyüsü olarak bilinen, "benzer bir işlemin benzer sonuçlar meydana getireceğine" dayanan, analoji büyüsü çok yaygındır. Ağaçtan, çamurdan, balmumundan yapılan figürler en çok kullanılan malzemeler arasındadır.

Büyü meselesini bu kitapta bir daha açmamak üzere burada kapıyoruz...

BİR BAŞKA GİZLİ ÖĞRETİ: UPANİŞADLAR

Hint'in kutsal sırları Veda adı verilen kitaplarda saklandığını söylemiştim. 4 ayrı kitaptan oluşan Vedalar'ın bir diğeri de Sama Veda'dır. Bu aynı zamanda Upanişadlar olarak da isimlendirilmiştir.

Upanişadlar, kelime anlamı olarak "Dizinin dibinde, bir öğreticinin dizinin dibinde" anlamına gelen bir sözcüktür. 7.yüzyılda bu öğretiyi yorumlayan ünlü düşünür Shankara Upanişadları şöyle özetlemiştir: *"Kişiyi cehalet bağlarından koparan ve en yüksek amaç olan özgürlüğe ulaştıran Tanrı Bilgisi."*

Gerçek değeri ve gerçek anlamı içinde sakladığı sırlarıyla birlikte gelecekte çok daha iyi anlaşılacağını umduğum Vedalar'ın belli bir bölümünü oluşturan Upanişadlar'dan bazı alıntıları sizlere aktarıyor ve üzerinde herhangi bir yorum yapmıyorum. Yorum size aittir:

- Nachiketa sordu:

"Ey Ölüm! Bütün insanlar, bir kimsenin öldükten sonra da var olup olmadığı konusunda tartışıp duruyorlar. Bunun gerçeğini ancak sen bilirsin. Bana bu gerçeği açıkla."

- Ölüm Meleği cevap verdi:

"Hayır Nachiketa, bu dileğini kabul edemem. Çünkü, bu konu tanrılar arasında dahi tartışılmış, anlaşılması güç, çok ince bir sırdır. Bu sebepten, başka bir dilekte bulun."

Nachiketa ısrar etti:

"Bu dileğime eş değerde olabilecek başka bir dilek tasavvur edemiyorum. Ey hayatı yok edici! Bütün bu şeyler geçici şeylerdir. Atları, arabaları, eğlenceyi sen kendine sakla. Ey Ölüm! Hiç bir insanın çözemediği bu sırrı bana anlatmanı diliyorum."

- Ölüm Meleği ölümsüzlüğün sırrını açıklamaya başladı:

" İyi ve güzel birbirlerinden tamamen farklı şeylerdir. İyi

başka bir şeydir, güzel başka bir şeydir. Bu her iki şey de, insanı faaliyet göstermeye sevk eden birer etkendir. Ancak bunları amaç edinen kişilerin ulaştıkları hedefler de birbirinden tamamıyla farklıdır. İyiyi seçenler kutsal kişilerdir. Güzeli seçenler ise gerçek amacı yitirmiş olan kişilerdir. Bu kişiler ise sadece kendini beğenme ve kendi çıkarları konusunda akıllı olan, ancak cehalet cehennemi içinde yaşayan, dünya tutkularına bağlanmış ahmak kişi kör bir insan gibidir. Kendisi gibi kör olan diğer insanlara yol sorarak kurtulacağını zannedir. Oysa ki o, diğerleriyle birlikte oldukları yerde dönen sürülerdendir. Böyle kişilere ebedi aleme giden yol açıklanmamıştır. Yalnız bu dünya gerçektir. Buradan ötesi yoktur diye düşünen kimseler, doğum ve ölüm çemberinden geçerek tekrar tekrar benim avuçlarımın içine düşerler. Bundan kaçış yoktur. Varlığın özündeki o gerçek Ben (Atman) hakkında herhangi bir bilgiye ulaşmak çok güçtür. İyi bir öğretici tarafından yetiştirilmiş olup, O'nu anlayabilen kişi kutsal bir insandır. Cahil bir kimse O'nu hiç mi hiç anlayamaz. Atman ile Brahman'ın, başka bir deyimle, insanın ruhsal tarafı olan gerçek Ben ile yüce Tanrı'nın aynı varlık olduğunu bilen bir kimseden öğrenim gören kişi, anlamsız doktrinleri terk ederek hakikate ulaşır."

"Kalbin derinliklerinde gizlenmiş olan o nurlu Varlığı, o latif ruhu tanımak çok zordur. Ancak, tefekkür yoluyla, onu düşüncesinin derinliklerinde arayan kişi, bu varlığı tanıyabilir. Ve bu sayede zevk ve ıstırap dünyasından kurtulur."

- Kısacası Nachiketa:

"Ölümsüzlüğün sırrı; kalbin arınması, derin düşünme ve insanın manevi aleme dönük gerçek Ben'in (Atman) Tanrı (Branman) ile aynı varlık olduğunu idrak etme yoluyla bulunabilir."

"Ve şunu da unutma ki sevgili Nachiketa mutluluğun kaynağı sonsuzluktur. Sonluda mutluluk yoktur..."

191

PEYGAMBER BUDA'NIN ÖĞRETİSİ

Buda'nın Öğretisi temel de ıstırabın yokedilmesi ve Nirvana'ya ulaşmaya dayanır. Kullandığı metotlar ise son derece basit ve sadedir.

* Konsantrasyon
* Meditasyon (Tefekkür)
* Terk

Buda'nın yolu, bu üç temel uygulamaya dayanır. Buda'nın Öğretisi bu üç uygulamanın sonucunda, insan ruhunda ortaya çıkan aydınlanmanın bir başka adıdır. Mistik olduğu kadar yaşamın içinde yer alan bir yoldur da... Yaşamdan kopuk değil, bizzat yaşamın içinde yaşanan bir öğretidir... Hint ve Doğu denilince ilk akıllara gelen de odur.. Büyük inisiye Buda'yı burada uzun uzun ele alma imkanımız yok. Onu sadece kendi sözlerinden biriyle anmakla yetiniyoruz:

"Ey talebeler!... Size bildirdiklerime nazaran, bildirmediklerim, sakladıklarım, bu ormanda bulunan yapraklar gibi daha çoktur. Ey talebeler! Bunu size niçin söylüyorum? Çünkü talebeler, bu sizi kutluluk yolunda ilerletmez. Çünkü bu sizi dünyaya ait şeylerden uzaklaşmaya, isteği yok etmeye, faniliğin önüne geçmeye, sulhe, bilgiye, ilhama, Nirvana'ya götürmez. Bunları size bildirmemiş olmamın sebebi işte budur. Ey talebeler! Size bildirdiğim şeyler nelerdir? Size bildirdiklerim: Istırabın ne olduğu hakikatidir. Size bildirdiğim, ıstırabın kaynağı idi. Size bildirdiğim, ıstırabın yok edilmesiydi. Size bildirdiğim, ıstırabı yok etmeye götüren yoldu..."

Görüldüğü gibi Büyük İnisiye Buda, sadece insanlara pratikte ihtiyaçları olanı vermekle yetinmiştir. Bilgiyi tümüyle değil, belli bir ihtiyacı gözeterek aktarmıştır. Bu ezoterik çalışmaların esasını oluşturur. Gerekmedikçe tüm sırlar ortaya dökülmez. Bunun en önemli sebebi, sırların belli bir kademede aktarılma mecburiyetinin olmasıdır. Zamanından önce açıklanan sırlar, öğrenciye fayda sağlamayacağı gibi onlara zarar bile verebilirdi. Bu nedenle inisiyatik çalışmalarda sırların açıklanmasına çok büyük bir özen gösterilir ve belirlenen bir yol izlenirdi. Bu yolda her öğrencinin kapasitesi göz önüne alınarak, bu sırlar belirli aralıklarla sadece ihtiyacı olana ve en önemlisi de, bu sırları almaya hazır hale gelenlere aktarılırdı. Yani inisiyatik öğretimde belli bir kademeleşme mevcuttu. Her öğrenciye aynı program uygulanmazdı.

Zamanından önce ortaya çıkartılan bilgi yapıcı değil, yıkıcı bir işlev görürdü. Ve buna azami dikkat edilirdi. Buda'nın sözlerinde de bunu açıkça görmek mükündür.

BEKLEYELİM BAKALIM...
ZAMAN NELER GÖSTERECEK

Az önce Upanişadlar'dan aktardığımız sözlerin altında gizlenen sır tüm toplumların geleneksel bilgilerinde karşımıza çıkar. Değişik cümlelerle hep aynı gerçeğe ışık tutulmaya çalışılmıştır:

Sırlar Öğretileri'nde: *Kendini bil tanrıları da bilirsin.*

Mısır'da: *Kalpteki Tanrı Horus'un hikayesi.*

Yunan'da: *Kalpte gizlenmiş olan Tanrı Diyonizos'un uyyanışı.*

İslamiyet'te: *Kendini bilmeyen rabbini bilemez sözleri...*

İşte bunların hepsi, aynı sırra atıfta bulunan sözlerden ibaretti. Ancak bu sırrın kapısını açanların sayısı fazla olamadı. Bu sır günümüzde sadece sözcüklere sıkışıp kalmış durumdadır. Açılması için belki de 2000'li yılların gelmesi gerekmektedir... Şüphesiz ki, her şeyin doğrusunu sonunda zaman bize gösterecektir...

***

IX. BÖLÜM

MISIR'IN ÖLÜLER KİTABI

"Burada insanların, tanrıların
ve ölülerin tarihi başlar.
Ve her şey ezelden beri
"Ölüler Kitabı"nda yazılmıştır.
Gerçekte bu kitap
çok gizli ve çok derin bir sırdır..."

Eski Mısır'ın bir zamanlar büyük bir eğitim ve kültür merkezi olduğunu ve çevre ülkelerden gelen çok sayıda öğrencinin buralarda özel olarak eğitildiklerinden bahsetmiştik.

Mısır İnisiyasyonu'na katılan ve eğitim gören bir aday, yıllar sonra eğitimini tamamlayıp; Osiris rahibi olarak anılmaya hak kazanınca önünde iki seçenek belirirdi. Eğer Mısırlı'ysa mabede bağlanıp ülkesinde kalmakta, yabancıysa, o takdirde kendisine bazen din kurmak veya bir misyonu yerine getirmek üzere ülkesine geri dönme izni verilmekteydi. Fakat ayrılmadan önce, mabedin sırları konusunda mutlak bir sessizliğe gömüleceğine dair yemin etmek mecburiyetindeydi. Burada gördükleri ve işittiklerini hiç kimseye asla söylemeyecek ve Osiris Öğretisi'ni ancak üç kat perdeli mitolojik semboller veya felsefi ekoller vasıtasıyla üstü örtülmüş bir şekilde diğer insanlara aktarabilecekti.

"GİZLİ SIRLAR ÖĞRETİSİ"

Eski Mısır'ın ezoterik yönünü sembolik bir biçimde, en iyi anlatan metinlerin başında *"Mısır'ın Ölüler Kitabı"* gelir. Belki de ölümle karşılaşan insan, ilk defa doğaüstü fikrine sahip olmuş ve onu görmekte olduğunun ötesinde ümit etmek istemiştir. Ölüm böylelikle ilk bilinmeyen olmuştu... Bu, insanı diğer sırların yolu üzerine çekerek, düşüncesini görünürden görünmeyene, geçiciden ebediye, insaniden ilahiliye yükseltti. Böylelikle ölümün sırrıyla birlikte yaşaman da sırları yavaş yavaş aralanmaya başladı. Bu sırlara inisiye olan adaylar; artık sadece yaşamdan başlayıp ölüme kadar giden yolda değil, ölüm ötesindeki yollarda da yürüyebiliyorlardı...

Ölümden sonra insanı nasıl bir son bekliyor?

Ölüm nedir?

Ölümden sonra neler oluyor?

Öldükten sonra yaşam devam ediyor mu?

Yeniden dünyaya gelmek mümkün müdür?

Bu sorular inisiyeler için artık sır olmaktan çıkıyordu. Çünkü onlara yaşamın sırlarının yanısıra, ölümün de sırları açıklanıyordu...

ÖLÜLER KİTABI

Dünya üzerinde *"Ölüler Kitabı"* adıyla bilinen iki ayrı yazılı metin bulunmaktadır. Bunlardan biri Mısır'a, diğeri ise Tibet'e aittir. Her ikisinin de konuları aynıdır. Ancak kendi toplumlarının geleneklerine göre anlatım üsluplarında farklılıklar vardır. Ancak öz olarak anlatılan bilgiler bir ve aynıdır. Çünkü köken aynıdır. Her ikisi de bir zamanlar yeryüzünde varolan Atlantis ve Mu Uygarlıkları'nın kültür izlerini taşır.

Biz burada Mısı'ın Ölüler Kitabını kısaca incelemeye çalışacağız:

Bilinen ilk Ölüler Kitabı, 453 Bab'dan oluşan metinlerden oluşur. Bu metinler Eski Mısır'ın kutsal yazıtlarıdır. Atlantisli

"MISIR'IN ÖLÜLER KİTABI"

bilgeler tarafından eğitilen ilk Mısırlı rahipler tarafından kaleme alındığı tahmin edilmektedir. Bu metinler yıllarca gizli tutulmuş ve içindeki sembollerle gizlenen sırlar çok az sayıdaki kişiye aktarılmıştır. Bu metinler çok sonraları M.Ö. VII. yy.'da 165 Bab'da toplanmıştır. Torino'daki Eski Mısır Müzesi'nde bulunan 20 metre boyundaki papirusta bunlar saklanmaktadır.

Ölüler Kitabı'nın Babları'nın okunuşu, ayinlerde arınmış rahiplerce yapılıyor, bütün cenaze töreni boyunca ölünün mumyasına dönük olarak, kutsal metinler okunuyordu.

Mayasis, "Sırlar ve İnisiyasyon" adlı kitabında: *"Bu okuma, inisiye olmamış ruhun dünyayı terk ettiği sırada yapılan aceleye getirilmiş bir inisiyasyon benzeriydi"* diye yazıyor.

Mısır'ın Ölüler Kitabı'nın bazı Bablar'ı, hiç bir insana açıklanmaması istenen büyük sırları ima etmektedir. Bu sırlar sadece Mısırlı rahiplerce bilinir ve gizli tutulurdu.

Ölüler Kitabı'nı, sadece ruh varlığının bedenini terk ettikten sonra karşılaşacağı olayların bir açıklaması olarak görmek, onu gerçek değerinden uzaklaştıracaktır. Her ne kadar öte aleme yani Spatyom'a geçen varlığın karşılaşacağı olaylar hakkında bilgiler de kitabın konusu içinde varsa da, esas özelliği; varlığın hem bu dünyada hem de öte dünyada sadeleşmesi, arınması ve onların tabiriyle, tanrılara eşit olabilmesi için öğrenilmesi gereken bilgilerle dolu olmasıdır. İşte bu yüzden, *Ölüler Kitabı, aslında bir inisiyasyon kitabıdır.* İnisiyasyonun safhalarını ve inisiyasyonda geçen olayları anlatmaktadır. Bu yüzden, mabetlerde ezoterik bilime inisiye olan adaylara, belirli bir metotla açıklanan sırları bünyesinde sembolik bir dille muhafaza eden Mısır'ın Ölüler Kitabı, her iki açıdan da değerlendirilebilir. Yani Ölüler Kitabı'nda anlatılanları hem bedenini terk eden varlığın karşılaşacağı olaylar, hem de inisiyenin eğitimi esnasında yaşayacağı şuur halleri olarak görebilmek mümkündür. Aslında her ikisini de birbirinden ayırmak oldukça güçtür. Çünkü her ikisi de birbirinin parçası ve devamıdır.

Bu yüzden az sonra yapmaya başlayacağımız açıklamalarımızı iki ayrı grupta toplamaktan ziyade, birbirini tamamlayan açıklamalar olarak ele almayı daha uygun görüyorum.

Ayrıca, gizli inisiyasyona dahil olan bir varlığın, o devirlerde astral tecrübeleri gayet kolaylıkla yapabileceği de göz önüne alınacak olursa, böyle bir ayırımın söz konusu edilemeyeceği açıkça ortaya çıkacaktır. Mısırlı rahipler yaptıkları Astral Seyahatlar ve Durugörü yetenekleri vasıtasıyla öldükten sonra gidilecek olan spatyomu daha ölmeden önce inceleme imkanı bulabiliyorlardı. Bu açıdan bakıldığında; astral mekanla, fizik mekan birbirlerini tamamlayan bir bütünlük oluşturmaktadır.

Mısır'ın üzerindeki esrarengizlik örtüsünün ucunu aralamak için, o devirlerde mabetlerde yaşananları gün ışığına çıkartma mecburiyeti vardır. Aksi takdirde Mısır'ın bir türlü çözülemeyen bilmecesi, daha uzun yıllar insanların zihnini meşgul edecektir. İşte o gizemlerden bir tanesi de, mabetlerde Osiris rahiplerinin gözetiminde adaylara yaşatılan astral tecrübelerdir.

Astral tecrübeden kast edilen şey nedir?

ASTRAL SEYAHAT YAPAN RAHİPLER

Günümüz Parapsikoloji Bilimi'nin üzerinde titizlikle durduğu bir çalışma burada kastedilmektedir. Bu çalışmaya Parapsikoloji Astral Seyahat adını verir. Temeli fizik bedeni bilinçli bir şekilde terk ederek, belirli bir süre beden dışına çıkmaya dayanır.

Bedenin dışına çıkıldığında fizik mekanda kalınabileceği gibi astral mekana da geçilebilmektedir. Böylelikle öldükten sonra gidilecek olan mekan hakkında daha ölmeden önce bir bilgi sahibi olunabilmektedir. Osiris rahiplerince öğretilen bir teknikle böyle bir tecrübe inisiye adayına rahatlıkla yaşatıla-bilmektiydi. Günümüzde de yurtdışında bilimsel çevrelerce üniversitelerde bu yöntem aynen kullanılarak başarılı sonuçlar elde edilmektedir.

ÖLÜLER KİTABININ İÇİNDEKİ SIRLAR

Bu kitaba niçin ölüler kitabı adı verilmiştir? Bunun birinci sebebi astral seyahat yapabilen rahiplerin öldükten sonra gidi-lecek olan mekan hakkında bilgi sahibi olmalarından kaynak-lanır. Nitekim, öldükten sonra varlığın karşılaşacağı olaylar bu kitapta ayrıntılarıyla yer almıştır.

Bir ikinci sebebi ise, Ezoterik öğretilerde ölünün inisiyeyi sembolize etmesinden dolayıdır. Ölüm eski realitede ölüp ye-ni realitede doğan inisiyenin sembolü olarak inisiyatik çalış-malarda şifrelendirilmiştir. Bu yaklaşımla, Mısır'ın Ölüler Ki-tabı'na, Mısır'ın İnisiyasyon Kitabı da denilebilir.

Biz gelelim Ölüler Kitabı'nın içindeki binlerce yıldır sakla-nan sırlara...

I. Bab'dan XIV. Bab'a kadar, ölülerin öbür aleme girecek-leri sırada, "aydınlanmış mumyaların" cenaze törenine hazır-lanması anlatılır.

XV. Bab'da ölüler, kalplerindeki pislikleri atmak için yap-maları gereken şeylerle uğraşırlar.

Buradaki ölüyü bilinen manasıyla ele alacak olursak, önce-likle ölünün bedenine yapılan mumyalama ve cenaze töreni sı-rasındaki ritüeller yani ayinlerin anlatımlarıyla karşılaşırız. *XV. Bab kalbin arınmasından* söz eder. Bedenini terk etmiş bulunan insanın, öbür alemde arınma mecburiyetiyle karşı karşıya kalacağı gerçeğine dikkat çekilir. Kalbin arınması ast-ral temizliktir. I. ile XV. Bablar inisiyasyona hazırlık safhasını ve değişime başlayacak olan varlığın hem yaşarken hem de öl-dükten sonra astral mekanda karşılaşacağı zorunlulukları anla-

"GİZLİ SIRLAR ÖĞRETİSİ"

tır. Bu zorunlulukların başında arınma ve sadeleşme gelir ki, ölüler kitabı bunu kalbin temizlenmesiyle sembolleştirmiştir. Ancak bu arınmanın sonunda varlığa bazı kozmik bilgiler aktarılmaya başlanabilirdi ki, bu da XVI. Bab'da dünyanın yaratılışıyla ilgili bilgilerde kendini göstermeye başlar. Çünkü XVI. Bab'da dünyanın yaratılışıyla ilgili bilgiler verilir.

XXI. Bab'dan XXX. Bab'a kadar ölüye; hiç bir zaman "ne çürüyecek, ne de kokacak" yeni bir bellek kazandırabilmek ve "Tanrısal Dünya'da ağzının gücünü" yeniden bulması için gerekli olan yöntem ve formüller açıklanır. Ölüler Kitabı bu yöntem ve formüllerle ölünün iç organlarının derinliklerinden kalbini sökmeye çalışan Heliopolis tanrılarının büyülerinden de korunacağından söz eder.

Bu yöntem ve formüller; ölen varlığa astral mekandaki görevlilerce açıklanan inisiyatik sırlar ve bilgilerdir. Ağzının gücünü yeniden bulması da, dünyadayken beden içinde daralan şuurunun öte dünyada gittikçe açılmaya başlayacağını ifade eder. Ama bütün bunların olabilmesi ve varlığın iç potansiyel gücünü yeniden ortaya çıkartabilmesi için, mutlaka arınma ve sadeleşmeden geçme mecburiyeti vardır. Bunun da yolu ister fizik dünyada olsun, ister astral mekanda olsun, inisiyasyondan geçer. Yani ister bu dünyada ister öbür dünyada olsun, varlığın şuurunun genişlemesi ve uyanması bazı bilgilerle yapacağı özel çalışmalarla gerçekleşebilmekteydi... Heliopolis tanrılarının büyüsü de inisiyenin karşı durmak zorunda olduğu her türlü geri seviyeli negatif tesirlerin ve enerjilerin sembolüdür.

Arınma dönemini başarıyla tamamlayan ölünün göklerin kapısına doğru ilerlediğinden sözedilir. Gökyüzünün kapıları önünde Anubis'in bacaklarını kuvvetlendirmesi için okunacak XXVI. Bab'ın hatırlanması gerekmektedir. XXX. Bab'da az sonra karşılaşacağı büyük yargılanma merasiminin ne olduğu anlatılır.

200

"MISIR'IN ÖLÜLER KİTABI"

Daha sonra gelen Bablar bu büyük yargılanma merasimine kadar ölünün yapması gerekenlerle ilgilidir.

XLI. Bab'a kadar olan bölümler içinde; pislikle beslenen, yakıp bitirici ateş tüküren sekiz timsah başlı şeytandan, ölünün kendisini koruyabilmesi için, rahip tarafından okunacak kısımlar yer alır. Ölünün kendisine öğretilen sihirli kelimeleri, kesinlikle hatırında tutması gerekmektedir.

Bütün bu anlatılanlar, ölünün astral mekandaki, astral temizliğini anlatan sembollerden ibarettir. Mitolojilerde geçen canavarla mücadele motifleri, burada da timsah olarak karşımıza çıkmış durumdadır. Arınmanın ve şuurlanmanın zorluklarını anlatır. Tek amaç vardır. O da astral temizliktir. Başka türlü mükemmelliyete doğru ölünün yükselmesi ve birazdan kendisini bekleyen büyük yargılanma merasimini başarıyla geçebilmesi mümkün değildir. Nitekim birazdan gelecek Bablar bunu doğrular niteliktedir.

XLII. Bab'dan XLVII. Bab'a kadar olan bölümlerin konusu, "ölünün organlarının tanrısallaşması"nı kapsamaktadır. Bu yüzden kadavranın "ışığa doğru yükselebilen ruhsal bir beden" haline gelebilmesi için ona açıklanan ilahileri iyi bilmesi lazım geldiği anlatılır.

Burada astral bedenin süptilleşmesi ve frekansının yükselerek spatyomun daha yukarı seviyelerine doğru çıkabilmesi meselesi, "ışığa doğru yükselebilen ruhsal bir beden" sözüyle açıkça ifade edilmektedir. Bunun bilgisinin ise, ilahilerin derin anlamlarında gizli olduğu anlaşılıyor.

Yurtdışında çalışmalarını sürdüren günümüz Parapsikoloji biliminin yaptığı spatyomla ilgili çalışmalarda; bedenini terk eden bir varlığın, öte alemde karşılaşabileceği sıkıntılı hallerin başında, spatyomun ağır titreşimli alt kademelerinden varlığın bir türlü kendisini kurtaramamasının yattığı ortaya çıkartılmış durumdadır. Çelişkilerle şaşkınlıkların yaşandığı ve ortama uyum sağlanamamasından kaynaklanan sıkıntılı dönemlerin

"GİZLİ SIRLAR ÖĞRETİSİ"

geçirildiği spatyomun bu kademelerinden kurtularak, daha kapsamlı ileri seviyeli aşamalarına geçebilmek için, varlığın mutlak surette bazı bilgilere sahip olması gerektiği, yine yapılan çalışmalarda ortaya çıkartılmıştır. İşin ilginç yanı, yeni yeni ortaya çıkmaya başlayan bu bilgilerin, binlerce yıl önce Mısırlı rahiplerce bilinmekte olduğudur.

Burada hemen altını çizmek istediğim bir başka mesele de öte alemle ilgili en kapsamlı bilgilere sahip dinlerin başında Eski Mısır Dini'nin geldiğidir. Mısır Dini'nde ve onun kutsal kitabı sayılan "Ölüler Kitabı"nda, diğer dinlere oranla, öte alem ile ilgili bilgiler oldukça yoğundur. Örneğin öte alemin özellikleriyle ilgili açık bilgiler, İslam'ın kitabı Kur'an-ı Kerim'de son derece kısıtlıdır. Hatta öldükten sonra insanı öte alemde nelerin beklediği bilgisi hemen hemen yok denecek kadar azdır. Az olmasının sebebi ise üstünde durulması gereken en önemli konulardan birini oluşturur. Aslında dünya üzerideki tüm dinler karşılaştırmalı olarak incelenecek olursa, inisiyatik özellikteki tüm bilgilerin İslam'ın kitabı Kur'an-ı Kerim'de son derece kapalı olduğu görülecektir. O devirde Arap toplumuna aktarılan bilgiler, açık olarak anlatılmamıştır. Ağır bir sembolik dil kullanılarak, asıl gerçekler o sembollerin içinde eritilmiştir. Bunun böyle olmasının nedeni, insanlığın aşağıya doğru iniş sürecini tamamlayabilmesi için, açık bir şekilde bazı gerçeklere temas etmemeleri gerektiğinden dolayıdır.

Zaten dinlerin ve özellikle de son üç dinin en önemli fonksiyonlarından biri işte budur. Bu meselenin çok iyi anlaşılması gerekir. Aksi takdirde bazı meselelerin içinden çıkılabilmesi hemen hemen imkansız bir hale gelir, ki günümüzde gelmiş durumdadır. Dinleri içine düşülen çıkmazdan kurtararak gerçek anlamıyla ele alabilmek için öncelikle sembolizmi çok iyi bilmek gerekir. Bilgilerin nasıl örtülerek, şifrelendirilerek hatta Kur'an-ı Kerim'in bizzat kendisinin de söylemiş olduğu gibi bilgilerin nasıl "bohçalanarak" verilmiş olduğunu göz önünden uzak tutuğumuz andan itibaren, işi arap saçına çevirmeye başlayacağımızı unutmamamız gerekir. Çağımız insanının yapması gereken en önemli araştırmaların başında bu gelmelidir. Ve göreceksiniz ki toplumumuz, içine düştüğü bu çıkmazdan kendisini böyle bir araştırmayla kurtarabilecektir. Bu sözlerimizin doğruluğunu ya da yanlışlığını şüphesiz ki zaman hepimize gösterecektir.

Konu yine bizi bir başka alana çekti...

Konuyu daha fazla dağıtmayalım...

***

XLVIII. ve XLIX. Bablar X. ve IX. Babların tekrarıdır.
L. ile LXII Bablar sayesinde ruh yeniden "hayat nefesini" bulur. Önünde Yer ve Gök Kapıları'nın açıldığını ve aynı zamanda Osiris'in Mekanı olan Semavi Nil'in sularını görür. Ve Osiris'e "suya sahip olmam için gerekeni yap" der.

Özetini aktardığımız bu bölümler sanırım fazla bir açıklamaya gerek bırakmayacak şekilde okuyucuda bir anlam bulmaya başlamıştır. Çünkü yukarıda geçen sembollerin ne anlamlara geldiği hakkında yeterli açıklamaları daha önce yapmış olduğumuzu düşünüyorum. Örneğin inisiyasyonun üst kademelerine doğru elde edilen *"Yer'in ve Göğün Oğulları"* adı verilen bir gruba dahil olmanın ne anlama geldiği üzerinde uzun uzun durmuştuk. Ama yine de toparlayacak olursak; ölen varlığın, öte alemin şartlarına gittikçe uyum sağladığı ve kendisine aktarılan bilgilerle, öte alemin üst katmanlarına doğru tırmandığını ve uyanmaya doğru hızla ilerlediğini söylebiliriz. Şu anda varlığın hala tam olarak uyanmadığını görüyoruz. Bunu da "Semavi Nil'in sularına sahip olmam için gerekeni yap" sözlerinden anlayabilmekteyiz. Ölmüş olan varlık belli bir aydınlanmaya ulaşmış olmasına rağmen asıl uyanması gerçekleşememiştir. Ezoterik öğretiler Semavi Nil sembolünü Ruhsal İdare Mekanizması'nın şuurlandırıcı ve bilgilendirici tesir ve enerjileri olarak açıklarlar. Bu bilgiler ışığında

"GİZLİ SIRLAR ÖĞRETİSİ"

"Ölüler Kitabı"na devam edelim...

LXIV.'den LXXV. Bablar'a kadar olan bölümlerde, ruhun güneşe nasıl yükseleceğini, İsis'in bağrında nasıl gençleşeceğini, "anası olan gök mekanında" nasıl yeniden doğacağını, gökte olan tanrılarının yanında oturmaya nasıl kabul edileceğini ölüye anlatır.

Bu bölümün en önemli sembollerini sırasıyla ele alalım: Ruhun güneşe yükselmesi, gençleşmesi, anası olan gök mekanı ve bu mekanda yeniden doğması, tanrıların yanında oturmak... İşte bütün bunlar, içlerinde önemli ezoterik bilgileri saklayan sembollerdir. Peki bu sembollerin gizlediği ezoterik gerçekler nelerdir? Teker teker kısaca incelemeye çalışalım.

Güneş: Gerçeğin sembolüdür. Daire ile gösterilmiştir. Geometrik şekillerin en mükemmeli olarak ele alınmasının nedeni sürekliliği ve küreselliği sembolleştirme özelliğinden dolayıdır. Güneşe doğru yükselmek de gerçeğe doğru giden yolun ifadesidir.

Gençleşmek: Ruhun özündeki yetenek ve bilgilere yeniden kavuşması anlamına gelir. Başlangıçtaki mükemmelliyete dönüşü ifade eder.

Anası olan gök mekanı: Ruhun kozmik kökenini ve ilahi potansiyelinin mitolojik anlatımıdır. Yeniden bu mekanda doğmak ise; dünyadayken daralan şuurunun sonucu olarak unuttuğu gerçek benliğini ve kökenini, ruhun yeniden hatırlaması anlamına gelir.

Tanrıların yanında oturmak: Burada çok tanrıcılığın ve putperestliğin izlerini bulmak mümkün değildir. Tüm mitolojik öğretilerde olduğu gibi "Ölüler Kitabı"nda da sözü edilen tanrılar, öncelikle Ruhsal İdare Mekanizması'nın sembolü olarak Ezoterizm'de ele alınmıştır. Bir başka yaklaşımla ruhların öz itibariyle mükemmelliyetini anlatır. Ancak ruhlar dünyaya doğmakla bu mükemmelliyetlerinden belirli bir süre uzak kalmışlardır. Ancak öldükten belli bir süre sonra ruhlar yeniden asıl benliklerini hatırlayabilmektedirler. Tanrıların yanında oturmaya kabul edilmeleri de, üstü örtülü bir şekilde bunu anlatır.

LXXVI. Bab'dan C. Bab'a kadar ölüye, kendini değiştirmesi için "değişim sırlarının formülleri"ni seçmesi tavsiye edilir. Böylelikle Horus'un şahini veya soğuk bölgelerin "Işıklı Ruhu" olabilecektir. Değişim formülleri ölünün yeni bir bilgelik kazanabilmesi için, okuyucu rahip tarafından tekrarlanır. Artık ruh, kendisini mutlular arasına veya atılmışların evrenine gönderecek "mahkeme" önüne çıkabilecek ve yılanların yardımıyla, ölülerin çekeceği RA'nın "güneş kayığı"nda yar alabilecektir. Öbür dünyaya girdiğinde, böylelikle her yerde "eski kıymetlerin" izlerini görebilecektir.

CI.'den CXXIV. 'ye kadar olan Bablar, ölünün, Batı'nın sırlarının ve tanrıların yazıcısı olan Thot'un Gizli Kitapları'ndaki "sırlar bilgisi"nin anlaşılabilmesi için okunur. Bütün bu uğraşlar, Osiris'in Krallığı'nın önüne gelmeden önce "ışığın yedi derecesi"nden geçebilmek içindir.

Mısır'ın Ölüler Kitabı"nda da Thot'un gizli kitabından sözedilmektedir. Atlantisli bir bilge olan ve sırların Mısır'a getirilişinde aktif bir görev aldığı bildirilen Thot ile ilgili Ezoterik kaynaklarda hayli ilginç bilgiler verilmektedir. Bunlar arasında Thot'un gerçekten de yazmış olduğu bir kitabın bulunduğu ve uzun yıllar İskenderiye Kitaplığı'nda bu kitabın saklandığından sözedilir. Bu kitap ne yazık ki günümüze kadar gelememiştir. İskenderiye Kitaplığı'nın yakılarak yok edilmesi sırasında birçok gizli kitapların kaçırıldığı bilinmektedir. Ancak bunların arasında maalesef Thot'un kitabı yer alamamıştır.

Işığın yedi derecesinde geçmek diye sembolleşitirlen mesele de oldukça ilginç ve önemlidir. Bu sembolün de üzerinde durmadan geçmek istemiyorum...

Ezoterizm'de ışık sembolünün önemli bir yeri vardır. Karanlıkları aydınlatması bakımından "ışık", ezoterizmde karanlığın ve cahilliğin karşıtı olarak nitelendirilmiş ve bilginin sembolü olarak da sembolleştirilmiştir. Bu kozmik bir bilgidir. Mitolojik bir dille anlatacak olusak; tanrılar bilgisinin yer yüzüne sızan huzmeleridir. Bu anlamda "ışık" her zaman bilgiyle eş değerde tutulmuş ve bu anlayış içinde ele alınmıştır. Kozmik bilginin ve ilahiliğin sembolü olmuştur. İslam Ezoterizm'de ışık = nur olarak isimlendirilmiştir.

Ancak burada dikkatlerden kaçmaması gereken bir başka küçük ayrıntıda büyük bir sır gizlenmiş durumdadır. Işığın yedi derecesi... Evet bu başlı başına büyük bir bilginin sembolüdür. Kur'an-ı Kerim'in de yedi kat bohçalanarak verildiğinden sözedilir. Yedi rakamının tüm toplumlarda kutsal bir sembol olarak ele alınmış olmasının bir sebebi vardır. Bu da Ruhsal İdare Mekanizması'nın yedi kademeden oluşan plansal bir hiyerarşiden oluşmuş olmasıyla bağlantılı bir meseledir.

Eski toplumların göğü yedi kat olarak ifade etmeleri de hep buna dayanan sebeplerden dolayıdır.

Ezoterizm'de yedi sayısının bir başka önemi daha vardır. Dünyayı sembolize eden dört sayısıyla, göğü sembolize eden üç sayısının birleşmesinden meydana geldiği için yedi sayısı aynı zamanda gökyüzüyle yeryüzünün evliliğinin, yani vuslatın da sembolü olarak nitelendirilmiştir. Gök yüzüyle yeryüzünün birleşmesi, iki mekan arasındaki köprünün yani tanrılarla insanlar arasındaki kopmayan irtibatın sembolüdür. Daha açık söylemek gerekirse, "Ruhsal İdare Mekanizması"nın yeryüzü insanlarıyla zaman zaman kurduğu, bilgilendirmeye yönelik irtibatlarının ifadesi olarak karşımıza çıkar. Bu nedenle de yedi rakkanının Ezoterizm'de özel bir yeri ve anlamı vardır.

Yedinin bir başka önemi de sembollerin yedi ayrı açılımının yapılabilmesidir. Yani her bir ezoterik sembol yedi ayrı dereceden anlaşılabilecek bir potansiyalle oluşturulmuş durumdadır. Bir başka ifadeyle yedi kat bohçalanmıştır. Her insan kendi şuur kapasitesine göre bu sembolleri çözebilmektedir. Bazıları birinci ve ikinci dereceden yukarı çıkamazken bazılarının yedinci dereceden o sembolü anlayabilmesinin sebebi de işte budur.

Günümüzde yapılan din tartışmalarında yorumların farklı olmasının da asıl nedeni budur. Farklılıklar buradan çıkmaktadır. Çünkü her insan kendi bilgisiyle doğru orantılı bir şekilde, o dinsel sembolü çözebilmektedir. Bazısı ikinci dereceden, bazısı ise üçüncü dereceden... Ama beşinci, altıncı ve yedinci dereceden yorumların yapılması henüz gerçekleşememiş olduğunu da, yapılan bu tartışmalardan görmekteyiz. Bunun nedeni de Ezoterizm'in ve dinlerin karşılaştırılmalı olarak yeterince araştırılmamış olmasından dolayıdır.

Konu yine bizi başka yerlere doğru çekmeye başladı. Biz yine "Ölüler Kitabı"na geri dönelim...

CXXV. Bab temizleyici itirafların, ünlü yargılanma ve ruhun tartılışının anlatıldığı kısımdır.

O zamana kadar ölünün ruhu, mutluluk alanlarını hayal meyal görmüştü fakat oraya nüfus edememişti. Tanrılar Mahkemesi'nden temize çıktıktan sonra, mutluların Semavi Kainatı ile bütünleşebilecek, gerçekten yalnız kendisinin olan Ebedi İsmiyle adlandırılabilecek ve tabiatı da tanrıların tabiatına eşit olacaktır.

Ama bütün bunların olabilmesi için büyük mahkemeden başarıyla geçilmesi gerekmekteydi.

Peki neydi bu mahkeme? Gerçekten öbür dünyada böyle bir mahkeme var mıydı? Diğer başka dinlerde de, hep bir sorgulamadan bahsedilmişti... Neydi bunun gerçeği?

Bu mesele insanların zihnini en fazla meşgul eden sorulardan biri olmuştur. Burada yine sembolik bir bilgiyle karşılaşmış olduğumuz ortada... Ve bu sembolü en iyi açan çalışmalar yine günümüz Parapsikoloji Bilimi'nden gelmiştir. Bedenini terk eden yani ölen insanlarla kurulan medyomsal irtibatlar, bu konuyla ilgili bilinmeyenlere ışık tutabilmiştir:

"GİZLİ SIRLAR ÖĞRETİSİ"

Yapılan deneysel çalışmalarda; daha önce dünyada yaşamış olan ve öldükten sonra ruhsal dünyaya geçen varlıkların eski yaşamlarının, Ruhsal İdare Mekanizması'nın üyeleri tarafından titiz bir şekilde değerlendirilmekte olduğu anlaşılmıştır. Bununla ilgili bini aşkın yapılan deneysel çalışma mevcuttur. Ruhsal İdare Mekanizması'nın görevlilerince ölen kişinin tüm yaşantısı gözden geçirilmekte ve bunun sonucuna göre varlığın yeni yaşam planları hazırlanmaktadır. Bu bilgi uzun bir süre insanlara açık bir şekilde verilmedi. Dinlerde ise, üstü örtülerek insanlara kısmen de olsa aktarılmaya çalışıldı. Ancak dinlerin sembolik örtüsünün şifreli dili çoğunluk tarafından çözülemediği için, bu bilgi de diğer bilgilerle birlikte günümüzde bilinmeyenler arasındaki yerini aldı.

Bu sırrın izlerini, temeli on binlerce yıl öncesine dayanan Ezoterik Öğretiler'de de görmek mümkündür ki Mısır'ın Ölüler Kitabı bu ezoterik sırrı sembolik bir şekilde günümüze kadar taşıyabilen ender kaynaklardan biridir.

Görüldüğü gibi gerçek her yerde bir ve aynıydı...

Ölüler Kitabı'nın CXXV.Babı arasına sıkıştırılan bu sırla birlikte aslında ezoterik birçok sır da birlikte verilmiştir:

"Ölüler Kitabı"na göre ölünün ruhu, Tanrısal mahkemenin gerçek ve adalet efendilerinin önüne çıktığında, Osiris'in önünde yeri öptükten sonra, bütün pisliklerden temizlenebilecekti. Çünkü ruhu kısa dünya yaşamı boyunca kendisine yakışmayan tutkular ve hırslarla pislenmişti... Ve arınması gerekiyordu... Onu yargılamak için kırkiki ışık saçan ulu bekliyordu... Mahkeme üyeleri yerini almıştı... O ise mahkeme önünde kendisini temize çıkartması gerekiyordu... Aksi takdirde karanlık alt dünyaya geri dönecekti... Thot'un önünde olumsuz itiraf denilen ilk aşama kendisini bekliyordu. Yaptığı hataları Thot'a itiraf etmek mahkemenin ilk aşamasını oluşturuyordu. Gizli kitapların sahibi ve tanrıların yazıcısı Thot bir yanda, Kurt başlı Anubis ise diğer yandaydı. Tam ortalarında ise bir

terazi bulunmaktaydı. Ve kırkiki mahkeme üyesi ise hemen arkalarında kendilerini izliyordu.

Ölü, dünyadaki yaşamıyla ilgili uzun bir konuşmaya başladığında, tüm ayrıntılar dikkatle dinlenirdi. "...Tanrısal ruhlar sizlere ebediyen şükürler olsun..." sözleriyle konuşmasını bitiren ölünün şimdi de kalbinin tartılması gerekiyordu. Bu tartı, ölünün sözlerini ya doğrulayacak ya da yalanlayacaktı. Terazinin bir kefesine ölünün kalbi, diğer kefesine ise gerçeğin sembolü olan bir tüy konurdu. Thot ölünün kalbiyle tüyün bulunduğu terazinin kefelerine bakar ve sonucu açıklardı. Eğer bu tartılmadan başarıyla geçerse, ölü artık serbesttir. Ebediyen istediği her yere gidebilecektir. İster yaşayanların toprağına, ister Samanyolu'nun derinliklerine; nereye isterse artık yollar önünde açılmıştır. Seçim kendisine aittir... O mahkemenin önünden başarıyla temize çıkmış özgür bir ruhtur artık...

"Ölüler Kitabı"nın buraya kadar yaptığımız çok kısa özetini açıklamalarıyla birlikte aktardım. "Ölüler Kitabı"nın son Bab'ını özet olarak değil, bire bir aktararak konuyu noktalamak istiyorum:

"Bu kitap, tanrısallaşmış ruhun, Ra'nın bağrındaki mükemmelleşmesini konu alır. Ve onu Osiris'in nezdinde yüceltir. Amenti'nin efendisi nezdinde güçlü kılar. Ve tanrıların hiyerarşisinde saygıya layık kılar. Bu kitap, Douat'ın esrarlı yerlerinin sırlarını açıklar. Alt dünyanın sırlarına inisiye olmakla, bir rehber vazifesi görür. Bu kitabı okurken sana ve Rahip Kher-heb'e yakın olanlardan başka, hiç bir insan varlığının seni görmesine müsade etme. İçine yıldızlı dokumalar gerilmiş bir odaya kapan. O zaman bu metinlerin, kendi için okunacağı her ölünün ruhu, yaşayanlar arasında, parlak gün ışığı içinde dolaşabilecek. Tanrılar arasında güçlü olacak. Ve tanrılar onu yokladıktan sonra, ölüyü eşitleri olarak tanıyacaklar. Gerçekte bu kitap çok gizli ve çok derin bir sırdır..."

X. BÖLÜM

İSLAM EZOTERİZMİ

"Kah çıkarım gökyüzüne seyrederim alemi
Kah inerim yer yüzüne seyreder alem beni..."

ANADOLU İSLAMI

Tükler'in eski dinsel inançlarını en belirgin bir şekilde gördüğümüz kaynakların başında Eski Türk Mitolojisi gelir. Kitabımızın Ergenekon bölümünde buna kısaca değinmeye çalışmıştık.

Türkler Orta Asya'da yaşarken kendi geleneksel inançlarının yanısıra Şamanizm'le de çok sıkı bir temas halindeydiler. Şamanizm Eski Türkler'de son derece önemli bir yere sahipti. Uzun bir süre sosyal ve dinsel yaşamlarını organize eden bu inanç sistemi, Türkler'de daha sonraki asırlarda da önemli bir yer tutmuştur. Hatta denilebilir ki, İslamiyet'i kabul etmelerine rağmen, eski geleneklerini uzun bir süre muhafaza etmişler ve onları asla terk etmemişlerdir.

Bu durum günümüzde de hala devam eden, önemli etnolojik bir araştırma konusudur. Anadolu'da, günümüzde yaşamakta olan halk masallarının, gelenek, görenek ve uygulanmakta olan çeşitli ritüellerin kökeninde hala bu izler rahatlıkla görülmektedir. Ne var ki bütün bunlar, İslami bir çerçeve içinde adeta eritilmiş ve aradan geçen yıllar, bunların sanki İslami

"GİZLİ SIRLAR ÖĞRETİSİ"

ritüellerin bir parçasıymış gibi değerlendirilmesini sağlamıştır. Oysaki Anadolu'da uygulanmakta olan çeşitli ritüellerin, gelenek ve göreneklerin hatta çocuklara anlatılan masalların birçoğunun temeli Şamanik ögelere dayanır.

Dilek dilemek için ağaçlara bez bağlamak, yaşaması şüpheli olan yeni doğmuş çocuklara kırk ayrı evden toplanan bezlerden elbise dikmek, yatırlara mum dikmek, makasa tükürerek bir başkasının elinden almak, kara kedinin uğursuz sayılması vs... Örnekler çoğaltılabilir...

Binlerce yıldır, çeşitli toplumlara vatan olan Anadolu'da farklı kültürler buluşmuş ve bu potada eriyerek bir bütünlük oluşturmuşlarıdır. Anadolu farklı kültürlerin buluştuğu büyük bir ortak alan olmuş ve kendisine has bir görüntünün ortaya çıkmasına sebebiyet vermiştir.

Anadolu kültürünün ortaya çıkmasında Hitit, Lidya Urartu gibi ulusların rolü büyüktür. Ancak hepsi bunlarla da sınırlı değildir.

Hunlar, Göktürkler, Uygurlar, Selçuklular, Osmanlılar ve nihayet Türkiye Cumhuriyeti... Ve bunlara çevre ulusların etkileri... Örneğin: Mısır, Yunan, İran ve Arap toplumları...

Tabii bunlara Avrupa'daki gelişmeleri de dahil etmek gerekir. Örneğin, Rönesans ve Reform hareketleri Anadolu üzerinde önemli etkilerde bulunmuştur. Bu panoramaya bakacak olursak, dünya üzerindeki hemen hemen hiç bir yerde oluşması mümkün olmayan büyük bir ortak alanın meydana geldiğini görürüz. Bu aynı zamanda Doğu ile Batı arasındaki köprünün de bir diğer adıdır...

Bu yerin adı Anadolu'dur...

Yapılan etnolojik ve folklorik araştırmalar, Dünya üzerinde Anadolu gibi bir başka yer daha bulunmadığını göstermiştir. İşte bu yüzden Anadolu binlerce yıldır Doğu ile Batı arasında bir köprü olma özelliğiyle, dikkatleri üzerine çekmiş olan bir mekandır... Anadolu tek bir kültürün değil, birçok kültürün bir araya gelerek, kaos değil bir ahenk ve bütünlük sergileyebildiği büyük bir mozayiktir...

Bu büyük mozayikde, bütün bu kültürler kendisini hissettirir. Orada Şaminik ögeler de vardır, İslami ögeler de. Elözis sırlarının izleri de vardır, Mısır'ın gizemi de... Kısacası orada büyük bir sentez vardır. Ama aradan geçen yıllarla unutulan bir sentez... Ama yine de vardır... Ve varolmaya devam edecektir...

Hatta denebilir ki, İslam Felsefesi ve Ezoterizmi'nin en güzel örnekleri de yine burada görülmüştür. Bunların başında Sufi Çalışmaları gelir. İslam Ezoterzmi'nin de temelini oluşturur.

Şimdi işte bunu ele almak istiyorum... Görün bakalım. Bir zamanlar neymiş? Şimdi ne olmuş...

HARRANLI SAABİLER

İslamiyet'in yayılma yıllarında Mezopotamya'da olduğu gibi Anadolu'da da Ezoterik Batıni Öğreti'den kaynaklanan Saabilik inancı hüküm sürmekteydi. Anadolu'nun Bizans yönetimindeki topraklarında Hristiyanlık ön plandaysa da, özellikle Doğu Anadolu'da, Fırat çevrelerinde Saabiler çoğunluktaydı.

Neydi Saabilik?

Bilinen kısmıyla, çok eskilere, kadim Uygur İmparatorluğu'na kadar dayanan Babil Okulu Öğretisi'nin halka malolmuş şekliydi. Bilinmeyen kısmı ise, Mu kültürünün izlerine kadar uzanan engin Ezoterik geçmişe dayanmaktaydı. Eski gizli bilgileri yaşatmayı becerebilen bir gruptu Saabiler. Ve özellikle de Harran'da etkili bir konumları vardı. Fisagorcu filozoflarla da tanışmış olan Saabiler, öğretilerini bu etkiyle daha da güçlendirmişlerdi.

Mısır'ın Osiris sırlarından kaynaklanan Fisegoryen Öğreti, Saabiler arasında zaten var olan Batıni inançlarının daha da kuvvetlenmesine yol açmıştı.

Mu kültüründe olduğu gibi Saabiler'de de Güneş çok önemli bir sembol olarak kullanılıyordu. Bu nedenle tarih sayfalarında Saabiler'in inanç sistemleri anlatılırken "Güneş Kültü"nün inançlarında çok önemli bir fonksiyon gördüğünden sözedilir. Sırlarla dolu ve dışarıdan bakıldığında hiç bir şey anlaşılmayan çok ilginç ayinler yapan Saabiler; Hermes, Orfe, Eflatun gibi inisiyeleri de yakından tanıyorlardı...

Bu gizemli topluluktan ve onların inanç sistemlerinden Kur'an-ı Kerim'de bahseder... Kur'an-ı Kerim, tek tanrılı dinler arasında, Saabiliği de saymaktadır.

İşin bir başka üzerinde durulması gereken ilginç yanı da, İslamiyet'ten çok daha önceleri kendilerinin uyguladıkları ritüel ve kuralların büyük bir bölümünün, Kur'an-ı Kerim'de de yer almasıydı. Namaz kılma, oruç tutma, kurban kesme, kutsal yerleri ziyaret ve hac gibi ibadet ve ritüeller, Saabiler'in inançlarında yer almaktaydı. Kur'an-ı Kerim'de beş kez kılınması emredilen namaz, Saabiler'de yedi kez kılınmaktaydı. Gök yüzünde Ay'ın görünmesiyle oruca başlanması ve izleyen ayın başında bitmesi geleneği Saabiler'de aynen uygulanmaktaydı.

Müslümanlar, Harran'da Saabiler'le karşılaşınca aradaki benzerlikler karşısında bir hayli şaşırmışlardı. Ancak çok eski Ezoterik bir sembol olan "Güneş" sembolünün inançlarında etkin bir yer aldığını görünce, onların "Güneş Kültü"ne sahip birer putperest oldukları zannına düşmekten de kendilerini alamamışlardı. Müslümanlar diğer güneş kültü inanırlarının hepsini putperest diye nitelendirerek, İslamiyeti kabule zorlarken, Saabiler'e; Hristiyan ve Yahudiler'e tanıdıkları, kendi inanç sistemleri içinde kalma hakkını sağlamışlardı.

İslamiyet'in Anadolu'ya girişinde Saabiler'in inançları büyük bir rol oynamıştır. Bir yandan Mısır İskenderiye Okulu kökenli Sufiler'in görüşleri, diğer yandan Batıni Ezoterik kökenli Saabiler'in inançları, Anadolu'da İslamiyet'in çok kolay bir yer bulmasına sebebiyet vermiştir.

Saabilik'te de diğer Batıni ekollerde olduğu gibi sır saklamak esastı. Saabiler, kendilerinden olmayanlara sırlarını kesinlikle açıklamazlardı. İbadetleri güneş, ay ve bazı gezegenlere göre düzenlenmişti. Her gün; güneş, ay, Merkür, Venüs, Mars, Jüpiter ve Satürn için yedi kez namaz kılarlardı. Ayrıca haftanın her günü bunlardan bir tanesi için özel ritüellere ayrılmıştı: Pazar günleri Güneş, Pazartesi Ay, Salı Mars, Çarşamba Merkür, Perşembe Jüpiter, Cuma Venüs ve Cumartesi Satürn ayinlerine ayrılmıştı.

Saabiler sır ayinlerini gezegenlere ithaf edilmiş mabetlerin altındaki salonlarda yaparlardı.

Bu ayinlerin ne tür sırlar sakladığı günümüzde bilinmiyor. Ancak bilinen bir başka gerçek de, Latince kaynaklı gün isimlerinin bu ayinlere ayrılan gezegen adlarıyla olan benzerliğidir:

Pazar: Sunday (Güneş günü)
Pazartesi: Monday (Ay günü)
Cumartesi: Saturday (Satürn günü) vs...

İSLAMİYET'İN EZOTERİZM İLE KARŞILAŞMASI

Ezoterizm'in dili de dini de birdir demiştik. O her kültürde aynı prensipler ışığında çalışan ve kökeni Mu Kültürü'ne dayanan bir bilgi sitemidir. Bu bilgi sistemi İslami çalışmalarda da kullanılmıştır.

İslamiyet'in Ezoterik Öğreti ile ilk tanışması Mısır'ın Müslümanlarca fethi sırasında gerçekleşmiştir. İslamiyet'in Arap Yarımadısı'nın dışına taşarak tüm Ortadoğu'ya yayılmaya başladığı sırada, Mısır'da halkın bir bölümü İncil'in bir bölümü Tevrat'ın etkisi altındaydı. Ama yine de büyük bir çoğunluk,

"GİZLİ SIRLAR ÖĞRETİSİ"

eski Osiris Öğretisi'nin tarafında bulunmaktaydı. Eski anılarını tamamen terk etmemişlerdi. Onlara hala bağlıydılar...

Gerçi Osiris Mabedi yıkılmış ve Sırlar Öğretisi'nin rahipleri büyük bir çoğunlukla Kudüs'e gitmişlerdi ama Ezoterik Öğreti zor şartlarda da olsa, varlığını kuşaktan kuşağa aktararak koruyabiliyordu. O devirlerde "Sırlar Öğretisi", İskenderiye'deki Yeni Eflatuncu "İskenderiye Okulu"nda merkezleşmiş ve çalışmalarını büyük bir gizlilik içinde sürdürüyordu. Bir zamanlar Atlantis ve Mu'dan gelen bilgilerin üzerinden bir hayli zaman geçmiş ve değişen dünya şartlarında çalışmaları iyice güç koşullar altında geçmeye başlamıştı. Envolüsyon ve Evolüsyon yasasını (İniş ve Çıkış) gayet iyi bilen rahipler, artık inişin gittikçe sonlarına doğru yaklaşıldığının farkındaydılar. Bu kaçınılmaz bir sondu ve zaten bu da kendilerine öğretilen sırlardan biriydi. İnsanlık gittikçe bilgelikten uzaklaşacaktı. Bunun bilinci içinde, İskenderiye'de geçmişin anıları yaşatılıyordu.

Kaçınılmaz son Arapların Mısır'ı işgal etmesiyle geliyorum dedi... Uzun bir süredir çevre kıtalardan gelen kişileri inisiye etmekle uğraşan Mısır, askeri güçten oldukça yoksun bulunmaktaydı. Büyük bir askeri güçle üzerine gelen İslam Orduları karşısında fazla direnemedi. Teslim oldu...

Halka iki seçenek tanındı: Ya Müslüman olacaklar, ya da kılıçtan geçeceklerdi... Müslümanların gözünde tanrı yoluna döndürülmeleri gereken putperest kafirlerdi... Sonunda Müslümanlar'ın isteği oldu. Çareleri yoktu. Müslüman oldular...

Halife Ömer döneminde işgal edilen Mısır'da Müslümanlar'ın ilk işi, "İskenderiye Okulu"nu dağıtmak oldu. Bu olay daha sonraları Tarih kitaplarına, Büyük İskenderiye Kitaplığı'nın yakılışı olarak geçecekti... Böylelikle İskenderiye Kitaplığı'nda saklanan çok sayıda Ezoterik Kitaplar yakılarak yok edildi.

Dünyanın aşağıya iniş sürecinde hız alınmasında büyük

bir yarar sağlayan bu yıkım sayesinde, birçok yazılı bilgiler günümüze kadar gelemedi. Ancak yine de bazı gizli kitaplar bu yıkımdan kaçırabildi. İşte günümüze kadar gelebilenler de rahiplerin saklayabildikleri bu belgeler oldu. Daha sonraları bu kitaplar elden ele ulaşarak varlıklarını sürdürebildiler. Ama yıkım müthişti. Büyük bir tarih yok edildi. Rahiplerin yapabilecekleri bir şey yoktu. Zaten ülkeyi yöneten Firavunlar da iyice bilgi bakımından yozlaşmışlar ve eski bilgilerden iyice uzaklaşmışlardı.

Aşağıya iniş hızla devam ediyordu... Bu şartlar altında, rahiplerin yapılabilecekleri tek şey vardı. Müslümanlara İslamiyet'i Ezoterik bakımdan anlatabilirlerdi. Ve bunu yaptılar. Bu çalışmaları, İslam Tasavvufu'nun ve Batıni İslam Ezoterizmi'nin ortaya çıkışında büyük bir fonksiyon gördü. Zaten eğitimleri bu yöndeydi. Onlar için tüm dinler bir ve aynı şeydi. Ezoterik Öğreti'nin disiplini içinde asıl gerçekleri İslamiyet içinden de çekip alabilecek yetenekteki Osiris rahipleri bunu kolaylıkla yaptılar. Kökeni Ruhsal Tebligata dayanan Vahiy mekanizmasıyla Muhammet peygamber tarafından indirilen Kur'an-ı Kerim'deki sembolik bilgilerin derin anlamları, Osiris rahiplerinin bilgileri ışığında ele alınmaya başlandı.

Sünni Müslümanlar buna şiddetle karşı çıktılar. Ama yapabilecekleri fazla bir şey yoktu. Çünkü "İskenderiye Okulu"nun rahipleri, o zamanlar oldukça etkin bir konumda olan Peygamber'in damadı Ali'nin yanında yer alarak, kendilerine gelecek baskılardan uzak kalmayı başardılar. Müslüman görünümleri altında, Alevilik mezhebinin içinde kendi Ezoterik Öğretilerini yaşatabildiler. Yaradana tapınma olgusu, yerini, Tanrı - Evren - İnsan üçlemesinden oluşan Varlığın Birliği ilkesine bıraktı. Sünni Müslümanlar bunu bir sapkınlık olarak niteledi. Fakat batıni çalışmalar bir kez başlamıştı... Ve hızla yayılıyordu...

Bu inanış biçimi, özellikle Araplar'ın zorla Müslüman yap-

"GİZLİ SIRLAR ÖĞRETİSİ"

tıkları toplumlar arasında büyük bir taraftar buldu. Bu sistemle Zerdüşt İranlılar ve Şamanist Türkler İslama çok daha kolay ayak uydurabildiler. Çünkü bu sistemde, kendi geleneksel inançlarından da bir şeyler bulabiliyorlardı...

İslamiyeti kabul eder görünen "İskenderiye Okulu" mensupları derhal Fisagor ve Eflatun'un eserlerini yaymaya başladılar.

Büyük Ezoterik birikim artık filozofların felsefi sistemlerinde hayat buluyordu... Ezoterik birikim sembollere büründürülerek filozofların felsefi yazıtlarında yaşamaya başlamıştı. İskenderiye Okulu ve bilinen adıyla "Yeni Eflatuncu Filozofların" etkisi kuşaktan kuşağa sürdü. Onların görüşlerinden etkilenen birçok kişi ve gruplar oldu. Bazı filozoflar bu akıma Tasavvuf ve kendilerine de Sufi adını verdiler. Yunanca "Sofos" kelimesi: "Akıl - hikmet ve bilgelik" anlamına gelir. Aynı kökten gelen Sufi kelimesi de İskenderiye Okulu yandaşlarınca, bu anlamları nedeniyle seçilmiştir. Bu arada hemen hatırlatmakta fayda görüyorum ki, "filozof" sözcüğü de "sevgi ve güzellik anlamına gelen "Pilos" ile "akıl - hikmet, bilgelik anlamına gelen "Sofos" sözcüklerinin birleşmesinden ortaya çıkmıştır.

Ayrıca Yunanistan'da, çok akıllı ve bilgili olduklarını göstermek amacıyla kendilerine "Sofistler" adına veren bir grubun, çok tutucu ve hatta bağnaz kişiler olması, bir başka kelimenin "sofuluğun" doğmasına sebebiyet vermiştir.

SUFİ ÇALIŞMALARI BAŞLIYOR

Böylelikle temelinde Ezoterik Öğreti ve gizli bilgiler bulunan Sufizm, İslami görünümü altında gittikçe güçlenen bir ekol oldu. Basra'da, Bağdat'ta, Kudüs'te, Anadolu'da gizli dernekler haline getirikleri tarikatlarda büyük merkezler kurdular.

"İSLAM EZOTERİZMİ"

İslami motiflerden hareket eden ama tüm dinlerin birliği ve Ezoterik Öğreti'de bütünleşen Sufizm, dünyanın pekçok yerinde taraftar buldu. Kısa sürede büyük bir güç haline geldiler. Dünya'nın çeşitli yerlerinde merkezler oluşturan Sufi teşkilatı hiyerarşik bir kuruluş olarak uzun bir süre çalışmalarını sürdürdü... Sufi teşkilatının teorik kuruluş şeması şöyledir:

1. Ezoterik Aziz.
2. Bütün Sufiler'in başı olan kutup.
3. Lider olan I. İmam, Kutup yardımcısı olan II. İmam.
4. Dört kutsal gücü sembolize eden dört büyük kuvvet.
4. Kuvvet yardımcıları 7 abdal.
6. Abdal yardımcıları 5 amd.
7. Bölge sorumlusu 70 kişi.
8. Uluslardan küçük topraklara bakan 300 şef
9. Azizler
10. Grup başkanları.
11. Talebeler
12. Kutsal yola girmemiş yeni cemiyet üyeleri.

Bu hiyerarşik teşkilata girebilmek isteyen aday önce kendi bölgesindeki Sufi merkezine giderek bu gruba girmek istediğini bildirirdi. Bir süre yeni gelenlerle en dış halkada sohpetlere katılır ve kendisiyle ilgilenileceği günü beklerdi. Grup başkanı kendilerine katılmak isteyenlerle belli bir süre sonra tek tek görüşürdü. Çeşitli sualler sorulur ve gruba katılmak isteyen adayın buna hazır olup olmadığı sınanırdı. Hazır olmadığına karar verilenler "Gizli Öğreti"nin içine alınmazdı.

Kabul edilenler özel bir toplantıya davet edilirler ve bu toplantıda büyük bir yemin ayini yapılırdı. Bu merasimde "Sırlar Öğretisi"ne aday kişi, Piri'ne (Şefi'ne) kayıtsız şartsız iteat edeceğine yemin ettirilerek gruba dahil edilirdi.

Adayı bundan sonra zorlu günler beklemekteydi. Çeşitli sınavlardan geçirilerek, "Sırlar Öğretisi"nin yollarında yürüyebilip yürüyemeyeceğine bakılır ve karar verilirdi. Bu sınavlar-

"GİZLİ SIRLAR ÖĞRETİSİ"

dan başarıyla geçemeyenlerin, bu yolda daha fazla ilerleyebilmesinin mümkün olamayacağına karar verilerek derhal dış halkaya atılırdı.

Bu katı prensipler, belki şu satırları okuyan okurlarımız için çok katı gelebilir ama unutulmamalıdır ki, karşılaşılacak sırlar öyle kolaylıkla hazmedilebilecek şeyler değildi. Ve herkese açıklanabilmesi mümkün değildi. Bu sırların küçük bir kısmı bile, şu anda açıklansa, toplumumuzun büyük bir çoğunluğu üzerinde büyük şoklar meydana getirecek nitelikte olan bilgilerden oluşmaktaydı. Bu bilgilerin kökeni on binlerce yıl öncesine dayanan sırlara dayanıyordu. Ancak hazır olanlara açıklanabilirdi. Nitekim öyle yapılmasına da aşırı bir özen gösteriliyordu. Zamanından önce açıklanan hiç bir sırrın yarar getirmeyeceği gayet iyi bilindiği için, titiz bir eleme uygulanmaktaydı. Bu sırların büyük bir bölümü günümüz insanlığından hala gizli tutulmaktadır.

"Gizli Sırlar Öğretisi"nin yolunda ilerlemesine izin verilen salikler, artık mürit olarak anılmaya başlanırdı. Müritleri bundan sonra hiç bir yerde bulamayacakları sırlar beklemekteydi. *Bu sırlar yaşamın ve varoluşun sırlarıydı...*

İlk önce İslam dininin dış anlamından girilir sonra yavaş yavaş Batıni yeni gizli içsel bilgilere doğru inilmeye başlanırdı. Öğrencide, *"bu dünyada olma ama dünyanın bir parçası olmama"* prensibi geliştirilirdi...

Bu süre içinde öğrenciyle öğretmen arasında çok sıkı spiritüel bir bağ kurulur ve öğretmen öğrencisine şuurlandırıcı, anlayışını arttırıcı manyetik tesirlerini yüklerdi.

Yavaş yavaş gizli bilgiler aktarılmaya başlanırken, bir taraftan da "Gizli Öğrenim"in çeşitli pratik uygulamaları yaptırılırdı. Bu pratik uygulamalardan en önemlilerinden biri, zihnin kontrolünü sağlamaya yönelik çalışmalardı.

Zihnin kontrolü için yapılan çalışmalar:

1- Özel nefes alma egzersizleri.

2- Yabancılar arasına girildiğinde zihnin dağılmasına müsade etmemek ve olası negatif tesirlerden uzak durabilmek için pratik uygulamalar.

3- Zihnin konsantrasyonunu dağıtan etkenleri fark etmek ve bu etkenleri yok etmek.

4- Konsantrasyonun geliştirilmesi için çalışmalar yapmak.

5- Yine konsantrasyonun yoğunlaştırılması için her gün belirli bir süre gruplar halinde zikir çalışmalarında bulunmak.

Zikir çalışmalarında geçilen safhalar:

1- Sesli veya sessiz zikir.

2- Nefes alma tekniklerinin devreye girmesi.

3- Vecd halinin yaşanması.

4- Aydınlanma, bilgi ve spiritüel güçlerin elde edilmesi.

Konsantrasyon ve nefes alma egzersizleri çalışmanın önemli bir bölümünü oluştururdu. Çünkü bunlar sağlanmadan bu yolda ilerlenmesinin imkanı yoktu. Bundan sonraki başarılar, bu yolda yapılan doğru çalışmalara bağlıydı. Bunların mutlak surette başarılması şarttı. Bu nedenle "Gizli Öğreti"de zikir çalışmalarına büyük önem verilmiştir.

Zikir arzu edilen bir kuvvet veya evrenin büyüklüğü üzerine konsantre olunarak yapılan meditasyondur. Doğu'da uygulanan meditasyon kurallarıyla, Sufiler'in uyguladıkları Zikir çalışmalarının temeli aynı prensiplere bağlıdır. Sadece kullanılan mantralar yani kelime kalıpları değişiktir. Bu prensipler tüm toplumların "Gizli Öğretileri"nde bir ve aynıdır. Çünkü bağlı bulundukları bilgi sistemi aynı kökene bağlıdır. İlk geleneksel Ezoterik Doktrin'e yani Mu kültürüne...

Zikir çalışmaları belirli nefes alma teknikleriyle birlikte uygulanır ve sonunda zihnin ve şuurun değişimine sebebiyet veren vecd (trans) haline geçilirdi. Bu aydınlanmaya giden bir yoldu. Spiritüel güçlerin ve kozmik bilgilerin insan bünyesin-

"GİZLİ SIRLAR ÖĞRETİSİ"

de zemin bulmasına yol açan bir çalışmaydı. Çok dikkatli uygulanması gerekiyordu... Bu nedenle mutlaka öğretmenin gözetiminde yapılırdı. Öğretmenin gözetiminde yapılamsı gerekirdi çünkü zikirde kullanılan kelimeye, öğretmen özel olarak bazı manyetik enerjiler yüklerdi. Böylelikle tekrarlanan kelime kalıbı, öğrenciye yoğun bir enerjinin geçmesine sebebiyet verirdi. Bu sözcük üzerine yüklenen enerji zaman zaman yeniden doldurulması gerekirdi. Zira öğrenci bu enerjiyi, belli bir süre sonra kendi üzerine çektiği için tüketirdi. Tükenen enerjinin öğretmen vasıtasıyla yeniden doldurulması gerekirdi. Aksi takdirde öğrencinin negatif enerjileri üzerine çekme tehlikesi baş gösterirdi.

Günümüzdeki meditasyon uygulamalarında bu kurala uyulmadığı için, birçok kişi, psikolojik ve fizyolojik kökenli önemli rahatsızlıklarla karşı karşıya kalabilmektedir. Bu yüzden günümüzde uygulanan meditasyon çalışmaları yarardan çok zarar getirmektedir. Özellikle "Transandantal Meditasyon" tekniğinin uygulanmasıyla arzu edilmeyen sonuçlarla karşılaşan çok sayıda kişi bulunmaktadır. Bu konuda okuyucularımı uyarmayı bir borç biliyorum...

"Gizli Öğreti"de belli bir yol alındıktan sonra, öğretmenlerinin gözetiminde öğrencilerin bazı mucizeler gerçekleştirebildikleri bilinmektedir. Bunlar "keramet" adıyla anılır. Normal yollarla açıklanması mümkün olmayan bu mucizevi olayların altında yatan parapsişik prensiplerin meydana gelmesinin en önemli sebebi, öğrenciye öğretilen ve uygulamaları yaptırılan özel düşünce konsantrasyonu çalışmalarıdır.

İslam dünyasında büyük etkiler yapmış olan Sufiler, Sünni Müslümanlarca hiç bir zaman anlaşılamamıştır. Sürekli eleştirilmişlerdir. Hatta bazıları anlaşılamamak ve horlanmakla da kalmamış bunu yaşamlarıyla ödemişlerdir... Bunların başında Hallac-ı Mansur gelir...

HALLAC-I MANSUR

Ünlü Sufilerden olan Hallac-ı Mansur, "Enel Hak" (Ben Tanrıyım) dediği ve bu sözünden geri dönmediği için zamanın otoriteleri tarafından önce kırbaçlandı, sonra derisi yüzülüp taşlanarak M.S. 922'de Bağdat'ta öldürüldü.

Hallac-ı Mansur, diğer Sufiler gibi, *"İnsan - Tanrı - Evren"* üçlemesini içeren varlık birliğini savunuyordu. Gençliğinde Kahire'de bulunan Mansur, burada İskenderiye Okulu filozoflarıyla tanıştı. Onların görüşlerini benimsedi. Daha sonra tüm Türkistan'ı dolaştı. Buradaki Sufi tarikatlarında görüşlerini yaydı.

Hallac-ı Mansur'a göre gerçek olan "Bir"di. Çokluk, bu "Bir"in farklı biçim ve nitelikteki yansımalarından ibaretti. Evren ve insan "Bir" in dışında değil içindeydi ve onunla özdeşti. Bu nedenden dolayı insan da tanrının bir cüzzü yani bir parçasıydı. İnsan Tanrıydı ama Tanrı insan değildi. Onunla sınırlı değil çünkü O, tüm varoluşun kendisiydi. Evren, ışık ve sevgi yumağı olan tanrıdan yansımıştı. Tanrıdan ayrı hiç bir parça olamazdı. Çünkü Mansur'un görüşüne göre parça bütüne aitti. Ve gerçeği kavrama gücünden yoksun olanlar, tüm varlıkların Tanrı'dan ayrı birer birim olduğunu ileri sürerler. Bunun bir yanılgı olduğunu anlamak ancak sezgi ile mümkündür. Her birey kendi içine dönerek bu sezgi gücünü belirli bir eğitimle ortaya çıkartabilir. Bu içe dönüşün sonucu olarak, önce Tanrısal sevgi uyanır, sonra da gönülde Tanrısal nur açık seçik görülmeye başlar. Gerçek sır, Tanrısallığı insanın içinde görmesidir. Bu görüşünü bir tek cümleyle de ifade etmiştir: "Kendini bilen Tanrı'yı bilir."

Enel Hak demesinin altında yatan felsefe işte buna dayanıyordu. Zamanın Sünni otoriteleri derhal bu görüşlerinden vazgeçmesini ve hatalı olduğunu kabul etmesini istediler. Söylediklerinden geri dönerse kendisini affedeceklerdi. Ancak o bunu yapmadı. Bile bile ölümü kabul etti. Onun inancı uğruna ölümü seçmesi Sufiler arasında derin izler bıraktı. O Sufizm'de bir simge olarak yaşamaya devam etti...

Onun bu görüşleri aslında kökeni çok eskilere dayanan Ezoterik Sırlar'a dayanmaktaydı. Belki de onun en büyük hatası, bazı sırları o dönemlerde açıkça söyemiş olmasıydı. Kendisinden sonra gelenler, inisiyatik sırların asla hazır olmayanlara açıklanmaması gerektiğini bir kez daha ısrarla savundular. Ve zamanından önce açıklanan sırların nelere sebebiyet verdiğini anlatmak için Hallac-ı Mansur'un yaşamını örnek olarak gösterdiler.

FERİDETTİN ATTAR

Anadolu Sufileri üzerinde derin etkiler bırakmış olması bakımından ayrı bir öneme sahip olan, tanınmış Sufi düşünürlerinden biri de M.S. 1119'da Nişapur'da doğan Feridettin Attar'dır. Anadoluda'ki tasavvuf çalışmalarının en önde gelen isimlerinden Mevlana ve Yunus Emre gibi tarihe mal olmuş şahsiyetleri derinden etkileyen Feridettin Attar, batıni sırları içeren bir de eser bırakmıştır. "Mazhar'ül Acaib" adlı bu kitabı nedeniyle dönemin yetkililerince putperestlikle suçlanmış ve öldürülme tehlikesiyle karşı karşıya kalmıştır. Bu nedenle belirli bir süre ülkesini terk etmiş ve yöneticilerin değişmesinden sonra yeniden ülkesine geri dönerek çalışmalarını sürdürmüştür.

"Varlık Birliği" anlamına gelen "Vahdet-i Vücut" kavramının Sufiler arasında yaygınlaşmasında etkili bir rol oynamıştır:

"...Tanrı görünmeyen durumda iken, kendisine olan sevgisi yüzünden görünür olmak istedi. Böylece Tanrısal südur başladı ve tüm varlık türleri oluştu. Sevgi bu oluşun kaynağıdır, ilk nedenidir..." diye yazmaktadır ünlü eseri "Mazhar-ül Aca-

ib"de.

Attar'a göre: *Varolmak, yüce bir nur olan Tanrı'dan fışkırmak, görüş alanına çıkmaktır. Oluş, Tanrı'dan çıkış ve yine ona dönüştür. Bu görüşü, Ezoterzm'in iniş ve çıkış bilgisini çağrıştıran bir özelliğe sahiptir. Tanrısal ışık, en yüceden en aşağı katlara doğru basamak basamak görünür hale gelmektedir. Bu da varoluşun bizzat kendisidir. Bu basamaklar, değişik varlık türlerini oluşturur. Varoluş yoktan yaradılış anlamına gelmez. Görünmeyenden görünür bir hale geçmeyi belirtir. İnsan Tanrı'dan ayrı bir varlık değildir. O'nun görünümlerinden sadece bir tanesidir. İnsan; potansiyalinde, özünde Tanrısal özelliklere sahip olan ilahi bir varlıktır. Ancak bu özelliğini dünyada yaşarken unutmuş durumdadır.*

İnsanın cüzzi iradesi, Tanrı'nın Külli iradesinin bir parçasıdır. Bir bütünün parçası ve farklı bir görünümüdür. Tanrı'yı görmek mümkün değildir. Çünkü Tanrı'yı görebilmek için, bütünün tüm parçalarını aynı anda görmek gerekir. Bu da mümkün değildir. Tanrı çoklukta birlik arzeden Tek'in kendisidir. Her şey Tek'in farklı görünümlerinden ibarettir.

Ruh ölümsüzdür. Tanrıdan gelmiş ve ona geri dönecektir. Beden ise, ruhun yeryüzünde kullandığı aracıdır. Ruh gelişimini tamamlayabilmek ve gelmiş olduğu asıl yere tekrar geri dönebilmek için, ne kadar bedene ihtiyaç duyarsa, o kadar beden eskitecektir.

Attar, bu görüşleriyle tekrardoğuş meselesine de asırlarca önce ışık tutmuştur.

MEVLANA CELALEDDİN RUMİ

1207 yılında Horasan'da doğdu. Daha sonra Anadolu'ya göç etti. Dönemin en ünlü Sufisi olarak tarihe geçti. İlk derslerini "Bilginler Sultanı" sıfatıyla anılan babası Mehmet Bahaeddin Velet'ten aldı. İkinci hocası, babasından el almış olan

225

"GİZLİ SIRLAR ÖĞRETİSİ"

Seyyid Burhaneddin Tırmızi oldu. Batıni Öğreti ile iç içe büyüyen Mevlana, Şems Tebrizi ile karşılaşmasından sonra kendi ekolünü şekillendirmeye başladı.

Bu ekolün kalıpları, şeriat ve şartlandırmanın sınırlarının çok ötelerinde şekil buldu. Batıni ve İnisiyatik bir kökende filizlendi, yeşerdi ve uzun bur süre fonksiyon gördü. 1200'lü yıllarda yakılan bir meşaleydi. Hem de öyle bir meşale ki, ışığı tüm yozlaştırıcı ve bozucu etkilere rağmen günümüze kadar kendisini hissettirebilen bir meşale...

Işık yayan özelliği, kalıpların ve şeriatin dar kalıplarının dışına taşan Batıni kökenden kaynaklanmaktaydı. Bu köken Mevlana'nın her sözünde kendisini hissettirmiştir:

Gel... Gel... Yine gel; yine gel...
İster kâfir ol, ister putperest, ister mecusi...
Bizim dergahımız, pişmanlık dergahı değildir.
Bin kere tövbe etmiş olsan da,
Bin kere bozmuş olsan da tövbeni,
Umutsuzluk kapısı değil bu kapı...
Gel... Gel, yine gel... Yine gel...

Mevlana, Feridettin Attar'la Nişapurda karşılaşıklarında yanlarında babası da bulunmaktaydı. Feridettin Attar, daha ilk bakışta Mevlana'nın farklı bir genç olduğunu anlar ve babası Mehmet Bahaddin Velet'in kulağına eğilerek şöyle der:

"...Biliyor musun, senin oğlunda dünyayı yakacak ateş var!..."

Daha sonraki yıllarda babasıyla çeşitli merkezleri dolaşmaya devam ederler. Muhyiddin El Arabi ile Bağdat'ta tanışan Mevlana uzun sohpetlerde bulunur. Mevlana'nın sıradışı bir şahsiyet olduğunu Muhyiddin El Arabi de kısa bir sürede anlar. Ayrılırlarken, Muhyiddin El Arabi uzaktan kervana bakar. Mevlana kervanın en ön tarafındadır, babası ise en arkada... Kervanın arkasından bağırır:

"Hey gidi dünya hey!... Küçük bir nehir, koskoca bir denizi

önüne katmış gidiyor..."

Nişapur, Bağdat derken yolları Şam'dan geçer... İlk kez Şems'le burada tanışırlar. Ve bir daha da hiç ayrılmazlar. Konya'ya yerleşen Mevlana, Şems'in öldürülüşüne kadar onunla birlikte kalır.

Şems'in ölümü Mevlana'yı çok etkiler. Şems ile öte alemde kavuşacaklarını çok iyi bilir. "Ölüm var ayrılık yoktur" ama hasreti çeken bilir. En büyük sırdaşı artık yoktur. Konya'nın bağnaz dincileri Şemsi öldürmüşlerdi. Ama onu asıl üzen öz oğullarından Muhammed Aleaddin'in bu bağnazlarla iş birliği yapmasıydı.

Şems'in ölümünden sonra Ahi şeyhi Sadrettin ile karşılaştı. İki büyük şahsiyet ortaklaşa çalışmalarda bulundular. Bu arkadaşlıkları Ahi teşkilatının Mevlana'yı izlemesine yol açtı.

Mevlana'nın öğrencilerine "Sır Katipleri" adı verilmekteydi. Bu öğrenciler arasında her kesimden Müslümanlar, Yahudiler, Hristiyanlar, Türkler, Rumlar, İranlılar, Araplar, Ermeniler, bulunmaktaydı. Din, dil, millet ayrımı; evrensellik anlayışlarının sınırları içinde yer alamamıştı.

Mevlana kendi tekkesi dışında en huzur bulduğu ortam, Bilge Hatun Manastırı'ydı. Ünlü Sufi bu manastırda bazen haftalarca kalırdı.

Mevlana'nın tanınmasındaki en önemli özelliği, Batıni Öğretiyi şiirlerle anlatmasındaki ustalığı olmuştur.

Rumcayı çok iyi biliyordu. Bu nedenle Eflatun'un tüm yapıtlarını orijinalinden okudu. Rum Ortodoks Kilisesi rahipleriyle, Eflatun'un görüşleriyle ilgili tarışmalara katıldı. Tasavvufu, Batıniliği, Yunan Sırları'nı ve Ezoterizm'i yakından inceledi. Çalışmalarıyla Tasavvuf sanatının doruğuna ulaştı. Şeriatın dışında, İslamiyet'in Batıni yönüyle ilgilendi. Bunu da şiirlerinde açıkça anlatmaktan geri durmadı:

"Ey Hacca gidenler, nereye böyle?
Tez gelin çöllerden döne döne,

227

"GİZLİ SIRLAR ÖĞRETİSİ"

Aradığınız sevgili burada,
Duvar bitişik komşunuz.
Durun, gördünüzse suretsiz suretini onun,
Hacı da sizsiniz, Kabe de Ev sahibi de..."
Mevlana için Tanrı önsüz ve sonsuzdur. Salt ışık, salt akıl, salt ruhtur...
"Hep odur var olan da, yok olan da.
Odur kaynağı acının da kıvancın da.
Yok görecek göz sende, yoksa görürdün.
Yalnız o var baştan aşağı senin varlığında..."
Mevlana "Divan-ı Kebir" adlı eserinin hemen başında da aynı anlama gelen cümlelerle başlamıştır:
"Gizli şeyleri gören gözlere;
her an senden şekiller, suretler görünmede..."
Bir başka eserinde ise:
"Ey tanrıyı arayan, aradığın sensin..." sözleriyle tasavvufun felsefi yolları arasında, sırları biraz da üstü örtülü bir şekilde söylemekten kendisini alamamıştır.

Mevlana'nın "Divan-ı Kebir", "Fihi Ma Fih", "Meclis-i Seba", "Mektubat" ve "Mesnevi" olmak üzere beş büyük eseri vardır.

Her ne kadar Mevlana: "Ben kim, şiir kim" diyorsa da, onun her bir mısrası, mumlu petekten süzülmüş bal gibidir. İnsana, sevgiye, evrene, tanrıya, aşka ve evrenselliğe kucak açmış bir batınidir o... Hoşgörülü ve insancıllık her halde ancak bu kadar yaşama aktarılabilirdi:

"İnsanlar biraz da kusur ve yanlışlıklarıyla güzeldir. Başkalarına zarar vermeyen zaaflara da hoşgörülü olmak gerekir" diyen Mevlana, bunu sadece sözleriyle değil, yaşamıyla da ortaya koymuştur.

İnisiyatik kökenli Batıni bir ekole sahip olan Mevlana'nın hiç bir din ayrımı yapmadığı bilinmektedir. Bu ölümünde de kendisini göstermiş ve cenazesine Mevleviler ve Ahiler'in yanı sıra, Müslümanlar, Hristiyanlar ve Yahudiler de yoğun bir şekilde katılmışlardır.

Mevlana'nın ölümünden sonra büyük oğlu Sultan Velet babasının öğretisini kurumlaştırdı. Ancak kullanılan dilin Farsça, öğretinin de zor kavranır batıni sırlara sahip olması nedeniyle belirli bir çevrede sınırlı kaldı ve halka inemedi.

Bir elleri yukarda, diğer elleri aşağıda dönen semazenlerin sırrı ise geniş halk kitlelerince hiç bir zaman anlaşılamadı...

YUNUS EMRE

O dönemlerden, günümüze kalan isimler arasında ilk akıllara gelenler arasında Baba İlyas, Hacı Bektaşı Veli, Ahi Evren, Yunus Emre sayılabilir. Mevlana'nın ve isimlerini saydığımız bu şahsiyetlerin aynı dönemin insanları olması tesadüf değildir. Tarih sayfalarını çevirdiğimizde, o dönemlerden sonra Türkler arasında bu denli etkili düşünürlerin çıkmadığı görülmektedir. Bunun sebeplerini biraz sonraya bırakıp, bu şahsiyetleri tek tek ele alamasak da, hiç değilse Yunus Emre ve Hacı Bektaşı Veli ile ilgili birkaç özelliğe değinerek yolumuza devam edelim.

Gizli Sırları içeren Batıni Öğretiyi halka indiren şahsiyetlerin başında Yunus Emre gelir...

1245 yılında Ankara yakınlarındaki Sarıköy'de doğdu. O dönemlerde doğduğu köyde yaşayanların hemen hemen hepsi Horasan'dan göç eden Yesevi tarikatine mensup kişilerdi. Yunus gençliğinde, tasavvuf ilmini öğrenmek amacıyla dönemin en ünlü Sufi büyüğü Hacı Bektaş'ın yanına gitti. Ancak çok yaşlanmış olan Hacı Bektaş, Yunus'u, Taptuk Emre'nin yanına gönderdi. Burada 30 yıl gizli eğitimden geçti.

Tüm dinlerin içeriğini öğrendi. Yunus bunu, *"Dört kitabın manasın, okudum hasıl ettim"* diyerek şiirlerinde ifade etmiştir. Mantık, felsefe, Yunan filozoflarının yapıtları, Arapça ve

"GİZLİ SIRLAR ÖĞRETİSİ"

Farsça gibi dersler görmüş ve zamanın en iyi eğitiminden geçmiştir. *"Ne elif okudum, ne cim"* demesi, O'nun Batıni bilimin yanında zahiri olanlara değer vermemesinden kaynaklanmıştır.

Burada aldığı eğitimi, Türkçeyi kullanarak son derece basit bir dille ve herkesin anlayacağı bir yalınlıkla şiirlerinde dile getirmeye başladı. Tüm sırları olmasa bile halkın anlayabileceği ve okunduğunda bazı çağrışımlar yapabilecek kısımlarını şiirsel bir anlatımla insanlara sundu. Onun şiiri "Gizli Batıni Öğreti"nin sadeleştirilmiş dilidir. Şiirlerinde halka felsefeyi sevdermiştir. Tasavvuf felsefesinin en ağır konularını bile şiirlerinde herkese hitap edebilecek düzeyde anlatabilme becerisini gösterebilmiş ender Sufiler'den biridir.

Diğer Sufiler gibi Yunus da, gerçek aşk ile insanın giderek Tanrıya yaklaştığını ve sonuçta Tanrıyı kendi içinde bulacağını savunmuştur. Bütün varlıklar gibi insan da, Tanrısal aşkın yansımasını içinde gizlemektedir. Bu yansımayı görebilmek için eğitimden geçmek şarttır. Bu eğitimin temeli de "Batıni Gizli Öğreticilik"tir. Bunu şiirlerinde şöyle anlatmaya başlar:

"Vardığımız illere,
Şol Sofa gönüllere,
Baba Taptuk manasın,
Saçtık Elhamdülillah.

Taptuk'un tapısında,
Kul olduk kapısında,
Yunus miskin çiğ idik,
Piştik Elhamdülillah.

Ruhun ölümsüzlüğünü şiirlerinde anlatan Yunus, ruhun çıktığı kaynağa dönme çabası içinde olduğunu dile getirmiştir:
"Beden yokolup gitmekte, ancak ruh ölümsüzlerin dünyasına gitmekte..."

Ölümsüzlerin dünyasından ruhun tekrar dünyaya geldiğini ve çeşitli bedenler kullanan ruhun bu çabalarının sonunda arınmaya doğru ilerlediğini halka şiirlerle anlatmıştır. O'nun şiirlerinde derin bir felsefenin izlerini takip etmek son derece kolaydır.

"İnsan - Evren - Tanrı" birliği, onun dizeleri arasında kendisini hissettirir. Çeşitliliğin sadece görüntüden ibaret olduğunu, tanrısal südur sonucunda ortayla çıkan evren ile insanın aynı kozmik yasaylarla çevrili olduğunu anlatırken, insanın Tanrısal benliğinin altını çizer. Hem de hiç gizlemeden açıkça bu sırrı ortaya koyar:

"Ay oldum aleme doğdum,
Bulut oldum göğe yağdım,
Yağmur olup yere yağdım,
Nur oldum güneşe geldim."

O'nun şiirlerinde zıtlıklar birlik içinde erir yokolup gider...

"... İkiliği terk et,
Birlik makamını tut.
Canlar canın bulursun,
Birlik içinde..."

Yunus Emre yetiştiği "Batıni Okul"un kuralları içinde yaşamış ve burada öğrendiklerini yaşamında fikirleriyle ortaya koyarken "Gizli Öğreti"nin bazı sırlarına da insanları hazırlamıştır. Örneğin İnisiyatik özellikteki bu okulda yetişen öğrenciler arasında üç temel kategori bulunduğunu anlatırken, geleneksel inisiyasyonun üç temel safhadan oluştuğunu da böylelikle insanlara açıklamış oluyordu.

Yunus'un anlattıklarından yetiştiği okuldaki öğrencilerin üç farklı safhadan geçtiklerini anlıyoruz:

1- İlm-el Yakin: İnisiyasyonun birinci aşamasıdır. Diğer ulusların inisiyasyonunda ifade edilen "Küçük Sırlar" aşamasına denktir. Akıl ve ilim yoluyla elde edilir. İlk temel bilgilerin verildiği aşamadır.

2- Ayn-el Yakin: "Büyük Sırlar" aşamasına denktir. Her ne kadar bazı sırlarla karşılaşıldıysa da yine de, Gerçeğin ışığını henüz kalbinde hissedemeyenlerin oluşturduğu aşamadır. Yoğun kendi üzerinde çalışmaların yapıldığı safhadır.

3- Hakk-el Yakin: Ruhsal sezgi gücüyle elde edilen, "İlahi Sırlar" aşamasının karşılığıdır. İslam Ezoterizm'inde bu safhaya ulaşanlara verilen isim "İnsan-ı Kamil"dir. Bu safhada belirli bir dinin mensubu olmak gibi bir düşünce sistemi terk edilerek, tüm dinlerin birliği kavranılır. Bu safha, dinin "Zahiri" görüntüsünün terk edilerek, dinin "Batıni" yönüne geçilişin eşiğidir. Bu eşikte dinin kapalı bilgileri açıldığı için, din o eski anlamını yitirir. Dinin gerçek anlamı ortaya çıkar. Bu safhada inisiye tüm dinlerdendir, ama hiç bir dinden değildir.

O, Birliğin dünyasında, "Yerin ve Göğün Oğulları" adı verilen bir grubun üyesidir artık...

Yunus bu durumu, yine o kendisine has üslubuyla anlatmıştır:

"Din ü millet sorar isen,
Aşıklara din ne hacet.
Aşık kişi harap olur,
Işık bilmez din, diyanet"

***

"Oruç, namaz, gusulü hac hicaptır aşıklara,
Aşık ondan münehhez halis heves içinde.
Ey aşıklar, ey aşıklar Işık mezhebi dindir bana."

Yunus Emre, dinin zahiri kısmıyla uğraşmanın insana hiç bir yarar sağlamayacağını şöyle anlatır:

"İlim, ilim bilmektir,
İlim kendin bilmektir.
Sen kendini bilmez isen,
Ya nice okumaktır."

Buna karşılık dinin batıni yönüne dikkatleri çekerken, dinlerin batıni çalışmalarla gerçek değeriyle ele alınabileceğini de şiirlerinde konu edinmiştir:

"Dört kitabın manasın,
Okudum hasıl ettim.
Işığa gelince gördüm,
Bir uzun hece imiş"

HACI BEKTAŞI VELİ

Tasavvufi çalışmaların en önemli uygulamalarını gerçekleştiren Batıniler'den biri de, 1210 yılında Horasan'da doğan Hacı Bektaşı Veli'dir. Önce Yesevi tarikatına katıldı. Burada "Baba"lığa kadar yükseldi. 1240 yılında Anadolu'ya geldi. Burada yakın dostu Baba İlyas'ın yanına gelerek Amasya'ya yerleşti. Anadolu'nun birçok köşesini dolaşarak Batıni Geleneği çevresine yaymaya başladı. 1271 yılında öldüğünde onun çevresinde halkalanmış binlerce "Batıni Anadolu Dervişleri" vardı.

Yaklaşık 700 yıl Sünni yönetimin baskısı altında yaşayan Bektaşiler, Mustafa Kemal Atatürk sayesinde rahat bir nefes almaya başladıklarını görünce, O'na büyük bir destek verdiler. Atatürk, Kurtuluş Savaşı sırasında bir zamanlar İttihat ve Terakki Cemiyeti'nde bulunan Subaylarca desteklenirken, bir yandan da yoğun bir şekilde Bektaşilerce desteklendi. Atatürk, Ulusal Kurtuluş Savaşı'nı başlatmadan hemen önce, 25 Aralık 1919'da Hacı Bektaş Dergahı'nı ziyaret ederek, Bektaşiler'in desteğini istemişti. Batıni gelenekten gelen inançları sebebiyle "Laik Sistem"e zaten yüzyıllardır yatkın olan Bektaşiler, Kuvayı Milliye'ye tam güçleri ile destek verdiler. Kurtuluş Savaşı'nın başarıyla sonuçlandığı yıllarda da Türkiye Büyük Millet Meclisi'nde, Atatürk'ün önde gelen destekliyicileri arasında, Bektaşi kültürüyle yoğrulmuş milletvekilleri olmuştur. Hatta o yıllarda Atatürk'ün Halifeliği kaldırmasında karşılaştığı büyük güçlüklerin aşılmasında yine bu milletvekilleri önemli bir fonksiyon görmüşler ve Halifeliğin kaldırılması ile

"GİZLİ SIRLAR ÖĞRETİSİ"

ilgili yapılan oylamanın kazanılmasını sağlamışlardır. Bu bakımdan da Anadolu'da, Bektaşiliğin önemli bir tarihi misyonu olmuştur.

Diğer Batıni Öğretiler'de olduğu gibi Bektaşilik'te de ketumiyet esastır. Törenleri ve ritüelleri halka açık değildir. Gizli özel ritüelleri vardı ve bu sırlar büyük bir özenle korunurdu.

Bir Bektaşi müridi öğretiyi ancak bir mürşidin yardımı ile anlayabileceği için mürşidin rehberliği zorunluydu. Batıni sembollerin ve sırların anlaşılması ancak mürşitle mümkün olabiliyordu. Batıni Bektaşi öğretisi, müridin yaşadığı toplum içinde kulaktan dolma öğrendiklerinden çok farklı olduğu için, bu öğretiye yeni girene büyük bir özenle rehberi vasıtasıyla bilgiler belirli bir sıra ile aktarılırdı. Aksi takdirde öğretiye yeni giren müridin büyük bir şoka girmesi olasılığı vardı. Bu mesele tüm Batıni Gizli Öğretiler için geçerliydi. Çünkü burada öğrenilenlerle, halkın sıradan bilgileri arasında büyük bir fark vardı. Halkın bildiği dinin egzoterik tarafı yani dinin birinci, bilemediniz ikinci dereceden anlamlarından ibaretti. Oysaki "Sırlar Öğretisi"nde tüm sırlar inisiye adayına belirli bir sırayla açıklanmakta ve bu sırların bilgisine aday ulaştırılmaktaydı.

Bektaşi Sırları'nda gerçekleştirilen eğitim esnasında karşılaşılanlar ve yaşananlar dış halkalara kesinlikle açıklanmazdı.

"...Din ayrılığı gereksiz... Aslında tüm dinler dünyada barış ve kardeşliği sağlamak içindir..." diyen Hacı Bektaşı Veli bu görüşlerini "Velayetname" adlı eserinde ortaya koydu.

Bektaşi Öğretisi'nin bir diğer adı da "Dört Kapı Öğretisi"dir. Hacı Bektaşı Veli, toplum içinde yaşayan insanları, anlayış seviyeleri bakımından dört temel grupta toplar.

1.Grup: Toplumun en büyük kesimini oluşturur. Bunlar gerçeği ibadette arayan sofu kişilerdir. Dinsel bilgileri son derece kısıtlıdır.

2. Grup: Tarikata girmiş ama sofuluğu terk edemeyenler.

3. Grup: Sırra erenler.

4. Grup: Birliğe ulaşan Kamil İnsanlar.

Bektaşi Öğretisi de yine dört kapıdan oluşurdu. Bunlar: *"Şeriat"*, *"Tarikat"*, *"Marifet"* ve *"Hakikat"* kapılarıdır.

Şeriat Kapısı'nda İslam Dini'nin şeriata bağlı temel nitelikleri öğretilirdi. Şeriat kapısına on basamakla tırmanılırdı. Bunlar sırasıyla:

1. İman etmek, 2. Kur'an-ı Kerim'i öğrenmek, 3. Namaz, oruç, zekat, hac gibi İslam'ın zorunlu kurallarını yerine getirmek, 4. Dürüst davranmak, 5. Evlenmek, 6. Cinsel yaşamdaki yasaklara uymak, 7. Hz. Muhammed'in sünnetlerine uymak, 8. İnsanlara şefkatli davranmak, 9. Temizlik kurallarına azami dikkat etmek, 10. Tarikatın emir ve yasaklarına koşulsuz itaat etmek.

Tarikat çalışmasının ilk basamağını oluşturan "Şeriat Kapısı"nın müritlerine "aşıklar" denirdi.

Tarikat Kapısı'na geçebilmek için mürşidin onayı gerekmekteydi. Şeriat Kapısı'nı geçmeye hak kazanan müritler, Mürşitleri'ne bağlılık yemini ederek, bir üst aşama olan Tarikat Kapısı'na yükselirlerdi. "Muhip" adıyla anılmaya başlayan mürid bu aşamada, Mürşidi'nin yakın gözetiminde, Tarikat'ın genel kuralları hakkında bilgilendirilmeye başlanırdı. Bu aşamada İslam Dini'nin zorunlu şeriat kurallarının uygulaması sona ererdi. Çünkü artık İslam Dini'nin Batıni yönüne doğru yolculuk başlamıştır...

Marifet Kapısı, Bektaşi Öğretisi'nin üçüncü kapısıdır. Yıllar süren yoğun çalışmalardan sonra ulaşılacak bir aşamadır. Mürid artık Batıni Sırlar'a vakıf olmuş ve "Derviş" ünvanıyla anılmaya başlamıştır. İnsan - Tanrı - Evren üçlemesinin meydana getirdiği, çoklukta birlik felsefesinin anlamları müride öğretilirken, müridin kendi sırlarını çözebilmesi için "Özel Kendini Bilme" çalışmaları gerçekleştirilirdi. "Kendini bilen

"GİZLİ SIRLAR ÖĞRETİSİ"

rabbinide bilir" sözünün anlamı müritte artık bir yer bulmaya başlamıştır. Bu aşamanın basamaklarını ise: Ahlaki davranış disiplini, hoşgörü, kendine hakimiyet, sabır, kendini tanıma çalışmaları ve Batıni Öğreti'nin çeşitli uygulama alanları oluştururdu.

Evrendeki büyük birliği hissetmeye başlayan ve "Sırlar Öğretisi"yle donatılmış mürit artık dördüncü ve sonuncu aşamanın basamağına gelmiştir.

Hakikat Kapısı ulaşılabilecek son basamaktır. Mürit artık "Baba" ünvanıyla anılmaya başlar. O da büyük halkanın bir neferi olmuştur. Bu aşamaya ulaşanların bir diğer adı da İnsan-ı Kamil'dir.

Bektaşi Öğretisi'nde Hallac-ı Mansur'un özel bir yeri vardır. Bektaşiler'e göre Hakikat Kapısı'na ulaşabilen ender kişilerden biri olan Hallac-ı Mansur zamanından önce konuştuğu için kurban olmuş bir ulvi şahsiyettir.

Tanrısal gücü kendi ruhsal varlığı içinde hisseden müritler bu aşamada asla dışarıya bilgi sızdırmazlar ve sırları kendi içlerinde saklarlardı. Sonuncu aşamada elde edilen sırların tarikat üyeleri arasında bile konuşulması yasaktı.

GÜNÜMÜZDE EZOTERİZM VE BATINİLİK

Batıni çalışmalar uzun bir süre büyük bir gizlilik içinde yürütüldü. Anadolu'nun birçok köşesinde Batıni "Gizli Sırlar Öğretisi"nin merkezleri oluştu. Çok sayıda mürit ve taraftar buldular. Bu merkezlerde eğitilenler gizli öğretinin ve İslam'ın batıni yönü hakkında Ezoterik bilgilerle donatıldı. Bir çok kültüre etkide bulundular. Bu etkilerin izlerini günümüzde hala görebilmekteyiz...

Ancak zamanın acımasız yozlaştırıcı etkisi, her şeyde olduğu gibi burada da kendisini belli bir süre sonra göstermekte gecikmedi... Birçok tarikat asıl gerçekliğinden uzaklaşmaya ve batıni çalışmalar yerini şekilsel harici çalışmalara bırakmaya başladı. Batınilik, gizli bilgiler, yüz yıllarca saklanan sırlar yavaş yavaş unutulmaya başlandı... Aradan geçen yıllar filozofinin güzellik ve bilgeliğini yok etti... Tarihin karanlıkları ve unutulmuşlukları arasındaki yerini aldı. Geriye onlardan sadece yazılı bazı belgeler kalabildi. Ancak o belgeler de sembollik bir dille kaleme alındığı için içlerinde gizledikleri sırlar anlaşılması imkansız bir halde insanların zihinlerinde eski bir anı olarak kalabildi.

Yapılabilecek tek şey vardı: Bu dejenerasyona dur demek. Onu da kitabımızın başında söylemiş olduğumuz gibi Atatürk yaptı. Çoğunlukla yozlaşmış, bozulmaya yüz tutmuş bu merkezler Atatürk'ün emriyle kapıtıldı...

Daha sonra da bu merkezler ilk günkü gibi bir çalışmayı hiç bir zaman gerçekleştiremediler... Oy hesaplarıyla ve politik amaçlarla yeniden açılmalarına göz yumulan tarikatlar ise, Siyasal İslamın birer kuklaları oldular. Aslında daha ilk zamanlarda da, Batıni çalışmaları temel almayan ve dinin sadece dış anlamı doğrultusunda çalışmalarda bulunan çok sayıda şeriatçı tarikatlar da bulunmaktaydı. Bu tarikatları kitabımıza konu bile etmedik. Atatürk'ün Devrim Kanunları'na rağmen, günümüzde yeniden örgütlenen tarikatların çoğu, işte bu istikamette çalışmalarını sürdürmüş olan şeriatçi tarikatların uzantıları konumunda olan teşkilatlardır. Bunların ne ilk devirlerde, ne de günümüzde Ezoterik Batıni ve Tasavvufi çalışmalarla uzaktan yakından bir ilgileri olmamıştır.

Günümüze kadar kalabilen çok az sayıdaki bilgiler ise hiç bir zaman konuşmadılar. Konuşanlar ise bilgiden oldukça uzakta kalan kişilerdi... Ezoterik Öğreti'nin sırları kuşaktan kuşağa aktarılarak günümüze kadar gelebildi. Ama son derece kısıtlı sayıdaki kişilerin elinde kalarak... Ve onlar, susmaları gerektiğini gayet iyi biliyorlardı. Çünkü insanlığın aşağıya iniş sürecinde bu bilgilere yer yoktu. Bu bilgilerin genel ço-

"GİZLİ SIRLAR ÖĞRETİSİ"

ğunluk tarafından unutulması gerektiğini gayet iyi bilen, az sayıdaki bu kişiler hiç bir zaman kendilerini açıkça belli etmediler...

Bütün bu gelişmelerin sonucunda ne oldu? Her şeyden önce Tasavvuf gibi büyük bir derya unutulup yokolup gitti. Dahası dinin gerçek anlamı da insanların zihninden silinip kayboldu. Sonunda din adı altında bambaşka bir şey ortaya çıktı. Şimdi bu meseleyi biraz açmak istiyorum...

İslam Dünyası'ndaki Batıni çalışmalarda bulunan özel eğitim merkezlerinde, Ezoterik bilgilerin ışığında yapılan çalışmaların önemli bir bölümünü de, Kur'an'da geçen sembolik bilgilerin gerçek anlamlarını müritlere öğretmek oluştururdu. Örneğin, Adem'in Cennet'ten kovulması Kur'an'da geçen sembollerden bir tanesidir. Bununla ilgili açıklamaları kitabımızın daha önceki sayfalarında yapmıştık. Bir de öldükten sonra gidileceği söylenilen Cennet ve Cehennem sembolleri vardır. Konumuza örnek olması bakımından bu sembollerin Batıni çalışmalarda nasıl ele alındığını sizlere aktarmak istiyorum. Diğer sembollerde olduğu gibi bu sembollerin de gerçek anlamları dinin dış kısmı ile uğraşanlar için gizli kalmıştır. İslam Dini'nin en temel kavramlarından olan bu sembol bile maalesef gerçek anlamıyla ele alınamamaktadır. Bilinen kısmıyla cennet ve cehennem öldükten sonra gidilecek olan mekanları ifade eder. Oysa ki bu, sembolün birinci dereceden olan açıklamasıdır. Sembolün içerdiği asıl bilgi bambaşkadır.

Öncelikle şu kadarını söyleyebilirim ki, cennet ve cehennem adında iki farklı mekan mevcut değildir. Böyle mekanlar yoktur. Bunlar mekanı ifade eden semboller değildir. Öldükten sonra da bilinen manasıyla cennete veya cehenneme gitmek gibi bir şey söz konusu değildir. Bu inanç tamamen yanlış bir yorumdan kaynaklanmış eksik bir düşüncedir.

İlahiyat Fakültesi Dekanı Prof. Dr. Yaşar Nuri Öztürk bu konuyla ilgili olmak üzere, "Kur'an'daki İslam" adlı kitabında şunları söylemektedir:

Soru: 133. ayette cennetin genişliğinden bahsedilirken kullanılan ilginç ifadeyi açıklar mısınız?

Cevap: Bu ayette cennet, "genişliği göklerle yerler kadar" diye tanımlanmaktadır. Bunun tek ve tartışılmaz anlamı cennetin sınırsızlığıdır. Sınırsızlık ise cenneti bir mekan olarak almamızı engeller. Buna dayanarak, Muhammed İkbal'in şu sözünü, Kur'an düşüncesi adına altını çizerek verebiliriz: "Cennet ve cehennem mekanlar değil hallerdir." Bu demektir ki, herkesin cennet ve cehennemi mekan olarak düşünüldüğünde içinde bulunduğu yerde kurulur. Yani mekan olarak cennet veya cehennem kainatın herhangi bir yerinde hazırlanıp sınırları çizilmiş, adresi belli bir yer değildir... Ne cennet kainatın herhangi bir yerinde nimetlerle donatılmış turistik bir tesistir ne de cehennem kainatın herhangi bir yerinde akıl almaz işkence aletleriyle donatılmış bir azaphane... Cennet ve cehennem her insanın bulunduğu yerde ve her an hazırlanabilen nimet veya ceza imkanıdır. (Kur'an'daki İslam Sayfa: 498)

Konuyu biraz daha açık ve Ezoterik bilgilerin ışığında bir cümleyle özetleyerek anlatacak olursak: Cehennem bedenini terk eden bir varlığın spatyomda çektiği vicdan azabının bir sembolü olduğunu söyleyebiliriz. Cennet ise bunun tam tersi olan bur şuur halidir.

Yani varlığın yaşadığı şuur halleridir... Ancak spatyomun yani öte alemin yapısal özelliğinden dolayı orada varlıkların düşüncelerinin anında şekilleneceği unutulmamalıdır. Orada siz cennete benzer bir mekanı hayal ederek, bu tür düşünceler yayınlarsanız, hemen çevrenizde böyle bir mekanın oluşacağı da unutulmamalıdır. Ancak bu tamamen sizin düşüncelerinizin ürünüdür. Ve belli bir süre sonra kendiliğinden kaybolup gidecektir.

Görüldüğü gibi İslamiyet'in en temel kavramları bile doğru dürüst insanlara anlatılamamış durumdadır. Kendisini yakın-

"GİZLİ SIRLAR ÖĞRETİSİ"

dan tanıdığım değerli bilim adamı Prof. Dr. Yaşar Nuri Öztürk gibi, diğer yetkililerin de bir an evvel ortaya çıkarak, yanlış yorumların üzerine cesaretle gitmelerini sabırla beklemekteyiz. İşlerinin hiç kolay olmadığını biliyoruz.

Allah kolaylık versin.

Ne diyeyim...

***

Şu anda okumakta olduğunuz kitap, 1998 yılının Nisan ayında piyasaya çıkmış bulunmaktadır. Bu kitap sizin elinize hangi tarihte geçecektir bilemiyorum. Ama eğer bu kitabı 2000'li yıllarda okuyorsanız, sessizce bekleyenlerin sesini duymaya başlamakta olduğunuzu, şu anda tahmin edebiliyorum...

Eğer bu kitap 2000 yılından önce elinize geçtiyse biraz daha beklemeniz gerektiğini söyleyebilirim...

Bunlar kimlerdir?

Bilemiyorum... Belki de sizsiniz...

XI. BÖLÜM

AGARTA & ŞAMBALA
AYDINLIK ve KARANLIK GÜÇLERİN "GİZLİ YERALTI MERKEZLERİ"

Bu bölümün, kitaba alınıp alınmaması gerektiğine uzun bir süre karar veremediğimi, siz değerli okurlarıma bildirmek istiyorum.

Burada akatarılacak olan bilgilerin yarar mı yoksa zarar mı getireceğine hala bir karar verebilmiş değilim... Ancak yurtdışında birçok kitapta açıkça anlatılan bazı meselelerin, bizim ülkemizde de bilinmesi gerektiği sonucuna ulaştığım için bu konuya da girmekte bir sakınca görmedim. Ama yine de bazı bölümlerini çıkarttığımı itiraf ediyorum...

Bu meselenin ortaya çıkmaya başladığını görmekten dolayı birilerinin son derece huzursuz olacaklarını da gayet iyi bilmekteyim... Eh ne yapalım. Çıkışın günleri yaklaşıyor... Herkes vazifesini yapacaktır...

BU GÜN

Meseleyi, günümüzden başlayarak tarihin çok gerilerine doğru götürmek suretiyle gün ışığına çıkartmaya çalışacağım. Çünkü meselenin kökeni binlerce yıl öncesine dayanmaktadır.

"GİZLİ SIRLAR ÖĞRETİSİ"

Bu, binlerce yıl önce başlayan; "Aydınlığın Oğulları" ile "Karanlığın Oğulları" arasındaki ayrımın ve mücadelenin öyküsüdür...

...Evet, önce günümüzde yaşananları şöyle kısaca bir gözden geçirelim ve bu inanılmaz olayın gelişimini anlamaya çalışalım...

Bundan birkaç ay önce yaşadığım bir olayı aktararak başlamak istiyorum:

Radyo Kulüp'ten (Bu gün ismi Radyo D olarak değişmiştir) ayrıldıktan sonra. Uzun bir süre radyo programı yapmadım. Dinleyicilerimden gelen yoğun istek üzerine yeniden bir radyoya müracat etmeye karar verdim. Adını vermek istemediğim bu radyonun yöneticisiyle gittim görüştüm. Programımı daha önce dinlediklerini ve içeriğini bildiklerini ancak yayın prensiplerine bu programın uymadığını ifade ettiler. Sebebi ise son derece dikkat çekiciydi: Kendilerinin 1980 sonrası Özal'ın yaratmak istediği gençliğe yönelik yayın yapmakta olduklarını söylediler... İnsanları düşünmeye sevk eden "Sözel Programlar"a yer yoktu... Yani insanların ve özellikle de gençlerin düşünmeye ve araştırmaya başlamaları istenmiyordu. Sözel programlar yayın ilkelerine aykırıymış... Peki gençliğe ne vermek istiyorlarmış bu beyler: Sadece müzik ve kakara kikiri... Peki ya gerisi... Gerisi istenmiyormuş ki... Niçin gençler düşünsün ki! Niçin araştırmaya yönlensinler ki! Sonra kim tutacak onları? Sonra binbir tane soru sormaya, eleştirmeye, konuşmaya falan başlarlarsa ne olur halimiz? Bırakın onlar dans etsin... Dans edede yorulsunlar da otursunlar köşelerinde, karışmasınlar işlerimize...

Çok mu abartıyorum?

Yoksa az bile mi söylüyorum?

O günden sonra da, kendi yayınevimi kurmaya karar verdim... Bu kitabın ortaya çıkması, işte bu olaya dayanır...

Şimdi yine günümüze, bir başka meseleye uzanalım. Med-

242

ya... Çağımızın en büyük kitle iletişim aracı... Gazetesiyle, radyosuyla, televizyonuyla büyük bir ekonomik ve siyasi güç medya... Toplumları yönlendirebilen ama doğru dürüst bilgilendirmeyen medya... Kültüre, sanata ve bilime uzak medya... Ne olurdu ki sanki, yeni bilimsel buluşlara ve belgesellere birazcık da olsa yer verildiği bir medyaya sahip olabilseydik? Ama olamıyoruz işte... "Erkekliğin ve mertliğin kitabının yazıldığı" yerli dizilerle dolduruyoruz ekranları!... Ne olurdu... Evet ne olurdu birazcık, sadece birazcık daha düzeyli ve kültürlü bir medyaya sahip olabilseydik?

Sahi niçin olamıyoruz?

Medyanın içinde uzun yıllardır çalışan birisi olarak soruyorum: Medyanın hali nedir böyle? Nerede bizim belgesellerimiz? Nerede bizim araştırmacı gazetecilerin haberleri? Bu kadar mı önemli Hülya Avşar'ın hayat hikayesi? Hülya Avşar kimdir? Bu topluma ne vermiştir? Nasıl bir mesaj iletmektedir insanlara? Amacı nedir?

Öbür tarafta da gerçek niyetleri tam olarak belli olmayan İslami medya...

Kısacası medya üzerine düşen görevi tam olarak yerine getiremiyor. Bu da birilerinin kuşkusuz işine yarıyor... Çünkü o birileri, insanlarımızın bilgilenmesini, konuşmasını ve düşünmeseni istemiyorlar...

Bunun sonucu olarak da, rahmetli Uğur Mumcu'nun dediği gibi, bilgi sahibi olmadan fikir sahibi olan bir toplumun üyelerini meydana çıkartıyoruz.

Peki kimdir bu birileri?

Bunların kökenleri on binlerce yıl öncesine dayanıyor. Evet... Onbinlerce yıl öncesine dayanan bir serüven bu... Serüvenin başlangıç yeri ise Atlantis...

***

BELİALİN OĞULLLARI VE BİRİN OĞULLARI

Kozmik kökenli bilgilere dayanan Mu Kültürü'nden ilk etkilenen Atlantis Uygarlığı olmuştur. Mu kültürü Atlantis'te geniş kitlelerce benimsendi ve yaşam zemini buldu. Ancak Atlantis'in özellikle son dönemlerine doğru, insanlığın aşağı iniş sürecinin bir sonucu olarak bilgiler yavaş yavaş dejenere edilmeye ve negatif alanda kullanılmaya başlandı. Ezoterik sırlar ve özellikle de, Parapsişik yetenekler egoistçe çıkarlar doğrultusunda kullanılmaya başlandı.

Belli bir süre sonra bu durum, Atlantis'in iki farklı kutuba bölünmesine sebebiyet verdi. Eski Mu kültürünü sürdürenler ve bu kültürü negatif alanda kullanmaya başlayanlar olmak üzere iki ayrı grup oluştu. Bu birinci gruba *"Bir'in Oğulları"* ikinci gruba ise *"Belialin Oğulları"* adı verildi.

Kozmik bilgileri kötü bir şekilde insanların zararına kullanmaya başlayan "Belilalin Oğulları" yoğun bir şekilde "Kara Maji" uygulamalarına yöneldiler. Parapsişik yeteneklerini bu alanda kullanmaya başlamaları o denli yoğunlaştı ki, kıtalarının fiziki ve atmosferik dengeleri ciddi bir şekilde bozulmaya başladı. "Bir'in Oğulları"nın tüm girişimleri sonuçsuz kaldı. Sonunda araları iyice açılan iki grup arasında, tarihte ilk kez majik yöntemlerin de kullanıldığı büyük bir savaş çıktı. Sayıca üstün olan "Belialin Oğulları" yıllar süren savaştan galip çıktılar. Kazanan "Karanlığın Oğulları" oldu.

Kıtalarının fiziki ve atmosferik dengeleri bu savaşta iyice bozuldu ve sonunda birbiri arkasına tufanların yaşanmasına sebebiyet verdi. Kıtalarının tamamen sulara gömülmesinden önce her iki grubun temsilcileri çevre kıtalara göç ettiler. Ve kendilerine iki ayrı yeraltı merkezi kurdular. "Bir'in Oğulları"nın kurduğu merkez *"Agarta"*, "Belilal'in Oğulları"nın kurdukları merkez ise *"Şambala"* adıyla anılmaya başlandı.

Her iki grubun ellerinde bulunan bilgiler aynıydı ama kullanım alanları bir birlerinden son derece farklıydı.

(Orta Çağ'da yapılan ve Şeytan'ı tasvir eden tablolardan birinin adı "Belial"dir.)

Yeraltında merkezleşen bu iki ayrı grup, çalışmalarını buralarda sürdürdüler. Agart'a birçok inisiyeyi ve bazı peygamberleri gizli yeraltı merkezlerinde eğitti. Ezoterik Bilgiler'in tamen unutulmaması için çeşitli inisiyatik merkezlerin kurulmasına ön ayak oldular. Çok küçük bir halkada bu bilgiler günümüze kadar getirilebildi.

Şambala ise dünya üzerinde yaşayan insanların bilgiden uzaklaşması için çeşitli faaliyetlere girişti. Dünya üzerinde yaşayan bizim devremiz insanlarından bazılarıyla irtibata girerek, asıl amaçlarını gizleyerek, onları kendi felsefeleri doğrultusunda eğittiler. Çeşitli kurum, loca, grup ve derneğin kurulmasına ön ayak oldular. Tek bir amaçları vardı: İnsanları "Ezoterik Bilgi"den uzak tutmak. Bu gruplar uluslar arası örgütlendiler. Hemen her ülkede merkez oluşturdular. Bazı kilit noktaları ellerine geçirdiler.

Bütün bunlar olup biterken, dünyanın aşağıya iniş sürecinin de sonlarına gelindi. Bu süreçte Şambala çok daha geniş taraftara sahip oldu Bunun böyle olması dünyanın genel aşağıya iniş sürecine de uymaktaydı. Yani bilgisizliğe ve negatif enerjilere yatkın insanlık bu süreçte Şambala'nın yanında yer aldı.

Ünlü araştırmacı yazar Jacques Bergier, "Les Livres Maudits" adlı kitabında Şambala'nın uzantılarına "Kara Tarikat" üyeleri adını vermiştir. Bergier, bu tarikatın amacını şöyle açıklar:

"İnsanları bilgileden uzak tutmak ve cahil bırakmak için, bir takım sırlarla insanların karşılaşmalarını önlemek amacıyla büyük bir organizasyon kurulmuştur. Bu organizasyonun üyeleri tüm dünyaya yayılmış durumdadır. Bu tarikat ezoterik bilgileri ve belgeleri yöntemlice yok etme konusunda büyük

"GİZLİ SIRLAR ÖĞRETİSİ"

bir başarıya ulaşmışlardır. Bu kara cüppelilerin uygarlık kadar eski olduklarıyla ilgili elimizde ciddi deliller bulunmaktadır."

Üyelerine "Kara Cüppeliler" adını verdiği bu tarikat mensuplarının, tarih içinde yaptıkları inanılmaz komplolarla ilgili kanıtlar açıklayan Bergier, kitabında son derece önemli bilgileri açıklamış durumdadır. Bu bilgiler arasında İskenderiye Kitaplığı'nın birkaç kez nasıl yakılarak, buradaki Ezoterik Bilgiler içeren kitapların yok edildiğini ve Eski Mu Kültürü ve sırlarını içeren belgelerin nasıl çeşitli entirikalarla ortadan kaldırıldığını ayrıntılarıyla açıklamıştır.

İnsanlığın aşağıya iniş sürecinde ilerlemesinde önemli bir fonksiyon gördüler. Ve bunda büyük bir başarıya ulaştılar.

Bu açıdan bakıldığında büyük bir vazife gördükleri söylenebilir. Ama artık işlerin değişme vakti gelmeye başlamış durumdadır.

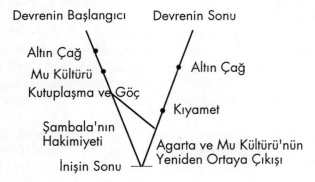

Şekilde de görüldüğü gibi, Şambala'nın etkinliğinin artık sonlarına gelinmiştir.

Yani insanlık, genel inişten genel çıkışa geçme arifesinin eşiğine gelmiş ve burada durmaktadır. Şabala ve onun uzantısı konumundaki grupların etkisinden insanlık yakasını kurtarmak zorunda olduğu günlere doğru hızla ilerlenmektedir.

Onbinlerce yıl önce başlayan ve günümüze kadar devam eden bu süreçten kuşkusuz ülkemiz de fazlasıyla nasibini almış durumdadır.

Her iki grubun da, bizim devremiz uygarlığına inanılmaz büyük etkileri olmuştur. Şimdi sizlere, Şambala'nın tarihe malolan inanılmaz çalışmalarından sadece birini sunmak istiyorum. Bakın Mu Kültürüne ait bazı bilgiler Şambala'nın üyelerince nasıl kötü amaçlarda insafsızca kullanılmıştır... Şimdi aktaracağım olay, Şambala'nın dünyamıza ne denli etkide bulunduğuyla ilgili çok çarpıcı bir örnektir!...

NAZİ KARARGAHINDA TİBETLİ RAHİPLERİN İŞİ NEYDİ?

II. Dünya Savaşı sonlarına doğru yıkılan Nazi Karargahı'na girildiğinde, hiç akıllara gelmeyen bir şeyle karşılaşılmıştı. Yıkıntılar arasında 12 Tibetli rahibin cesedi bulunuyordu. Bu duruma o yıllarda hiç bir anlam verilememişti. Aslında savaş atmosferi içinde bunu hiç kimsenin düşünecek hali de yoktu...

Savaş bitip de her şey normale dönmeye başladıktan sonra bu durum birçok kimsenin merakını çekmeye başladı:

Nazi Karargahı'nda 12 Tibetli rahibin işi neydi?

Bu soru uzun bir süre zihinleri meşgul etti. Naziler ile Tibetli rahiplerin ne gibi bir birlikteliği olabilirdi ki? İşte bu mesele inceden inceye araştırılmaya başlandı. Ortaya çıkan sonuçlar bir hayli düşündürücüydü:

Naziler Şambala ile irtibattaydılar!...

Her şey Thule efsanesiyle başlıyordu... Thule efsanesinin kökeni ise kayıp bir uygurlığa dayanmaktaydı. Bu da Nazizm'in temelini oluşturuyordu. Bu efsane etrafında birleşen bir grup, Thule adında gizli bir tarikat kurdular. Nazi Partisi'nin yedi kurucusundan biri olan Dietrich Eckardt, Thule ta-

"GİZLİ SIRLAR ÖĞRETİSİ"

rikatının temel felsefesini şöyle açıklıyordu:

"Thule'nin tüm sırları, eski kayıp bir uygarlığa dayanır. İnsanoğlu ile "dış zekalar" arasında bulunan bazı aracı varlıklar, bu sırlara erenlere büyük bir güç kaynağı oluşturmaktadır. Bu güç kaynağı Almanya'yı dünyaya egemen kılacaktır. Yine bu güç kaynağı, geleceğin üstün insanının ortaya çıkmasını ve insan türünün değişimini sağlayacaktır."

İşte bu sözler özetle Nazizm'in de temelini oluşturmaktaydı...

"Gizli Thule Tarikatı"nın üyeleri arasında Rudolf Hess, Karl Haushoffer, Alfred Rosenberg ve Adolf Hitler gibi önde gelen isimler bulunmaktaydı.

Nazi Partisi'nin kurucu üyelerinden ve Thule Tarikatı'nın önde gelen isimlerinden Karl Haushofer'ın, bir takım normal ötesi yeteneklere sahip olduğu bilinmekteydi. Örneğin ileri düzeyde geleceği bilme yeteneği vardı. Olacakları daha olmadan önce haber verebiliyordu. Düşmanın saldıracağı saati, top mermilerin düşeceği noktaları önceden çevresindekilere söyleyebiliyordu. Dahası, hakkında hiç bir şey bilmediği ülkelerdeki siyasal gelişmeleri de önceden tahmin edebiliyordu.

Buna benzer şekilde, Hitler'in de garip yeteneklere sahip olduğu tespit edildi. ABD Başkanı Franklin Roosevelt'in 1945 yılında öleceğini çok daha önceden çevresindekilere söylemiş olması onun bu garip yeteneklerine verlebilecek örneklerden sadece birisidir. Daha sonraları, Hitler'in majik çalışmalar gerçekleştirdiği de ortaya çıkacaktı... Bunlardan en belirgin olanı radyodan yaptığı konuşmalarda, "ses majisi" denilen majik bir yöntemi kullanmasıydı. Bu yöntem büyük kitlelerin etki altına alınmasında büyük bir fonksiyon görmüştür.

Bunun ortaya çıkmasından sonra, A.B.D.'de Hitler'in radyo konuşmaları araştırma amacıyla, CD'lere kopya edilerek satışa sunulmuştu.

Araştırmalar ilerledikçe ortaya bir başka gerçek daha çıktı.

Nazi Partisi Kurucu üyeleri'nden Karl Haushoffer'ın Hindistan, Japonya ve Tibet'e giderek oralarda uzun bir süre gizli çalışmalarda bulunduğu tespit edildi. Esrarengiz bir eğitimden geçtiği de, kayıtlar arasındaki bilgilerde dikkat çekiyordu. Tibet'te esrarengiz bir takım insanlarla gizli toplantılar yaptığı raporlarda belirtildi. Bu kişilerin kim olduğu hiç bir zaman öğrenilemedi.

İşin bir başka ilginç noktası da Naziler'in bayraklarında kullanmış oldukları semboldü.

Bu şekil öyle rastgele seçilmiş bir sembol değildi. Gamalı haç insanlığın kullanmış olduğu en eski sembollerden biridir. Dünyanın pekçok köşesinde bu sembole rastlanmıştır. Eski uygarlıkların en önemli sembollerinden biri olan bu sembolü daha da ilginç yapan özellik, bunun bir Mu sembolü olmasıydı. Mu kültürüyle karşılaşan tüm eski uygarlıklar da, bu sembolü kullanmışlardır.

Sembolün aslı, arka sayfada gösterildiği gibidir. Kökeni Mu Uygarlığı'na dayanan bu sembol daha sonraları gamalı haç şeklinde ifade edilmeye başlanmıştır. Hristiyanların kullanmaya başladıkları haç sembolü de gamalı haçtan türetilmiş ve aynı sembolün stilize edilmiş halidir. Ama asıl köken Mu tabletlerinde ilk bulunduğu şekle dayınır. Bu sembol dünya üzerinde yüze yakın yerde bulunmuş ve Mu Uygarlığı ile ilgili

249

bilgi ve belgeleri ortaya çıkartan Niven ve Churchward'ın kayıtlarında da yer almıştır. (Alttaki Şekil)

Bu sembol Mu'nun gizli bilgilerinin en önemli sırlarından birini bünyesinde saklar. Bu sembolün anlamı Eski Mısır ve Tibet'teki mabetlerde bulunan rahiplerce, büyük bir sır olarak saklanmış ve kimseye bu sırla ilgili bir açıklama yapılmamıştır. Bu sembolün sırrını sadece gizli eğitimden geçen inisiye rahipler bilmekteydi...

Kökeni Mu'ya dayandığı için bu sembol hem Agarta'da hem de Şambala'da da bilinen ve kullanılan bir semboldü. Naziler'in bu sembolü ele geçirmeleri de Tibet'teki gizli çalışmalarına dayanmaktadır. Şambala'nın üyelerinden olan bazı rahiplerden öğrendikleri sırlar arasında bu sembol de bulunmaktaydı. Böylelikle bu sembol, Şambala'nın karanlık güçlerine hizmet eden Naziler tarafından dejenere edilerek karanlık amaçları doğrultusunda bayraklaştırıldı. Oysa ki sembolün içinde gizlediği anlam tamamıyla başkaydı. Evrenin temel sırlarından birini sembolleştiren bu geometrik şeklin Mu'da neyi ifade ettiğini kısaca sizlere aktarmak istiyorum.

VAROLUŞUN DÖRT BÜYÜK KUVVETİ

Dünyanın çeşitli bölgelerinde tabletlere çizilmiş olarak bulunan bu sembol, Atatürk'ün araştırmalarında da yeralmaktadır. Sembol genel olarak Evren'in anahtarı konumundadır. Dört kutsal kuvvetin, evrenin meydana getirilişindeki fonksiyonunu dile getirir.

Her parçası ayrı bir anlama sahiptir. Sembolün içerdiği sırrı daha iyi anlayabilmek için şimdi bunları sırasıyla ele alalım:

1 2 3 4 5

1. Ezoterizm'de daire, başı ve sonu bir arada bulundurması ve sürekliliği göstermesi bakımından her şeyden önce mükemmelliyetin sembolüdür. Mısır'da Ra'yı yani güneşi sembolize eder. Dinsel metinlerde dairenin içi yaradanı, dış çizgisi yaratılmış olanı ve her ikisinin birliğini anlatır.

2. Mu alfabesinde bu şekil H harfi olarak kullanılmıştır. Dairenin ortasında kullanılması dört kuvvetin dairenin merkezinden ilk çıkışlarını gösterir. Birlikten çokluğa geçişin ilk adımıdır. Fizik evrenin ve varoluşun başlangıcıdır.

3. Birden çıkan ve dört farklı kuvveti ya da bir başka ifadeyle dört farklı enerjiyi ifade eder. Bunlar sırasıyla Ruh

"GİZLİ SIRLAR ÖĞRETİSİ"

Enerjisi, Zaman Enerjisi, Fizik Enerji ve Hayat Enerjileridir. Bunlar, Evreni meydana getiren dört temel enerji olduklarından dolayı dinsel metinlerde kutsal varlıklar olarak sembolleştirilmiştir. Antik bilgilerde: Ateş, Hava, Toprak ve Su olarak ifade edilmiştir.

4. Her bir kuvvetin ortasına konulan bu işaret, kuvvetlerin aktif olarak çalışmakta olduklarını ve yaradılıştan sonra da faaliyetlerine devam ettiklerini gösterir. Faaliyet sembolüdür.

5. Her bir kuvvetin merkezden aldıkları gücün bağlantısını sembolleştirmektedir.

Şeklin tamamı ise varolan tüm evrenin sembolü konumundadır. Soldan sağa doğru dönüşü göstermesi, aynı zamanda evrenin, gezegenlerin ve galaksilerin hareket halinde olduğunun da bir işaretidir. Kısacası bu sembol bizzat varoluşun ve varoluşu meydana getiren dört büyük kuvvetin sembolü olarak Mu Kültürü'nde şifrelendirilmiştir.

Gamalı haç ve artı şeklindeki haç işaretinin de kaynağı olan bu sembol, Naziler tarafından asıl anlamından çok farklı bir şekilde kullanılmış olması bir çok araştırmacı tarafından bir talihsizlik olarak nitelendirilmiştir.

Bütün bu gelişmeler, Naziler'in bazı sırları ele geçirdiklerini ama bu sırları karanlık güçlerin hizmetinde kullandıklarını göstermiştir. Ele geçirdikleri bazı bilgiler vasıtasıyla yoğun kara maji uygulamalarını gerçekleştiren Naziler, bu güçle büyük halk kitlelerini kendi ideolojileri peşinden sürükleyebilmişlerdir.

Nazi Partisi mensuplarının ve özellikle de partinin kurucu üyelerinin yaşamlarındaki gizem perdesi günümüzdeki birçok araştırmacı için hala araştırma konusudur. Örneğin, Tibet'te gizli eğitimden geçtiği saptanan Karl Haushofer'in yaşamındaki sırlar, ölümü üzerinde de kendisini göstermiştir. Esrarengiz bir şekilde ölen Karl Haushofer'in hem yaşamı, hem de ölümü hala cevaplanamayan sorularla doludur:

"AGARTA & ŞAMBALA"

Karl Haushofer'in çıkartıldığı mahkemeden sonra, kendisini incelemelerine vermek için, toplum hayatını terk ederek inzivaya çekildiği biliniyor. Bir yıldan az bir zaman sonra ise hiç bir zaman açıklanamayan esrarengiz haller içinde öldü. Yapılan araştırmalar, kendisinin kara maji yöntemleriyle uzaktan öldürülmüş olabileceği hakkında iddiaların ortaya çıkmasına sebebiyet verdiyse de, yine de cevaplanamayan pekçok soruyu arkasında bırakarak bu hayattan göç etmiştir...

Gizli Thule Tarikatı'nın gizemi günümüzde hala tam olarak çözülememiştir. İşin en ilginç yönlerinden biri de, Thule'nin Eski coğrafi bilgilere göre, dünyada mevcut olan meçhul bir yer olarak geçmesidir...

XII. BÖLÜM

UYANIŞ DEVRİ

Bu kitap sizlere binlerce yıldır unutulmuş olan bazı gerçekleri yeniden hatırlatmak maksadıyla hazırlanmıştır. Bu araştırmalarımızda; mitolojiler, eski toplumların inançları, gelenekler ve ezoterik bilgiler en büyük dayanak noktalarımızı oluşturdu.

İnsanlığın binlerce yıldır sürdürdüğü bilgelik aşkının öyküsüne tercümanlık etmeye çalıştık...

2000'e 2 kala, yurtdışında olduğu gibi yurdumuzda da artık bazı meselelerin konuşulmaya başlaması gerektiği düşüncesiyle, bu konuları kaleme almaya başladık. Bu henüz daha küçük bir başlangıç...

Niçin 2000'li yıllar? Bunun cevabını, bu kitabın satırları arasında bulduğunuz kanaatindeyim...

2000'li yılların arifesinde, artık inanma safhasından, anlama safhasına geçişin eğişiğinde bulunuyoruz. Zor da olsa bu eşik geçilecektir.

Bu eşiğin geçilebilmesi için birilerini beklemeye hiç ihtiyacınız yok. Birileri çıkıp, birilerini kurtaracak değildir. Çünkü en büyük kurtarıcı içinizde gizlidir.

Açık bilgilerle karşılaşacak olan insanlığın kurtarıcısı, kendi içinden çıkacaktır. Bu sırrı, elde edeceğiniz açık bilgilerden yararlanarak, kendi içinizde bulacaksınız.

Unutmayın sır sizde gizli, başka bir yerde değil...

Bu bir kehanet değildir... Bu çok önceleri kararlaştırılmış olan bir gelecekti... Uzun bir süredir bilenler biliyor ama ko-

"GİZLİ SIRLAR ÖĞRETİSİ"

nuşmuyordu... Çünkü karar böyleydi... 2000'li yıllarda bilenlerin konuşmaya başlayacağına hep birlikte şahit olmamıza çok az kaldı...

Yıllardır üstü örtülerek verilen sembolik bilgiler, hep bu eşiğin geçilebilmesini sağlamaya yönelikti...

Ve nihayet 2000'e 2 kala, bu eşiğin önlerine gelmiş bulunuyoruz...

Gelin, uyanma yolunun yolcuları arasına bizler de katılalım. Uyanmanın tadına varamayan bizlere, şimdilik şüphesiz ki, uyku baldan tatlı gelecektir...

***

Çok genel prensipleri ele almaya dikkat ettiğim ve ayrıntılardan özellikle kaçındığım bu kitabımda, sadece belirli meseleler üzerinde durdum. Okuyucuya çok genel hatlarıyla Ezoterizm ile ilgili, bir giriş bilgisi verebilmek için, detay bilgilerden kasıtlı olarak kendimi uzak tutmaya çalıştım.

YAŞAMIN SIRRINI İÇİNİZDE BULACAKSINIZ

Düşüş devri boyunca, yaşamın sırrı maddenin içinde aranıp durdu... Oysa ki, yaşamın sırrı maddenin sınırlarının çok dışında bir yerlerdeydi. Gizliydi... Ve kendini saklamıştı... İnsanlık da buna bir türlü ulaşamadı. Çünkü büyük bir çoğunluk olarak, maddeye gömülmenin sıkıntısı, sonsuzluğa tercih edildi...

Oysa ki içine girmekte olduğumuz "Yeni Çağ"ın en büyük özelliği, özü bakımından; tecrit ve ayrılığın, yerini ahenge ve birliğe terkettiği bir şuur değişikliği çağı olmasıdır. Dünya ve üstünde yaşayan varlıklarla birlikte *"Tek Bir Bütün"* oluşturmakta olduğumuz gerçeği tam anlamıyla açığa çıkıncaya kadar, zor günler bizleri beklemektedir. Aslında bu gerçek niceleri tarafından yıllarca önce söylenmişti... İşte onlardan son bir örnekle kitabımızı bitirmek istiyorum:

Wilfried CHETTEOLLİ, Renaitre 2000 Dergisinin 34. sayısınnın 173. sayfasında bu meseleyi anlatmaya çalışırken bazı örnekler verir.

Önce Ömer HAYYAM'dan bir dörtlük aktarır:
"Tanrı mineralde uyudu,
Bitkide düş kurdu,
Hayvanda uyandı,
Ve İnsan'da kendini buldu..."
Daha sonra sözlerine şöyle devam eder:

Bir Sufi dost, bize Şems Divanı'nda Mevlana'nın dile getirdiği şu küresel anlayışı içeren sözleri hatırlatmıştır:
"Hak yolunun yolcusu küfürden de, dinden de beridir. Gönlüme baktım: Allah'ı orada buldum. Yoksa başka yerde değil. Ben ne Hristiyan'ım, ne Musevi, ne Zerdüştçü, ne de Müslüman. Ne şarktanım, ne garptanım, ne topraktan, ne de denizden. İkiliği bir yana attım. İkinin bir ettiğini gördüm. 'Bir'i arar, 'Bir'i yaşar, 'Bir'i çağırırım ben."

Hintli münzevi şair Kabir de bunlardan çok farklı düşünmüyor, diyerek örneklerini bitirir:
"Neden çıkarsın minareye? Tanrı sağır mı ki?
Medet umduğunu gönlünde arasana.
Gerçeği evinde aramazsın da
Ormandan ormana gezer durursun.
Hakikat sendedir. Sende!..
Nereye gidersen git, ruhunu bulamadıktan sonra,
Senin için dünyanın bir gerçekliği olamaz elbette..."

***

"GİZLİ SIRLAR ÖĞRETİSİ"

SON SÖZ

Sırlarla dolu bir dünyada yaşıyoruz. Ve ne ilginçtir ki, bu sırları çözmeye çalışmadıkça, sırlarla dolu dünyaya bir sır da biz vuruyoruz. Ve böylelikle işi içinden çıkılmaz bir hale getiriyoruz.

Nereden başlamalı, neler yapmalı...

Bu aslında hiç de o kadar zor olmasa gerek. Yapılacak tek şey kulaktan dolma bilgiler yerine araştırmaya dayalı bilgileri tercih etmek... Ancak zorluk yine bizden kaynaklanıyor. Evet... Mesele bizde düğümleniyor... Çünkü çaba sarfetmiyoruz. Kapalı örtüleri açmak için, hiç bir gayret göstermiyoruz.

Ve son bir çünküyle kitabımızı bitiriyoruz...

Çünkü araştırmıyor... Ve okumuyoruz...

Ama yine de,

"Üstü Açılmadık, Gizli Saklı Bir Şey Kalmayacak"

Çok yakında...

Okumaya çok az zaman ayrılan bir ortamda,

Okumaya zaman ayırdığınız için teşekkür ederiz....

SINIR ÖTESİ YAYINLARI

YARARLANILAN KAYNAKLAR

Les Grands Initiés	Edouard Schuré
Les Floralies de L'esprit	R. Emmanuel
Mısır'ın Ölüler Kitabı	Albert Champdor
Le Popol - Vuh	Raphail Girard
Kur'an-ı Kerim Diyanet İşleri Başkanlığı	Yayınları
Tasavvuf-Tarikatlar-Mezhepler Tarihi	İ. Zeki Eyüboğlu
Klasik Yunan Mitolojisi	Şefik Can
Türk Mitolojisi I, II	Bahattin Ögel
Halk İnanışları	Cemal Anadol
Thomas'ın İncili (1945'de Yukarı Mısır'da	bulunmuştur)
Kitabı Mukaddes	(Eski ve Yeni Ahit)
Timeless Eart	Peter Colosimo
Cosmic Forces of Mu	James Churchward
The Sacred Symbols of Mu	James Churchward
Atatürk'ün Anıtkabir Kitaplığı'ndaki Mu ile ilgili Özel	Çalışmaları
Tahsin Mayatepek'in Meksika'dan Atatürk'e Yolladığı	Özel Notlar
Kur'an'daki İslam	Yaşar Nuri Öztürk
Upanişadlar	Dergah Yayınları
The Masks of God	Joseph Campbell
Magie Blanche et Magie Nore aux Indes	Paul Dare
Hallac-ı Mansur	Louis Massignon
Türkiye Halkı'nın Kültür Kökenleri	Burhan Oğuz
Bektaşi Menakıbnamelerinde İslam Öncesi İnanç Motifleri	A.Yaşar Ocak
Türkler'de Ateşle İlgili İnanışlar	Prof.Dr. Hikmet Tanyu
Makaleler ve İncelemeler	Abdülkadir İnan
Tarihte ve Bugün Şamanizm	Abdülkadir İnan
Dede Korkut Kitabı'ndaki Eski İnançlar ve Gelenekler	Abdülkadir İnan
Türk Boylarında Dağ, Ağaç, Pınar Kültü	Rahmeti Arat
Türk Edebiyatında İlk Mutasavvıflar	Prof. Fuat Köprülü
Sociologie Religieuse	Gustva Mensching
El-Biruni, El - Asaru'l - Bakıye	Edouard Sachau
Sobraniye Soçineniy	Ç. Velikanov
Tanrıların Vatanı Anadolu	C.W. Ceram
Mitoloji Sözlüğü	Azra Erhat

Traité d'historie des religions	Mircea Eliade
Chamanisme	Mircea Eliade
Le Sacre et le Profane	Mircea Eliade
Images et Symboles	Mircea Eliade
Faune et Flore Sacrèes Dans les Sociètès Altaigues	˙Roux
Dieu Dans le Kitab-ı Dede Qorqut	˙Roux
Moğollar'ın Gizli Tarihi	Dr. A. Temir
Farisi Yazmalar No: 1364	Paris Kütüphanesi
Zwei Pfahlinschriften aus den Turfanfunden	F.W.K. Müller
Proben der Volksliteratur der Türk	W. Radlof
Ruh ve Kainat	Dr. Bedri Ruhselman
Tabu Slov	D.K. Zelenin
Kritias	Eflatun
Konferans Notları	Erol Konyalıoğlu
Evrenin Gizemi	Erol Konyalıoğlu
Aprés la Mort Exposè de la Doctrine des Esprits	Léon Denis
Görünenden Görünmeyene	Necmettin Ersoy
Hint Felsefesi	Henrih Zimmer
Mu Tarih Öncesi Evrensel Uygarlık	Haluk Egemen Sarıkaya
Doğu Büyüsü	İdris Şah
Tanrıların Geldiği Gün	Erich von Daniken
Divan-ı Kebir	Mevlana Celaleddin
Mesnevi	Mevlana Celaleddin
Edgar Cayce et le Destin de l'homme	Lytle W.Robinson
The Sirius Mystery	Robert Teple
Marcel Griaule and Germanie Diterlen Lerenard Pale	İnst. d'Ethnologie
Bu Dünyadan Değil	Peter Colosimo
De L'Unité Transcen ante Des Religions	Frithjof Schu n
Üçüncü Göz	Lobsang Rampa
Türk Mitolojisi'nde I urt Sembolü (RM Dergisi)	Ergun Candar
Konferans Notları	Ergun Candar
Sınır Ötesi Radyo Program Notları	Ergun Candar

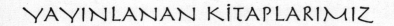

YAYINLANAN KİTAPLARIMIZ

ANTİK MISIR SIRLARI
Ergun CANDAN,   Sy: 496

Bir zamanlar "Ezoterik Kültür"ün en önde gelen kalelerinden biri olan Antik Mısır, Dünya coğrafyasında yer almış en gizemli toplumlardan biridir. Mısır, kadim çağlarda çok sayıda kişiyi eğiten ve yetiştiren bir okuldu... Kitabın sayfalarını açtığınızda, Mısır'da gerçekleştirilen "Gizli Öğreti"ye, mabetlerin içine girerek, bizzat kendiniz şahit olacaksınız...

TÜRKLER'İN KÜLTÜR KÖKENLERİ
Ergun CANDAN,   Sy: 584

Dünya'nın en gizemli yörelerinden biri kuşkusuz ki, Orta Asya'dır. Orta Asya Gök Tanrı Dini'nden Anadolu'da yaşam bulmuş Sufizm'e kadar uzanan geniş yelpaze içindeki Türk Kültürü'nü oluşturan unsurlar, tüm ayrıntısıyla bu kitapta ele alınmıştır.

RUHSAL GÜÇLERİ GELŞTİRME TEKNİKLERİ
Ergun CANDAN,   Sy: 208

İç potansiyel gücünüzü ortaya çıkartabilir, yaşam içinde büyük bir güce sahip olabilir ve yaşamınızı isteğinize bağlı olarak yönlendirebilirsiniz. Duyular Dışı Algılamalarınızı pratik uygulanabilir metotlarla siz de geliştirebilirsiniz. Telepati, Durugörü, Astral Seyahat, Telekinezi, Psikokinezi vs...

Şahitler ve Belgelerle Türkiye'de
YAŞANMIŞ ESRARENGİZ OLAYLAR
Yasemin CANDAN & Ergun CANDAN

YAŞANMIŞ ESRARENGİZ OLAYLAR
Yasemin CANDAN & Ergun CANDAN,   Sy: 288

Bu kitapta aktarılanların tümü, şahitler ve belgelere dayalı 19 yıllık bir araştırmanın ürünüdür. Türkiye genelinde meydana gelen ve normal yollarla açıklanamayan olayların Parapsikoloji ile olan bağlantıları da açıklamalı olarak aktarılmıştır. Kitabın tamamı bir belge niteliğindedir.

MAYA KEHANETLERİ
A. GILBERT, M. COTTERELL, Sy: 400

Mayalar, kehanetleriyle çağımıza büyük bir mesaj iletmişlerdir. Bu kehanetler ilk kez 1996 yılında bilimsel bir araştırmadan geçirilmiştir. Kitabı "Uluslararası Bestseller" yapan en önemli etken Mayalar'ın kehanetlerinin astrofizikçilerin bulgularıyla tamamen örtüşmesidir. Ortaya çıkan sonuç gerçekten çok çarpıcıdır.

UFO Gerçekleri & Yalanları
Farah YURDÖZÜ, Sy: 248

ABD'de yapılan araştırmalardan çıkan inanılmaz sonuç: " Dünya üzerinde çok sayıda kişi uzaylılar tarafından kaçırıldığını iddia ediyor!.." Sizlere sunduğumuz bu kitap, Uzaylılar ve Uçandaireler hakkında merak ettiğiniz çeşitli konuları, en son gelişmeler ışığında sizlere aktarmak için hazırlanmıştır. Uzaylılarla ilgili doğrular ve yanlışlar...

YILDIZLARDAN GELEN TANRILAR
Selman GERÇEKSEVER, Sy: 264

Türkiye'nin ilk ufo araştırmacıları'ndan Selman Gerçeksever kitabında; eski tarihi belgelerdeki kayıtlardan günümüze kadar, Evren'de Zeki Hayat'ın izlerini takip ediyor. Kitabın sayfalarını çevirirken "Uzaylı Dostlarınızı" yanıbaşınızda hissedeceksiniz. Hem de tahmininizden çok daha yakınınızda.

TEKRARDOĞANLAR
Berrin TÜRKOĞLU, Sy: 176

Tekrardoğuş ile ilgili Türkiye'de gerçekleştirilen bu kapsamdaki ilk araştırma kitabıdır, Tekrar doğduklarını iddia edenlerin aktardıkları inanılmaz kanıtların ele alındığı bu kitap bir tez niteliğindedir. Türkiye'de belgesel kanıtlarıyla ilk kez Tekrardoğuş konusu, bu denli kapsamlı bir şekilde ele alınmış bulunmaktadır.

GİZLİ SIRLAR ÖĞRETİSİ
Ergun CANDAN, Sy: 264

Ezoterik Batıni Öğretiler ile ilgili temel kavramların ele alındığı bu çalışma Ergun Candan'ın ilk kitabıdır. Bir zamanlar gizli mabetlerin derinliklerinde saklanan sırlar nelerdi? Bu sırların kaynağı ? eydi? Ve bu sırlar nereden gelmişti? Bu sırlar sembollere büründürülerek günümüze nasıl ulaştırılmıştır?

SON ÜÇ PEYGAMBER
Ergun CANDAN, Sy: 344

2000 yıldır saklanan "Sırlar Bilgisi" 2000 yıl sonra açılıyor... Şimdiye kadar hiç bir yerde yayınlanmamış çok özel bilgilerin ele alındığı bu kitap; "Dinler Tarihi" nin gizli kalmış önemli bir bölümüne ışık tutacak nitelikte hazırlanmıştır. Son üç dinin bilinmeyen gizli tarihi içinde yolculuk yaparken, o yılları yeniden yaşayacaksınız...

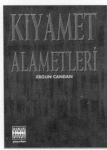

KIYAMET ALAMETLERİ
Ergun CANDAN, Sy: 344

Gittikçe yoğunlaşan doğal afetlerin fiziksel ve metafiziksel anlamları nelerdir? Dinlerde sözü edilen kıyametin neresindeyiz?... Eski uygarlıkları yok eden büyük tufanın bir benzeri yeniden yaşanacak mı? Kıyamet ve Tufan'ın ön belirtileri nelerdir? Binlerce yıllık gizli-ezoterik bilgilerin ışığında ve en son bilimsel verilere dayanılarak hazırlanmıştır.

ÖLÜMDEN SONRA NELER OLUYOR?
Ergun CANDAN, Sy: 248

Ölümü ele aldığımız kitabımızı okuduğunuzda, doğum da size çok farklı görünecek. Böylelikle ölümden sonra sonsuz evrende, bu dünyadan çok daha ileri düzeyde bulunan "Galaktik Uygarlıklar" içinde bir gün bizlerin de yer alabileceğimiz gerçeği ile yüzyüze geleceksiniz. Kitabın içeriğini tanıtmak yerine ismini yazmayı yeterli görüyoruz:
"ÖLÜMDEN SONRA NELER OLUYOR"

İSA PEYGAMBER'İN GİZLİ ÖĞR.
Ergun CANDAN, Sy: 400

İsa Peygamber'in gizli kalmış yaşamı ve öğretisi hakkında bilgi edinmek isteyen okuyucularımıza yönelik olarak hazırladığımız bu kitapta geçen konuların içinde; uzun bir süredir gizli kalmış olan ve Türkiye'de ilk kez yayınlanan çok özel bilgilerle karşılaşacaksınız. Bu kitap bir roman değildir. Bir dönemin yaşanmış, gizli kalmış gerçekleridir.

GİZLİ YÖNLERİYLE ATATÜRK
Ergun CANDAN, Sy: 243

UNUTULMAYA, UNUTTURULMAYA ÇALIŞILAN ATATÜRK'Ü YENİDEN HA-TIRLAYACAK, YENİDEN TANIYACAK VE ÇOK ŞAŞIRACAKSINIZ...

Türkiye'de ilk kez, Tufan Öncesi Uygarlıklar ve Türkler'in kökeni ile ilgili araştırmaları gerçekleştiren Mustafa Kemal Atatürk'ün gizli kalmış yönlerini ilgiyle okuyacaksınız.

NUH'UN GEMİLERİ
Ergun CANDAN, Sy: 217

Nuh Tufanı... Ve Nuh'un Gemisi... Dünya üzerinde geçmişten günümüze kadar, üstünde ençok durulan konulardan biri...Dinlerde ve eski halk inançlarının içinde anılardan hiç silinmemiş bir hikâye... Öyle bir hikâye ki, hiç unutulmayan... İzleri Ağrı Dağı'nda sürülen, hep aranılan ama bulunamayan bir gizem...

TANRI'NIN YERYÜZÜNDEKİ HALİFESİ
Turgut CEYRAN, Sy: 400

Kur'an-ı Kerim hakkında bildiğimizi zannettiğimiz bazı şeyleri yeniden gözden geçirmenin zamanı geldi. Emekli Hakim Turgut Ceyran bu kitabında, Kur'an-ı Kerim'in içindeki sembolik bilgileri Bâtıni - Tasavvufi bir yaklaşımla kaleme alarak sizlere sunuyor. İlgiyle okuyacaksınız...

TEVRAT'IN ŞİFRESİ VE GİZLİ KEHANETLERİ
Joseph NOAH, Sy: 272

Tevrat'ın gizli sırlarının anlaşılamayacağı Tevrat'ın içindeki pekçok Bab'da da açıkça ifade edilmiştir. Bu sırlardan biri de içerdiği şifredir. Kutsal Kitaplar'daki şifreler de eski kehanetler de hep aynı şeyi söylüyor: 2004'den sonrasına dikkat!... Asıl değişim 2010'dan sonra!...

PAPALIĞIN SONU
Harun KOLÇAK, Sy: 320

1143 yılında bir kişi çıkmış ve günümüze kadar gelen tüm Papaların kimler olacağını tek tek söylemiş. Ve bu söylediklerinin hepsi de birer birer gerçekleşmiş. Ve üstüne üstlük bu kişi gelecek Papa'nın son olacağını, Vatikan'ın sona ereceğini söylemiş. Ve daha da ilginci bu kişi, Vatikan'ın Aziz ilan ettiği Malahy imiş. Sonunda herkes beklemeye başlamış... Son Papa'dan sonra ne olacak?...

RÜYALARIN GİZLİ DİLİ
Berrin TÜRKOĞLU, Sy: 352

Rüya nedir? Nasıl oluyor da beynimiz rüya esnasında gördüklerini gerçek zannediyor? Rüyalarla gelen buluşlar... Gerçekleşen rüyalar.. Tarihe geçen rüyalardan, genel rüya tabirlerine kadar; merak ettiğiniz birçok bilgiyi bu kitapta bulacaksınız. Yorumlanmamış rüya, okunmamış mektuba benzer. Rüyaların gizemli dilini siz de çözebilirsiniz.

SUFİ BİLGELİĞİ - GÜLİSTAN
Şirazlı SADİ Sy: 320

Sufiler'in en büyük özelliği "Ezoterik-Bâtıni Bilgileri"ni, halka hikâyelerle anlatmada göstermiş oldukları başarılarıdır.. Bu hikayeler, "Sufi Yaşam Kültürü"nün temelleridir. Bu kültür hakkında doyurucu bir bilgi edinmek isteyenler için, Ferideddin Attar, Mevlânâ Celâleddin-i Rumi gibi Sufiler'le aynı dönemde yaşamış olan Şirazlı Sadi'nin sansürsüz çevirisini sizlerle buluşturuyoruz.

ATLANTİS BİLGELİĞİ
Murry HOPE, Sy: 304

Dünya üzerinde meydana gelen tufanlar sırasında birçok uygarlığın batmış olduğu İncil, Tevrat ve Kur'an-ı Kerim'de uzun uzun anlatılmıştır. Bu uygarlıklardan biri de Atlantis'tir. Bir zamanlar Atlantis'te yaşananlar gelecekte meydana gelmesi muhtemel olaylara da ışık tutması bakımından ayrı bir öneme sahiptir.

GALAKTİK GEN
Will HART, Sy: 400

Tarihin neresinde durduğumuzu bir daha sorgulamamız gerekiyor!... Klasik tarihin bize öğrettiği kronolojiyi dikkate alırsak, M.Ö. 1500'lerden öncesi, ilkel insanlardan oluşan ilkel kabilelerin dünyasıydı. Ancak bu ilkel dediğimiz toplulukların bizlere bıraktıkları mirasları incelediğimizde, tarihsel zaman sıralamasının altüst olduğunu görüyoruz. Onlar mı ilkeldi, yoksa biz mi onları anlayamayacak kadar bilgisiziz?

BEBEĞİMDİ MELEĞİM OLDU
Gül YALÇINKAYA, Sy: 208

Bir çok ciddi araştırmacının inceleme konusu olan "Ölümden Sonra Yaşam"ın kanıtlarını yaşanmış bir öykünün içinde bulacaksınız. Bu kitap, bir bebeğin özlem dolu beklenişiyle başlıyor... Ancak bu özlem ve sevgi hiç bitmiyor... Bir ölüm, yeni başlangıçlara kapı açıyor. Bu kitapta, anne ile oğulun ölümden sonra da devam eden sevgi bağının gerçek öyküsünü bulacaksınız.

TAŞLARIN GİZLİ GÜCÜ
Nilgün SÖZER, Sy: 304

Bazı taşlar, evrendeki ve yerküredeki birtakım güçleri çekme, biriktirme ve yayma özelliklerine sahiptir. Çevrelerine belirli tesirler yaydıkları ve canlı organizmalar üzerinde hem psişik hem de fiziksel etkilerde bulundukları tespit edilebilen taşlara, eski uygarlıkların kültürlerinde ve ezoterik çalışmalarda "Tılsımlı Taşlar" ismi verilmiştir.

GİZLİ ÖĞRETİLER SERİSİ 1
SUFİZM'İN GİZLİ ÖĞRETİSİ
John BALDOCK, Sy: 376

Tüm dinlerde olduğu gibi İslâm Dini'nde de "Bâtıni" dediğimiz, öz ile ilgili, kabıyla değil içindekiyle ilgilenen bir disiplin bulunmaktadır. Bunun adı SUFİZM'dir. Sufizm, İslâm'ın Mistik Kalbi'dir. Bu kitap, bir damlanın okyanusla bütünleşmesinin öyküsüdür...

GİZLİ ÖĞRETİLER SERİSİ 2
MEVLÂNA'NIN GİZLİ ÖĞRETİSİ
John BALDOCK, Sy: 376

Aşkla sarhoş olun, çünkü mevcut olan tek gerçek aşktır. Aşkı kendi işiniz haline getirmedikçe Sevilmişler arasına katılamazsız. (Şems-i Tebriz Divanı)
Bu kitap, sınırlı insani bakış açılarımızın kafesinden çıkmamıza ve duyusal gözlerimizle üstadın bütünsel görüşüne uyum sağlamamızı sağlar. Bu bütünsel görüşe "Gerçekliğin Okyanusu" da diyebiliriz.

GİZLİ ÖĞRETİLER SERİSİ 3
BUDİZM'İN GİZLİ ÖĞRETİSİ
Jo Durden SMITH, Sy: 376

Sidarta Buda'nın Türkçe karşılığı; uyanıp aydınlanmış kişi, üstat'dır. Ona bu ünvanın verilmesinin nedeni, O'nun bilgisizlik uykusundan uyanmış olması ve şartları gerçekte olduğu gibi görmesidir. Eğer biz de Buda'yı model alırsak, aynı başarıları gerçekleştirebiliriz.

GİZLİ ÖĞRETİLER SERİSİ 4
TAO'UN GİZLİ ÖĞRETİSİ
Pamela BALL, Sy: 376

Vazolar yaparlar killeri biçimlendirirler,
Ama fayda vazonun iç boşluğundadır. - **Lao Tzu**
İşte Tao bu boşluktur... Hatta dıştaki o şekle biçim kazandıran da bu boşluktur. Ve biz ancak, önce bu boşlukta kaybolursak kendimizi gerçek anlamda bulabiliriz...

DİN ve BEYİN
Prof. Dr. Gazi ÖZDEMİR, Sy: 547

Prof. Dr. GAZİ ÖZDEMİR'den EZBERLERİ BOZAN BÜYÜK BİR ÇALIŞ-
MA BEYNİMİZ NASIL ÇALIŞIR, DİNİ NASIL ALGILAR? BEYİN VE DİN
AYNI PRENSİPLERLE Mİ ÇALIŞMAKTADIR?

KUR'AN-I KERİM'DEKİ GİZLİ AYETLER
Mesut YILMAZ, Sy: 304
KUR'AN-I KERİM YİNE ÇOK KONUŞULACAK... BU KEZ, ŞİFRE YOK...
RAKAM YOK...
KEHANET YOK...
SADECE KUR'AN VAR...
SADECE AYETLER VAR...
Kur'an-ı Kerim'in yıllardır fark edilemeyen bir özelliği daha genç bir
araştırmacı tarafından bulundu!...

EFSUNLU KEMAL
Nehir ROGGENDORF, Sy: 738
Dur, durak bilmeyen 57 yıllık yaşam serüveni, ateş ve mermi yağ-
muru altında, fırtınalar şimşeklerle geçmişti. Yaşadığı çağ, İmpara-
torlukların battığı ve yerlerine yeni devletlerin kurulduğu, savaş-
larla ihtilallerle dolu bir zaman dönemeciydi. Korku ve dehşetin
maskesi tüm insanların yüzünde asılı duruyordu. Düşmanları bile
inanamamışlardı. Bunu fark eden Türk Mehmetçiği sonunda ona
bir isim taktı: "Efsunlu Kemal".

IŞIĞIN VE KARANLIĞIN OĞULLARI
Yavuz KESKİN, Sy: 135
Agarta & Şambala... Işığın ve Karanlığın oğullarının mücade-
lesinin başlangıcı yaklaşık 12.000 yıl öncesine dayanır. Her şey
Atlantis'te başlamıştı. Kıtanın büyük bir tufanla batmasının
ardından ışığın ve karanlığın oğulları bizim kıtamızda gizli yeraltı
merkezleri oluşturdular. Işığın oğullarının kurduğu merkez
"Agarta", Karanlığın oğullarının kurduğu merkez ise "Şambala"
olarak anıldı.

HİTLER'İN VE KGB'NİN
PEŞİNDEN KOŞTUĞU

KAHİN VANGA

RENAN SEÇKİN

Vangelia Pandeva Gushterova, Bulgaristan'ın Novo Selo Köyü'nde aniden çıkan bir hortumdan dolayı toprak altında kalmış ve gözlerini, yaşadığı bu olaydan sonra kaybetmiştir. Çocukluk ve gençlik dönemini zorluklarla geçiren Vanga, çok genç yaşlarda gelecekle ilgili bilgiler vermeye başlamıştır. II. Dünya Savaşı'nın başında paranormal yetenekleri iyice ortaya çıkmıştır. Bu dönemden sonra adı 'Kahin Vanga' olarak anılmaya başlayacaktır. Yaşadığı mistik olaylardan bir tanesini şöyle anlatıyordu:

«Bir atlı geldi, atıyla beraber odama girdi, tam önümdeydi, nerdeyse üzerime gelecek. Ama öyle parlıyor ki, güneş gibi! O da atı da, atı sanki tek boynuzlu gibi, bembeyaz ışıldayan ve konuşan at. Ve bir ses bana şöyle dedi: Sen insanlara olacakları önceden haber vermek üzere seçildin, bilmeleri için. Hazırlanmaları ve korkmamaları için.»

Vanga'nın tüm yaşamını kuşatan mistik ve paranormal olaylar, sonunda devlet yöneticilerinin de dikkatini çekmiş ve kendisine resmi olarak belediye hizmetinde kahin danışman olarak görev verilmiştir. Yirmi yılı aşkın bir süre haftanın yedi günü yüzlerce insanın acılarına, problemlerine çare olmak için çalışmış; ancak, bu görevi boyunca hiçbir maddi beklentisi olmamış hatta birçok devlet adamından teklif almasına rağmen bu önerilere sırtını çevirmiştir. Yine o dönemlerde Komünist Devlet Başkanı Todor Jivkov'un kızı Ludmila Jivkov'un lüks villa hediyesini de geri çevirmiştir.

Tüm dünyanın geleceğiyle ilgili gerçekleşen ve gerçekleşmesi beklenen kehanetleri bulunan Kahin Vanga, 11 Eylül saldırısı ve ABD'de Obama'nın seçileceğiyle ilgili kehanetlerinin gerçekleşmesiyle son günlerde yeniden gündeme gelmiştir.

Bulgar asıllı araştırmacı yazar Renan Seçkin tarafından kaleme alınan bu kitap, Bulgaristan'da Vanga ile ilgili tutulan resmi devlet arşivlerinden yararlanılarak ve Vanga'nın yaşadığı köyde kendisini tanıyan kişilerle yapılan röportajlardan yararlanılarak hazırlanmıştır.